GOLDMANN
RATGEBER

Buch

Was genau ist ein Tie-Break beim Tennis, wie wird ein Rittberger auf dem Eis gesprungen, und wie kommt ein Abseits beim Fußball zustande? Die Antwort auf alle Fragen, die die Terminologie und das Regelwerk von 150 populären Sportarten betreffen, bietet dieses Nachschlagewerk, das in leicht verständlicher Sprache zudem auch Informationen zur Geschichte der verschiedenen sportlichen Disziplinen enthält.
Bei den Rundfunk- und Fernsehübertragungen von Sportwettkämpfen setzen die Reporter die Kenntnis der jeweiligen Regeln und Begriffe voraus, und sie können im Rahmen ihrer Sendung auch meist nicht detailliert auf die Sportart eingehen. Den Zuschauern oder Zuhörern, die umfassender informiert sein wollen oder auch mal einen Spezialbegriff zum besseren Verständnis nachschlagen möchten, sei dieses Kompendium als genau das richtige »Buch zur Sendung« empfohlen.

Autor

Gerhard Jäger war Ressortleiter beim »Stern« und Chefredakteur der »Quick«. Er arbeitet heute als freier Sachbuchautor.

Bei Goldmann sind von Gerhard Jäger bereits erschienen:
Das große Euro-Handbuch (13641)
Die neue Rente (13605)

GERHARD JÄGER

150 SPORTARTEN verständlich erklärt

Sport im Fernsehen

GOLDMANN VERLAG

Umwelthinweis:
Alle bedruckten Materialien
dieses Taschenbuches sind chlorfrei
und umweltschonend.

Der Goldmann Verlag
ist ein Unternehmen der Verlagsgruppe Bertelsmann

Vollständige Taschenbuchausgabe September 1994

Umschlaggestaltung: Design Team München
Umschlagabbildung: Mühlberger/Bavaria (Vorderseite) und
The Telegraph/Bavaria (Rückseite)
Druck: Graphischer Großbetrieb Pößneck GmbH
Verlagsnummer: 13722
ss · Herstellung: Stefan Hansen
Made in Germany
ISBN 3-442-13722-5

10 9 8 7 6 5 4 3 2 1

INHALT

VORWORT

Apropos Sportsendungen: Sport besser verstehen – mehr Spaß am Sport

Sport ist Wettbewerb. Wettbewerb hat Regeln. Es ist spannend, am Bildschirm zuzuschauen oder am Radio zuzuhören, wenn Sportsendungen übertragen werden. Man braucht »nur« die wichtigsten Regeln und ein paar Hintergründe der jeweiligen Sportart zu kennen, die gerade übertragen wird. Je mehr man weiß, desto spannender wird es.

Die Programme von Fernsehen und Funk übertragen mehr als hundert Sportarten. Wer kann sich da noch zurechtfinden? Nicht mal aktive Sportler können das. Selbst ein Bundesliga-Fußballer braucht nicht zu wissen, wie es beim Wasserball, beim Kanusport, beim Eiskunstlauf, beim Ringen oder im Tanzsport zugeht. Erst recht haben Fernsehzuschauer und Radiohörer Schwierigkeiten, die keine aktiven Sportler sind. Und viele schalten dann ab. Schade, was ihnen da alles entgeht.

Beispiel Fußball: In Deutschlands beliebtestem Volkssport glauben noch die meisten, sich halbwegs auszukennen. Dennoch stehen viele buchstäblich im »Abseits«, weil sie nicht wissen, wann genau »Abseits« gepfiffen wird, was einen direkten von einem indirekten Freistoß unterscheidet oder wann der Unparteiische eine »Ecke« gibt.

Beispiel Tennis: Der Ball, das sieht man oft genug, wird mit dem Tennisschläger, den der Sportreporter Racket nennt, hin und her, manchmal über die Spielfeldgrenzen ins »Aus« und oft ins Netz geschlagen. Aber was ist denn nun ein Matchball, was ein Tie-Break, was bedeuten Einstand oder Vorteil? Wie wird überhaupt gezählt, wann ist ein Spiel und wann ein Satz gewonnen?

Beispiel Eiskunstlauf: Welche Pflichtsprünge und Pflichtfiguren gibt es? Wer kann einen ein-, zwei- oder dreifachen Rittberger,

Axel, Salchow, Lutz oder Flip erkennen? Wie funktioniert das mit der Bewertung nach A- und B-Note?
Und dann erst die weniger populären Sportarten: Wie hoch muß ein Pferd springen, um über den »Oxer« zu kommen? Wieviel Hubraum und Gewicht darf ein Formel-1-Rennwagen haben, und wieviel Benzin darf vor dem Start getankt werden? Wer kennt sich beim Turnen, in der Leichtathletik, beim Handball, beim Ski-Slalom, beim Skispringen aus? Was weiß man schon vom Federballspiel, das offiziell Badminton heißt? Welche Grundregeln gibt es bei Golf, Polo, Rugby, Judo oder im Radsport?
Warum in aller Welt erklären uns die Sportreporter in Fernsehen und Funk denn nicht, was wir gern wissen würden?
Nein, geben Sie bitte nicht den Sportberichterstattern die Schuld. Sie können beim besten Willen nicht immer und immer wieder die Regeln oder gerade das erklären, was Sie oder ich momentan gern erfahren würden. Dazu haben sie nicht die Zeit; sie müssen hautnah am Wettkampfgeschehen bleiben. Und es würde garantiert Zuschauerbeschwerden beim Intendanten hageln, wenn der Reporter zum Beispiel beim Turmspringen die Unterschiede zum Kunstspringen, die Sprunghöhen, Beckentiefe, die verschiedenen Sprungfiguren und die Wertung erklären würde und vor lauter Erklären dem Wettbewerbsgeschehen nicht mehr folgen könnte. Anzumerken ist auch: Wettkampfregeln ändern sich. Alte Regelkenntnisse müssen nicht mehr stimmen. Bei Olympischen Spielen und Weltmeisterschaften beraten und beschließen Fachgremien Regeländerungen. Die hier erläuterten Regeln entsprechen den Wettkampfbestimmungen, die Ende 1991 herrschten.
Dieses Buch will ergänzend das mitteilen, was zu erklären der Sportreporter nicht die Zeit hat oder was er als »Mann vom Fach«, manchmal irrtümlich, einfach voraussetzt. Dieses Buch will keinen Fortbildungsunterricht für aktive Sportler einer bestimmten Sportart, für Vereinstrainer, Sportlehrer und Funktionäre erteilen, sondern all denen mehr Spaß am sportlichen Wettbewerb vermitteln, die als Fernsehzuschauer oder Radiohörer gern etwas mehr verstehen und ein paar Hintergründe erfahren wollen; es will Lust

machen, mehr Sportsendungen anzusehen oder anzuhören; »näher dran« zu sein bei Olympischen Spielen oder Meisterschaften; vielleicht auch mal eine Sportveranstaltung »life« in einem Stadion zu erleben; und eine Chance geben, mitzureden und Vorurteile gegen den Sport abzubauen.

Es gibt keine Sportart, über die nicht schon Bücher geschrieben wurden. Dieses Buch ist nicht auf »Vollkommenheit« aus, es ist kein »Fachbuch« und auch kein »Universallexikon«, das von einem Stichwort zum nächsten verweist. Es erzählt vielmehr zu jeder Sportart in einer Geschichte das Wichtigste, kurz und bündig genug, um vor, während oder nach der Sendung schnell mal nachzuschlagen. Im Inhaltsverzeichnis am Anfang des Buches sind die Sportarten aufgelistet. Das Register am Schluß des Buches gibt die jeweilige Buchseite an, auf der das Suchwort im Zusammenhang mit der Sportart erklärt wird. Alle olympischen Sportarten sind, gleich neben der Überschrift, mit den Olympischen Ringen gekennzeichnet.

BALLSPIELE

Badminton (Federball)

Mit kleinen Holzbällen, die einseitig mit Hühnerfedern gespickt und damit flugfähig gemacht wurden, spielte man in Indien schon vor 2 000 Jahren »Federball«. Höhlenzeichnungen belegen, daß der Ball mit abgeflachten Hölzern geschlagen wurde. In Südamerika spielten Inkas und Azteken mit gefiederten Bällen, teils mit den Händen, teils mit Schlägern aus hartem Leder. Sicher ist, daß die Engländer das Federballspiel um 1870 aus Indien mitbrachten und ein Herzog auf seinem Landsitz Badminton die Gäste mit diesem Spiel unterhielt. Gegen Ende des letzten Jahrhunderts arbeitete der Londoner Badminton-Club die bis heute weitgehend geltenden Regeln aus. In Deutschland wurde im Jahre 1902 der Bad Homburger Badminton-Club gegründet. Offizielle Weltmeisterschaften gibt es seit 1977. Als Kinder- und Freizeitsport ohne feste Regeln hat sich Federball, unterstützt durch die Spielwarenindustrie (Plastikbälle, Plastikschläger, einfaches Netz) weit verbreitet. Es gibt aber allein in Deutschland mehr als 120 000 »richtige« Badminton-Spieler, Frauen und Männer, die über ihre Vereine im Deutschen Badminton-Verband organisiert sind.

Das Spielfeld ist 13,40 Meter lang und 6,10 Meter breit. Das Netz in der Mitte ist 1,52 Meter hoch. Jeder Ballwechsel beginnt mit dem Aufschlag, bei dem der Spieler hinter der rückwärtigen Begrenzungslinie stehen muß. Die Begrenzungslinien des Spielfeldes (4 Zentimeter breit) markieren die Spielfeldgrenzen für das Spiel zu zweit (Einzel) und zu viert (Doppel). Beim Einzel ist das Spielfeld 92 Zentimeter schmaler als beim Doppel. Beim Doppel erfolgt der Aufschlag, von der rückwärtigen Begrenzungslinie aus gesehen, 76 Zentimeter näher zum Netz. Der so verkürzte Flugweg des Balles erfordert schnelleres Reagieren der Spieler. Die äußeren

Begrenzungslinien gehören in ihrer ganzen Breite zum Spielfeld. Wenn also der vom Spieler A gespielte Ball vom gegnerischen Spieler B nicht erreicht wird und deshalb innerhalb des Spielfeldes landet, ist das ein Punkt zugunsten des Spielers A. Wettkämpfe werden ausschließlich in der Halle ausgetragen.
Spielgeräte sind Schläger und Federball. Für den Wettkampf ist für den Schläger ein Gewicht von 85 bis 110 Gramm vorgeschrieben. Als Material sind Metalle und Kunststoffe zugelassen. Die Bespannung besteht aus Darm- oder Kunststoffsaiten. Der Federball wiegt 4,73 bis 5,5 Gramm (im Freizeitsport ca. 10 Gramm); der Ballkopf besteht aus lederbezogenem Kork (Freizeitsport: Plastik oder Gummi), die Rückseite des Kopfes ist mit Natur- oder Kunststofffedern bestückt.
Die Spielregeln: Der Aufschläger wirft den Ball hoch und schlägt ihn aus der Luft über das Netz in die dem eigenen Standort diagonal gegenüberliegende gegnerische Spielfeldecke. Der Rückschläger muß den Ball aus dem Fluge zurückschlagen. Gelingt dies nicht, so ist das ein Punkt für den Aufschläger. Beim Aufschlag darf der Ball das Netz nicht berühren, und der Aufschläger darf die Aufschlaglinie nicht übertreten.
Begeht der Aufschläger einen Fehler, so geht der Aufschlag an den gegnerischen Spieler. Ansonsten erfolgt der Aufschlag im Einzel bei geradem Spielstand (0,2,4 . . .) immer von rechts, bei ungeradem Spielstand (1,3,5 . . .) immer von links, jeweils vom Schiedsrichter aus gesehen. Beim Doppel wird immer abwechselnd von rechts und von links aufgeschlagen, bei einem Aufschlagfehler darf wiederholt werden, beim zweiten Fehler geht der Aufschlag an die gegnerische Partei.
Vor Spielbeginn entscheidet das Los des Schiedsrichters über die Vergabe der Spielfeldseiten für den ersten Satz. Für den zweiten und jeden folgenden Satz werden die Seiten gewechselt. Die Partei, die das Los gewonnen hat, darf auch entscheiden, ob sie den ersten Aufschlag haben will oder nicht. Das hängt von der Taktik des jeweiligen Spielers ab, davon, ob er seine Stärke aus dem Angriff oder aus der Verteidigung entwickeln will. Einen Punkt kann

jedoch jeweils nur der Aufschläger erzielen, und zwar durch einen Fehler des Rückschlägers.

Beim Herreneinzel und bei Doppelspielen werden in jedem Satz 15 Punkte gespielt, beim Dameneinzel 11 Punkte. Es können auch Spiele mit bis zu 21 Punkten je Satz vereinbart werden. Zwei Siegsätze sind für den Gesamtsieg erforderlich. Bei einem Gleichstand gegen Ende eines Satzes darf »gesetzt« werden: Diejenige Seite, die zuerst die dafür erforderliche Punktzahl erreicht hatte, kann bestimmen, ob der Satz verlängert wird oder nicht. Einen Verlängerungszwang gibt es nicht, denn zum Satzsieg genügt einfacher Punktabstand, also 15:14 im Herreneinzel und im Doppel, 11:10 im Dameneinzel. Wird jedoch Verlängerung gesetzt, so ist sie nur bei folgenden Spielständen möglich: 13:13 (um 5 Punkte), 14:14 (um 3 Punkte) bei allen Spielen bis zu 15 Punkten; 9:9 (um 3 Punkte), 10:10 (um 2 Punkte) bei Spielen bis zu 11 Punkten; 19:19 (um 5 Punkte), 20:20 (um 3 Punkte) bei Spielen bis zu 21 Punkten. Gewinnt ein Spieler zwei Sätze in Folge, so ist das Spiel für ihn gewonnen und beendet. Ergibt der zweite Satz unentschieden, entscheidet der dritte Satz über den Sieg.

Basketball

Das Spiel, einen Ball oder Stein durch einen Ring, in ein Loch oder in einen Korb zu werfen, ist Jahrtausende alt, und nahezu alle Kulturen der Welt nehmen für sich in Anspruch, es erfunden zu haben. Die Sportforschung hat sich darauf geeinigt, den Azteken, Inkas und Mayas die Urheberschaft zuzuschreiben; in Mexiko wurden bei Ausgrabungen bereits vierzig Spielfelder gefunden. Allerdings waren die Regeln des alten Spiels nicht mit denen des heutigen Basketball verwandt. Dagegen kannten die nordgermanischen Wikinger ein Spiel, bei dem der Ball gegen die Abwehr einer verteidigenden Mannschaft in einen Korb geworfen werden mußte. Der heutige Basketball (Basket = Korb) wurde erst um 1890 erdacht und reglementiert, und zwar in Massachusetts/USA, von einem Kanadier für die Hallen-Wintersaison der sportfreudigen Studenten.

Schon nach kurzer Zeit erfreute sich das Mannschaftsspiel weltweit großer Beliebtheit; besonders darum verdient gemacht hatten sich die Sportlehrer des Christlichen Vereins Junger Männer (YMCA). Im Nu gab es aber auch Damenmannschaften. 1936, bei den Spielen in Berlin, war Basketball bereits olympische Disziplin. Heute ist Basketball Amateur- und Profisportart. Berufsspieler werden in Amerika mit Millionengagen ausgestattet. Auch in der Sowjetunion ist Basketball sehr populär, dank der frühen Verbreitung des Spiels in den baltischen Staaten. Nach Amerikanern erreichten bisher stets Sowjetsportler die meisten Siege bei internationalen Wettbewerben. Bei den Olympischen Spielen 1988 gewannen

- bei den Herren Gold: UdSSR, Silber: Jugoslawien, Bronze: USA
- bei den Damen Gold: USA, Silber: Jugoslawien, Bronze: UdSSR.

In Deutschland entwickelt sich Basketball immer mehr zum beliebten Volks- und Schulsport. Nach der deutschen Vereinigung hat der Deutsche Basketball-Bund etwa 120 000 Mitglieder. Es werden deutsche, europäische und Weltmeisterschaften der Amateure für Damen und Herren ausgetragen; es gibt Europapokal-Wettbewerbe für Landesmeister und Pokalsieger (Damen und Herren) und ein internationales Jugendturnier. Überwiegend wird Basketball in der Halle gespielt; allerdings sind Spiele auf Hartplätzen im Freien grundsätzlich erlaubt.

Das Spielfeld ist 28 Meter lang und 15 Meter breit, Abweichungen bis zu 2 Metern Länge und 1 Meter Breite sind erlaubt. Die Mittellinie teilt das Spielfeld, jeweils aus der Sicht einer Mannschaft, in das Vorfeld (gegnerische Spielfeldhälfte) und das Rückfeld (eigene Spielfeldhälfte). Ist eine Mannschaft in der eigenen Spielfeldhälfte im Ballbesitz, muß sie den Ball binnen 10 Sekunden in das Vorfeld getragen oder geworfen haben. Zurückspiel ins Rückfeld ist regelwidrig, die gegnerische Mannschaft bekommt Einwurf.

1,20 Meter von den Begrenzungslinien an den Schmalseiten des Spielfeldes sind, jeweils in der Mitte, in 3,15 Metern Höhe die Körbe (Korboberkante) an Spielbrettern befestigt. Der orangefarbene Korbring hat 45 Zentimeter Durchmesser, darüber befindet sich auf dem Spielbrett eine rechteckige Zielmarkierung. Die Netzschnur des geflochtenen Korbes ist weiß, das Netz nach unten leicht verjüngt, um das Durchfallen des Balles etwas zu verlangsamen und damit deutlich erkennbar zu machen.

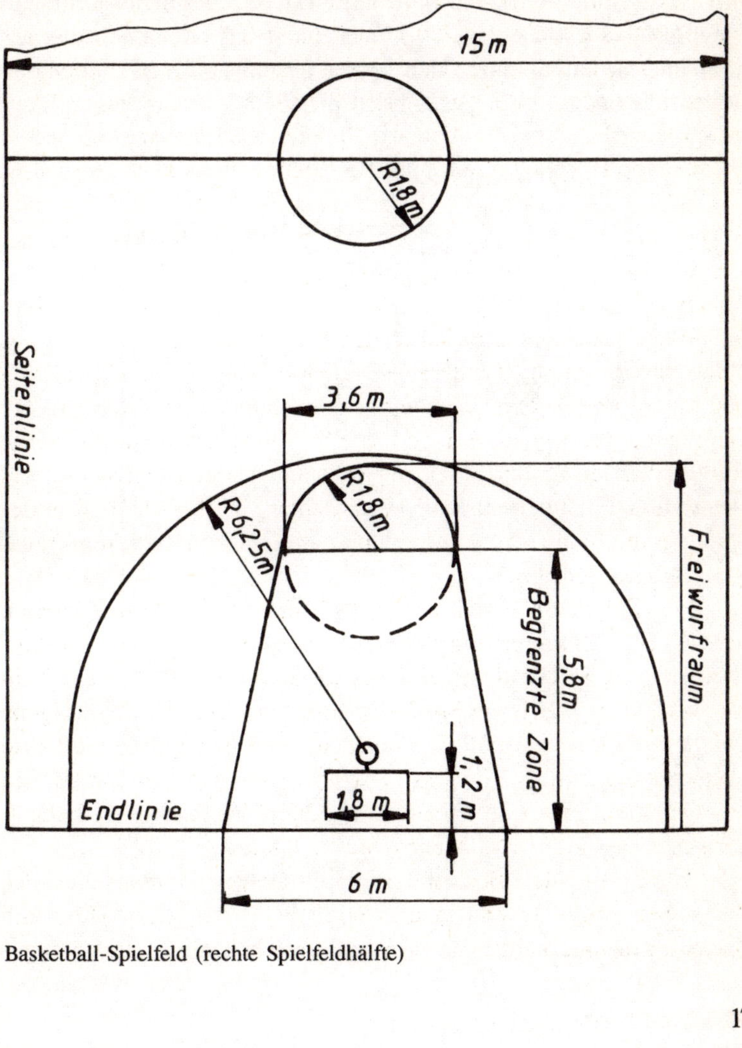

Basketball-Spielfeld (rechte Spielfeldhälfte)

Die Freiwurfräume im Spielfeld sind an der Begrenzungslinie 6 Meter breit, an der 5,80 Meter ins Spielfeld reichenden Freiwurflinie nur noch 3,60 Meter breit. Außerdem ist jeweils um die Korbmitte ein Halbkreis mit einem Radius von 6,25 Metern gezogen. Alle Bälle, die von außerhalb dieser Dreipunkt-Linie den Korb treffen, werden mit 3 Punkten bewertet.
Spielgerät ist der Basketball. Er hat zirka 75 Zentimeter Umfang, wiegt 600 bis 650 Gramm, wird aus Kunststoff oder Leder hergestellt und so aufgepumpt, daß er bei freiem Fall aus 1,80 Meter Höhe 1,20 bis zu 1,40 Meter hochspringt.

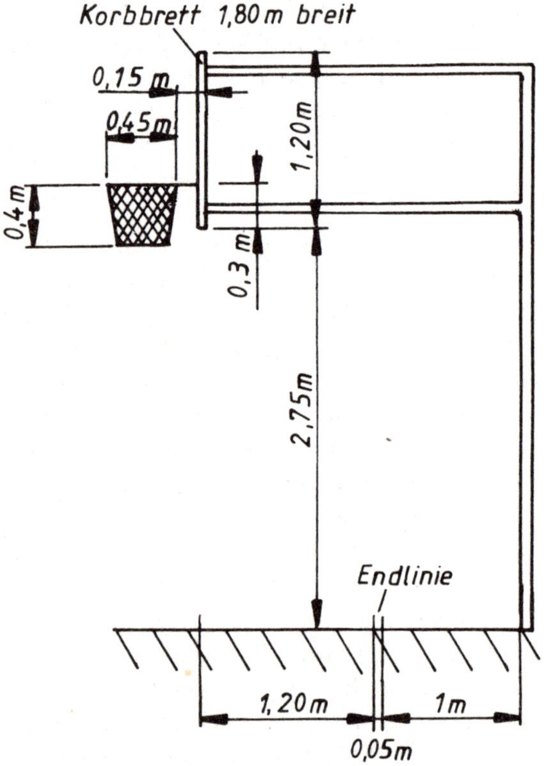

Basketball-Korbständer, das »Tor« dieses Spieles

Basketball gilt als das schnellste Mannschafts-Ballspiel. Der besseren Übersicht dienen eine Reihe vorgeschriebene Utensilien: Eine Uhr zeigt die Spielzeit an, eine weitere die Auszeiten; das sind Spielpausen, die jede Mannschaft in jeder Halbzeit höchstens zweimal bis zu jeweils 1 Minute in Anspruch nehmen kann. Außerdem gibt es eine Lichtsignal-Anzeige, die während der 30-Sekunden-Frist aufleuchtet, in der die angreifende Mannschaft einen Korbwurf versucht haben muß. Wird diese Zeit überschritten, gibt es einen Einwurf für die gegnerische Mannschaft. Schließlich zeigt eine Tafel die Namen und Nummern der Spieler, die Zahl der von ihnen begangenen Fouls (Regelverstöße), die Zahl der Fouls pro Mannschaft und den aktuellen Spielstand an.
Der Schiedsrichter gibt durch Pfiff den Ball frei. Bei Spielunterbrechung (bei einem Foul oder wenn der Ball im Aus landet) ertönt ebenfalls der Pfiff des Schiedsrichters; dabei wird die Uhr angehalten. Erst bei erneutem Anpfiff wird sie wieder in Gang gesetzt. Deshalb zeigt die Uhr die tatsächliche, »effektive« Spielzeit an.
Die Mannschaften haben je 10, bei Turnieren bis zu 12 Spieler, 5 davon sind im Spielfeld, die übrigen sitzen auf der Auswechsel-Bank. Einer der 5 Feldspieler ist Mannschaftskapitän; wird er ausgewechselt, so übergibt er die Kapitänsrolle an einen anderen Feldspieler. Auf den Trikots tragen die Spieler die Nummern 4 bis 13 beziehungsweise bis 15. Die Nummern 1 bis 3 gibt es nicht.
Anders als beispielsweise beim Fußball gibt es beim Basketball keine Linienrichter, dafür aber zwei Schiedsrichter. Ein Schiedsrichter eröffnet jede Halbzeit mit einem Sprungball, indem er den Ball zwischen zwei gegnerischen Spielern im Mittelkreis des Spielfeldes hochwirft. Einen Sprungball vergibt der Schiedsrichter außerdem bei Doppelfoul (wenn 2 Spieler einander foulen), wenn ein Aus-Ball vorher von zwei gegnerischen Spielern berührt wurde, wenn der Ball sich in den Korbstützen verfängt oder beim Halte-Ball; das ist ein Ball, der gleichzeitig von 2 gegnerischen Spielern festgehalten wird und von keinem der beiden für sich gewonnen werden kann. Während des Spiels haben beide Schiedsrichter gleiche Kompetenzen. Beurteilt einer von beiden einen

Regelverstoß strenger als der andere, wird stets die strengere Strafe verhängt. Ein Anschreiber und zwei Zeitnehmer bilden außerdem das Kampfgericht. Sie üben nur Kontrollfunktionen aus, bedienen und kontrollieren Anzeigefunktionen und Uhren.

Die Spielregeln basieren auf der Idealvorstellung, daß kein Spieler einen Gegner berührt. Jeder absichtliche Körperkontakt wird grundsätzlich wie ein Foul geahndet. Hat ein Spieler 5 Fouls begangen, wird er aus dem Spiel genommen. Unsportliche Fouls führen zum Freiwurf, bei dem ein Spieler der gegnerischen Mannschaft von der Freiwurflinie aus den Ball ohne Gegenwehr in den Korb werfen darf (wenn er es schafft). Freiwurf gibt es auch bei Fouls während eines Korbwurf-Versuchs sowie für jedes weitere Foul, das von einer Mannschaft in einer Halbzeit nach dem 7. Foul verursacht wird. Über versehentliche Fouls kann der Schiedsrichter hinwegsehen; nicht aber über persönliche Fouls (Regelverletzung mit Körperkontakt) und technische Fouls (Blockieren, Halten, Rempeln, Schneiden, Sperren oder Stoßen).

Freiwürfe werden grundsätzlich von dem gefoulten Spieler ausgeführt. Er erhält jedoch nicht nur einen, sondern zwei Freiwürfe. Jeder erfolgreiche Korbwurf wird mit 1 Punkt gewertet. Sollte aber der gefoulte Spieler trotz der Behinderung bereits einen Korb erzielt haben, so wird dieser Korb mit 2 Punkten gewertet, und der Spieler erhält noch einen zusätzlichen Freiwurf. Dieser Wurf wird mit 1 Punkt gewertet, wenn er erfolgreich ist.

Zum Freiwurf übergibt ein Schiedsrichter den Ball an den Spieler, der den Wurf ausführt, dann muß der Wurf binnen 5 Sekunden erfolgen. 3 Spieler jeder Mannschaft dürfen nahe dem Freiwurfraum Stellung nehmen, aber den Wurf nicht behindern. Geht der Wurf nicht in den Korb, kann jeder Spieler versuchen, den Ball wieder in Besitz zu nehmen. (Dies gilt nicht für den ersten von zwei Freiwürfen.)

Die Treffer aus dem normalen Spielverlauf werden wie folgt bewertet: mit 3 Punkten, wenn sie von außerhalb der Dreipunkt-Linie erzielt werden, mit 2 Punkten aus der Nahdistanz. Geht der Ball ins Aus, wird er von einem Spieler der jeweils anderen Mannschaft wieder eingeworfen. Einwurf gibt es ebenfalls bei Doppeldribbel (siehe nächster Absatz), Schrittfehler, Zeitfehler und versehentlichen Fouls, wenn der Schiedsrichter nicht auf Freiwurf erkannt hat.

Nach Ballannahme darf jeder Spieler nur 2 Schritte machen, danach muß er einhändig dribbeln (den Ball mehrfach auftippen) oder passen (den Ball einem anderen Spieler zuwerfen). Nimmt derselbe Spieler nach einem Dribbling den Ball mit beiden Händen auf, muß er ihn unverzüglich abgeben. Bei erneutem Dribbling statt der geforderten Abgabe pfeift der Schiedsrichter wegen »Doppeldribbel« ab.

Es gibt noch einen interessanten Schritt, den auch Zuschauer oft beobachten können: Beim sogenannten Sternschritt kann der Spieler, den Ball in beiden Händen, sich mehrfach auf einem Standbein vorwärts und rückwärts drehen, um seine Bedränger damit zu irritieren.

Zeitregeln sorgen für Spieltempo:

- die 3-Sekunden-Regel verbietet längeren Aufenthalt im gegnerischen Freiwurfraum,
- die 5-Sekunden-Regel verlangt schnelle Ein- und Freiwürfe,
- die 10-Sekunden-Regel fordert das Herausspielen des Balles aus der eigenen Spielhälfte,
- die 30-Sekunden-Regel verlangt einen Korbwurfversuch der angreifenden Mannschaft in der vorgeschriebenen Zeit.

Ein Basketballspiel hat zwei Halbzeiten zu je 20 Minuten, dazwischen liegt eine Pause von 10 bis 15 Minuten. Bei Unentschieden wird um 5 Minuten verlängert, dann wieder und wieder mit jeweils 2 Minuten Pause dazwischen, bis nach einer vollen Verlängerungszeit eine Mannschaft mindestens einen Punkt mehr hat als die andere.

Eishockey

Siehe unter Eissportarten, Seite 290

Faustball

Ein Mannschafts-Ballspiel, bei dem der Ball mit einer Faust von einer Feldhälfte zur anderen geschlagen wurde, gab es schon im alten Rom, wo auch der Faustkampf schon existierte. Das Spiel hat in Italien Tradition, nach Deutschland kam es erst um 1900. Als Wettkampfsport hat Faustball Bedeutung, seit es Deutsche Meisterschaften gibt: für Herren seit 1913, für Damen seit 1921. Europameisterschaften werden seit 1965, Weltmeisterschaften seit 1968 ausgetragen; gewonnen hat bislang regelmäßig die deutsche Mannschaft. Außerdem werden jährlich in der Europaliga ein Europa-Pokal und weltweit ein Nationen-Cup ausgetragen. In Deutschland wird Faustball vom Deutschen Turnerbund betreut. Es gibt Bundesligen für Damen und Herren, die im Freien stattfinden, und eine Herrenliga für Hallenspiele.

Das Spielfeld ist 50 Meter lang und 20 Meter breit. Über der Mittellinie ist ein 2 Meter hohes Band angebracht, über das der Ball hinweggeschlagen werden muß. Drei Meter links und rechts der Mittellinie befinden sich die Angabelinien, von denen aus die Ballangaben stattfinden. Zum Spiel wird ein aufgepumpter Hohlball mit weicher Lederhülle, zirka 65 Zentimetern Umfang und rund 350 Gramm Gewicht benutzt.

Die Spielregeln: Jede Mannschaft hat 5 Feldspieler und darf 2 Auswechselspieler haben. Die Spieleraufstellung ist nicht strikt festgeschrieben, damit aber die Spieler die gegnerischen Bälle möglichst gut erreichen, haben sich zwei Grundaufstellungen bewährt: Entweder stehen zwei Spieler etwa hinter der Angabelinie, einer in der Mitte der eigenen Spielfeldhälfte, zwei in der Nähe der hinteren Spielfeldgrenze (Fünfpunkt-Aufstellung); oder zwei hinter der Angabelinie, zwei nach innen versetzt im Mittelfeld, einer nahe der hinteren Spielfeldgrenze. Jede Mannschaft kann ihre Aufstellung selbst bestimmen, abhängig von den Stärken und Schwächen ihrer Spieler und der Spieltechnik der anderen Mannschaft.

Die erste Ballaufnahme zum Spielbeginn wird ausgelost. Der Ball muß mit geschlossener Faust über das Band geschlagen werden, möglichst so raffiniert, daß die Gegenseite den Ball nicht erreicht.

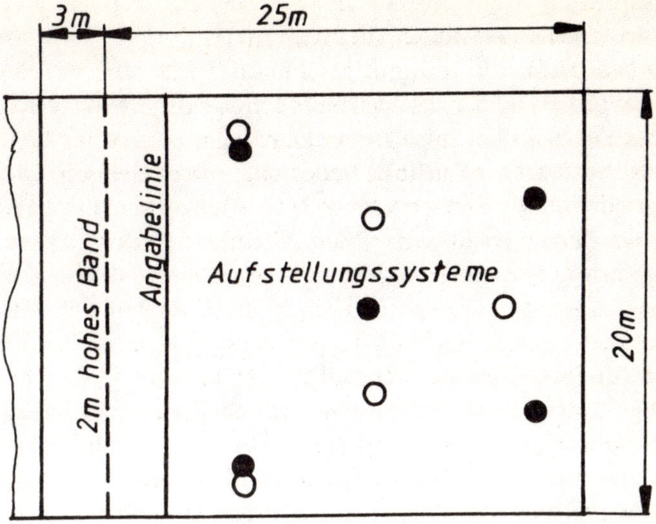

Faustball-Spielfeld (rechte Spielfeldhälfte) und zwei mögliche Aufstellungssysteme

Das zählt dann 1 Punkt. Die gegnerische Mannschaft versucht allerdings, den Ball möglichst mit dem ersten Kontakt sofort zurückzuschlagen und ihrerseits einen Punkt zu machen, indem sie den Ball unerreichbar plaziert. Der Ball darf während des Spiels (nicht bei der Angabe) in der eigenen Hälfte zweimal weitergegeben werden, muß aber spätestens mit dem dritten Schlag wieder über das Band zurückgeschlagen werden. Beim Zuspiel unter Spielern der eigenen Mannschaft darf auch mit der geöffneten Hand (nie mit beiden Händen!) oder dem Unterarm geschlagen werden. Pro Ballwechsel darf der Ball von jedem Spieler nur einmal berührt werden und nur ein einziges Mal den Boden berühren. Der Ball darf das Band nicht berühren, nicht unter dem Band hindurch und nicht über die Spielfeldgrenzen hinaus fliegen. Jeder Fehler, den eine Mannschaft begeht, wird der anderen mit 1 Punkt gutgeschrieben. Die Mannschaft, die den Fehler gemacht hat, gibt den Ball wieder an.

Ein Spiel hat zwei Halbzeiten von je 15 Minuten, bei Länderspielen je 20 Minuten. Wenn es unentschieden steht, ist Verlängerung um zweimal 5 Minuten üblich (in Wettbewerben), aber nicht vorgeschrieben. Hallenspiele werden statt nach Zeit auch nach Punkten gespielt (überwiegend in Deutschland): Es gibt 2 Sätze (Halbzeiten), in denen jeweils bis 15 Punkte gespielt und bei 1-Punkt-Vorsprung höchstens bis 20:19 verlängert wird. Hat danach jede Mannschaft einen Satz gewonnen, so entscheidet ein dritter Satz über den Sieg. Bei Schüler- oder Freundschaftsspielen kann das Spiel auch unentschieden enden.

Football (American Football)

Das Footballspiel hat seinen geschichtlichen Ursprung im Rugby (siehe Seite 47), hat aber inzwischen wesentlich andere Regeln und in den USA das Rugby an Popularität überholt. Football ist Amerikas Nationalspiel Nummer Eins. Die Begeisterung der Amerikaner für den Football übertrifft bei weitem das Interesse, das wir Deutsche unserem Fußball entgegenbringen.
Es gibt College-Football (Amateure) an den Hochschulen mit College-Meisterschaften, an denen die Hochschulstädte lebhaften Anteil nehmen und die bereits von Firmen gesponsert werden; gute College-Spieler bekommen Stipendien aus der Wirtschaft. Und es gibt Professional-Football; Berufsspieler kommen oft aus den College-Mannschaften und erzielen Traumgagen. In Deutschland wird American Football von Amateuren nach den Regeln des College-Football gespielt. Der American-Football-Bund Deutschland veranstaltet seit 1979 in der Bundesliga jährlich Deutsche Meisterschaften. Einen internationalen Dachverband gibt es nicht.
Das Spielfeld ist 100 Meter lang und 50 Meter breit (deutsche Abmessungen; Unterschiede ergeben sich aus den US-Maßen in Yards). Zu beiden Seiten des Spielfeldes befindet sich ein Tor auf der Endlinie (Amateure) oder auf der 9 Meter davor liegenden Torlinie (Profis). Die Tore sind 7,20 Meter breit und haben in 3 Metern Höhe eine Querlatte. Das Spielfeld ist in 10-Meter-Streifen unterteilt. US-Profis spielen auf 20 Unterteilungen von je 10 Yards

(4,57 Meter). Die Unterteilungen lassen die Spieler, Schiedsrichter und Zuschauer erkennen, ob und wie weit eine Mannschaft im Spiel vorangekommen ist.

Spielgerät ist ein eiförmiger, mit Luft aufgepumpter Hohlball von etwa 400 Gramm Gewicht, 29 Zentimeter lang und 18 Zentimeter dick. Die Spieler tragen Helme mit Gesichtsschutz, Jacken mit Polstern an Schultern und Bauch, außerdem Unterleibsschutz sowie Knie- und Schienbeinschützer. Früher gab es bei dem außerordentlich harten Kampfspiel oft Verletzte und sogar Tote. Deshalb sind die Regeln nach und nach immer strikter geworden, Regelverstöße werden mit rund 60 verschiedenen Strafen geahndet. Die 11 Feldspieler jeder Mannschaft können jederzeit ausgewechselt werden, es gibt bis zu 35 Auswechselspieler. Um die Sicherheit der Spieler zu erhöhen, sind in jedem Spiel 4 Schiedsrichter im Einsatz (beim Profifootball 5). Jede Mannschaft hat außerdem ein Recht auf 6 Aus-Zeiten (Spielunterbrechungen) bis zu 2 Minuten, in denen Mannschaft und Kapitän weitere Spielzüge und Maßnahmen zum Schutz der Spieler besprechen können.

Die Spielregeln sind für Spieler und Schiedsrichter kompliziert, für Zuschauer aber ist es relativ einfach, das Spiel im ganzen zu verstehen. Im Grunde geht es »nur« darum, den eiförmigen Ball gegen die Verteidiger möglichst weit in die gegnerische Hälfte des Spielfeldes zu tragen oder mit dem Fuß vorwärts zu treten, im Idealfall ins Tor oder über das Tor hinweg. Man könnte sagen, American Football sei eine freizügige Mischung aus Handball und Fußball – wenn da nicht die ruppige Art der Verteidigung wäre: Der Ballträger darf zu Boden geworfen, die übrigen Spieler dürfen unter Einsatz von Körper und Füßen blockiert werden, man darf dem Ballträger in die Beine greifen, um ihn zu Fall zu bringen. Einzige Bedingung: Jeder Angriff auf den Ballträger muß von vorn kommen. Verboten sind Treten und Berühren des Kopfschutzes, auch dürfen Spieler, die nicht in Ballbesitz sind, nicht festgehalten werden.

Das Spiel sieht für unerfahrene Zuschauer chaotisch aus, ist aber genau das Gegenteil. Jeder Spieler hat präzise Aufgaben für

Angriff und Verteidigung, die er im Training immer wieder übt. Für jede Spielsituation gibt es vorher festgelegte und eintrainierte Spielmuster, die während des Spiels vereinbarungsgemäß gewechselt werden, um den Gegner zu täuschen. Es gibt 7 Stürmer (Linemen) und 4 Hinterfeldspieler (Backfielder) in jeder Mannschaft, jeder ist ein Spezialist. Die Kunst des Managers ist es, die Spieler seiner Elf wie die Räder eines Uhrwerks zu einem Ganzen zusammenzufügen und präzise laufen zu lassen.
Das Spiel beginnt mit dem sogenannten Kick-off (Antritt) des Center-Spielers, der den Ball vom *Tee-Point* (Antritt-Punkt) in die gegnerische Spielhälfte tritt. Je nachdem, ob dabei der Ball in die Hände der eigenen oder der gegnerischen Mannschaft gerät, unternimmt nun die Mannschaft, die den Ball hat, einen sogenannten

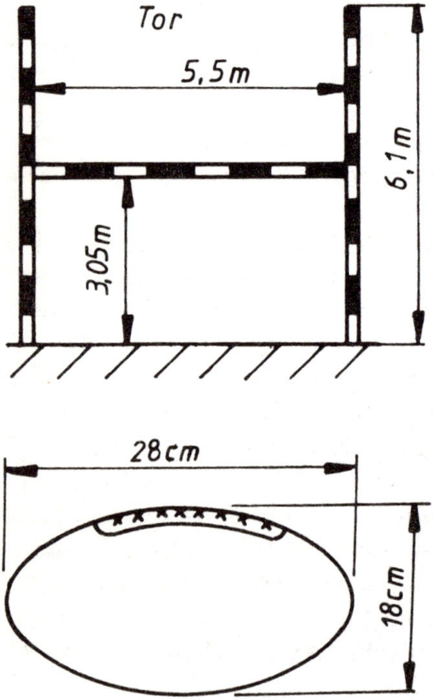

American Football –
Tor und Spielball

Versuch; sie versucht nämlich, den Ball wenigstens 10 Yards in Richtung des gegnerischen Tores zu tragen. Dazu stellen sich die 7 Stürmer in einer Reihe neben den Stürmern der Gegenpartei auf. So wird eine Gasse gebildet. Diese Spielformation heißt *Down*. Der Ball wird den Regeln entsprechend zunächst an einen der Backfielder zurückgespielt. Derjenige Backfielder, der den Ball zu fassen kriegt, muß jetzt durch die Gasse laufen und möglichst viel Boden gewinnen, wenigstens aber 10 Yards. Da der Ballträger von der Reihe der gegnerischen Stürmer behindert und sogar zu Boden geworfen werden darf, ähnelt der *Run* durch die Gasse einem Spießrutenlauf.

Der Versuch darf noch dreimal wiederholt werden. Im Amateur-Football darf der Spieler, der den Ball trägt, beim vierten Versuch den Ball mit dem Fuß möglichst weit ins gegnerische Feld treten. Scheitern alle vier Downs, so stehen die nächsten vier Versuche der gegnerischen Mannschaft zu. Gelingt ein Down, so stehen der erfolgreichen Mannschaft weitere vier Downs über je 10 Yards zu. So kann sich eine angreifende Mannschaft etappenweise an das Tor der Verteidiger herankämpfen. Die Stürmer versuchen dabei, den Weg des Ballträgers freizuhalten, indem sie Blockaden gegen den Gegner bilden.

Wenn es gelingt, den Ball hinter die gegnerische Grundlinie zu bringen, erhalten die Angreifer 6 Punkte. In der Footballsprache nennt man das ein *Touch Down*. Einen Extrapunkt gibt es, wenn der Ball aus der 3-Yard-Distanz zwischen die Torstangen geschossen wird – auch oberhalb der Querlatte; deshalb sind die seitlichen Torlatten auch 6 Meter hoch und stehen 3 Meter über die Querlatte hinaus. Mit drei Punkten wird die angreifende Mannschaft belohnt, wenn der Ballträger aus der Distanz den Ball auftippen läßt und mit einem Tritt über die Querlatte hinwegschießt (Field Goal: aus dem Feld herausgeschossenes Tor). Dieser Versuch wird vor allem unternommen, wenn ein Touch Down wegen der feindlichen Abwehr nicht möglich ist. 2 Strafpunkte bekommen die Verteidiger, wenn sie ein sicheres Touch Down auf unerlaubte Weise (zum Beispiel durch einen Angriff von hinten) verhindern.

Gespielt werden vier Viertelzeiten mit je 15 Minuten. Nach zwei Viertelzeiten gibt es 20 Minuten Pause, die Pausen vor dem zweiten und vierten Spielviertel dauern nur eine Minute. Nach der großen Pause wird die dritte Viertelzeit – genau wie die erste – mit einem Kick-off-Antritt und der anschließenden Gasse begonnen. Die zweite und vierte Viertelzeit fangen mit einem sogenannten Scrimmage (Gedränge) an, und zwar an dem Punkt, an dem das Spiel am Ende der letzten Viertelzeit abgepfiffen wurde. Die 7 Stürmer beider Mannschaften stehen einander in Hockstellung gegenüber und bedrängen sich gegenseitig – jeder gegen jeden –, sobald der Ballträger durch die Gasse will. Vereinfacht ausgedrückt, ergibt das einen Freistil-Ringkampf, in den auch der Ballträger verstrickt wird. Er darf versuchen, den Ball für seine Mannschaft zu retten, indem er ihn nach vorn wirft, wenn es einem Mannschaftsmitglied möglich war, sich aus dem Gedränge zu befreien.

Fußball

Ballspiele, bei denen ein Ball (wahrscheinlich aus Fellen zusammengenäht) mit den Füßen getreten wurde, sind aus China überliefert, aus der Zeit um 2 700 vor unserer Zeitrechnung. An den europäischen Mittelmeerküsten mit ihren spielfreudigen Bewohnern gab es solche Spiele mit Sicherheit vor 2 000 Jahren. Als Vorläufer des heutigen Fußballspiels können jedoch erst Mannschaftsspiele des ausgehenden Mittelalters gelten, bei denen ein mit Stroh gestopfter Lederball gegen den Widerstand der Verteidiger in ein wirkliches Tor – Stadttor, Kirchentor, Haustor oder Bogen einer kleinen Brücke – getreten wurde. Die »Mannschaften« bestanden aus vielen Spielern, feste Regeln gab es nicht; manchmal spielten ganze Sippen oder Dorfgemeinschaften gegeneinander. Dabei gab es Verletzte oder auch Tote, Gebäude wurden demoliert, und in Frankreich und England wurden solche Spiele der unteren Stände (Landarbeiter, Bauern, Handwerker) mehrfach verboten. In Italien ließen Patrizier ihre Dienerschaften gegeneinander antreten und ergötzten sich als Zuschauer.

1855 wurde im englischen Sheffield der erste Fußballklub gegründet; dort spielte man nach Regeln, die dem heutigen Spiel ähnlich sind: Das Handspiel wurde verboten, der Torwart eingeführt, die Mannschaftsstärke auf 11 Spieler begrenzt. Die neue Sportart verbreitete sich wie ein Lauffeuer. Das erste »Länderspiel« zwischen England und Schottland endete 1872 mit einem enttäuschenden 0:0. Den ersten deutschen Fußballklub gab es 1878 in Hannover, die ersten Deutschen Meisterschaften 1902; sechs Jahre später stiftete Kronprinz Wilhelm, Sohn des letzten deutschen Kaisers Wilhelm II., den Kronprinzenpokal, und damit fand der erste Pokalwettbewerb statt.
Der Deutsche Fußballbund zählt im vereinigten Deutschland rund 25 000 Vereine mit rund 5 Millionen Mitgliedern, 150 000 Mannschaften, darunter annähernd 4 000 Damenmannschaften. Internationale Dachverbände sind die weltweite FIFA (Fédération Internationale de Football Association) und die europäische UEFA (Union Européenne de Football Association).
Die Bundesliga bildet seit 1963 die oberste Spielklasse, in anderen Ländern wird diese Leistungsklasse überwiegend 1. Division genannt. In der Bundesliga werden jährlich die Deutschen Meisterschaften ausgetragen; jede Mannschaft spielt innerhalb der Saison zweimal gegen jede andere. Für jedes gewonnene Spiel gibt es 2 Punkte, für Unentschieden 1 Punkt. Wer die höchste Punktzahl erreicht, ist Deutscher Meister. Haben zwei Mannschaften die gleiche Punktzahl, entscheidet das bessere Torverhältnis (erzielte Treffer : erhaltene Treffer) über den Meistertitel. Die vier schlechtesten Mannschaften der Bundesliga steigen ab in die 2. Ligen. Die insgesamt vier besten Mannschaften der 2. Ligen (Nord und Süd) steigen auf in die Bundesliga. Entsprechend kämpfen die zwei Schlechtesten beider 2. Ligen gegen Amateure um Ab- und Aufstieg. (Diese Regelung gilt für die Plazierungen im Sommer 1992.)
Aus den Mannschaften der Bundesliga wählt der Bundestrainer die Spieler aus, die zu internationalen Wettbewerben als Nationalmannschaft antreten, im übrigen aber in ihren Mannschaften verbleiben. Auch deutsche Spieler, die im Ausland spielen, können

zur Nationalmannschaft gehören. Jährlich gibt es Europameisterschaften und Pokalwettbewerbe: den europäischen Pokal der Landesmeister, den Pokal der europäischen Pokalsieger und den UEFA-Cup. Alle 4 Jahre finden Fußballweltmeisterschaften für Herren und Damen (erstmals 1991 in Peking) statt.

– Bei den Europameisterschaften spielen die Nationalmannschaften der europäischen Länder in ausgelosten Gruppen gegeneinander; die Gruppensieger spielen dann in einem bestimmten Austragungsland die Endrunden aus.
– Beim Pokal der Landesmeister spielen die Sieger der 1. Ligen beziehungsweise Divisionen nach Auslosung mit Hin- und Rückspiel im K.-o.-System gegeneinander (der Verlierer scheidet aus). Bei 0:0 oder Torgleichstand wird verlängert. Ist dann keine Entscheidung gefallen, folgt Elfmeterschießen. Wiederholungsspiele, wie es sie früher gab, wurden abgeschafft. Nach jeder Runde wird unter den Siegern neu ausgelost.
– Dasselbe Auswahlsystem gilt für den Europapokal der Pokalsieger und für die Beteiligten am UEFA-Cup.
– Um den deutschen Fußballpokal kämpfen sämtliche ersten Mannschaften aller Vereine des DFB. Die Runden werden, bei der untersten Spielklasse beginnend, nach oben ausgelost und nach dem K.-o.-System ohne Rückspiele entschieden.
– Der UEFA-Cup wird unter den Mannschaften der Ränge 2 bis 4 der Nationalligen ausgetragen; wer gegeneinander spielt, wird durch Los bestimmt; wer verliert, scheidet aus (K.-o.-System; es gibt keine Rückspiele.)

Das Spielfeld ist in der Regel 105 Meter lang und 70 Meter breit, Längen zwischen 90 und 120 Metern und Breiten zwischen 45 und 90 Metern sind aber zugelassen. Der Länge nach wird das Spielfeld von den Seitenlinien begrenzt, in der Breite von den Torlinien. Die Mittellinie teilt das Spielfeld in die Spielhälften der beiden Mannschaften. Die Tore bestehen aus zwei senkrechten Pfosten und einer Querlatte, 7,32 Meter breit und 2,44 Meter hoch. Bei Wettkämpfen ist hinter dem Tor ein Netz angebracht. Bis zum Abstand von 5,50 Meter vor dem Tor reicht der rechteckige Torraum, in dem sich grundsätzlich nur der Torwart aufhalten darf, ausgenommen bei unmittelbarem Torangriff. Bis zu 16,50 Meter Entfernung vom Tor reicht der sogenannte Strafraum, innerhalb dessen sich der Elfmeterpunkt vor der Tormitte befindet. Von die-

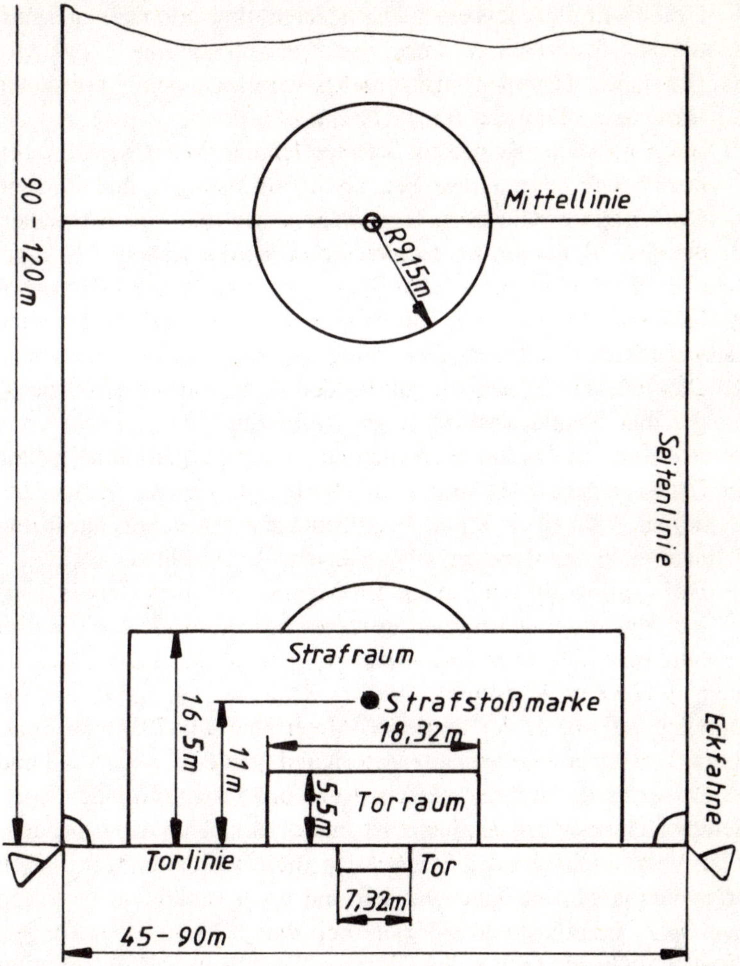

Fußball-Spielfeld (rechte Spielfeldhälfte)

sem Punkt aus werden die Strafstöße ausgeführt. Ein *Elfmeter* wird immer dann gepfiffen, wenn ein verteidigender Spieler den Angreifer der gegnerischen Mannschaft innerhalb des Strafraumes foult oder den Ball mit der Hand abwehrt. Der den Strafstoß ausführende Spieler darf den Ball direkt auf das Tor schießen. Der Torwart muß auf der Torlinie stehenbleiben, bis der Ball getreten wurde, erst dann darf er seine Abwehraktion starten.

Es gibt einen Schiedsrichter und zu seiner Unterstützung zwei Linienrichter. Wenn zum Beispiel ein Ball ins Seiten-Aus gegangen ist, zeigt ein Linienrichter an, welcher Mannschaft das Recht auf Einwurf zusteht. Immer hat diejenige Partei Einwurf, die den Ball nicht als letzte berührt hat. Linienrichter sehen oft auch genauer als der Schiedsrichter, ob ein Eckball oder ein Abseits fällig ist oder ob ein Spieler von der Reservebank gegen einen Feldspieler ausgewechselt werden soll. Solch Wechsel kann aber immer erst dann erfolgen, wenn der Ball ins Aus gegangen ist. Es kommt vor, daß der Ball absichtlich ins Aus getreten wird, wenn eine Mannschaft einen Spielerwechsel durchsetzen will.

Spielgerät ist der Fußball, ein mit Luft gefüllter Lederball mit 68 bis 71 Zentimeter Umfang und 400 bis 450 Gramm Gewicht (Juniorenball 62 bis 66 Zentimeter, 340 bis 390 Gramm, nur international auch für Damen).

Die Spielerkleidung besteht aus Trikot, kurzer Sporthose, Strümpfen mit Schienbeinschutz und Fußballschuhen mit Stollen an den Sohlen. Die Stollen aus Gummi, Leder oder Kunststoff dürfen nicht höher als 19 Millimeter sein und müssen mindestens einen Durchmesser von 12,7 Millimetern haben. Der Schiedsrichter prüft vor Spielbeginn den ordnungsgemäßen Zustand der Schuhe, um Verletzungen der Spieler vorzubeugen. Bei Einwechselungen von Ersatzspielern übernimmt ein Linienrichter diese Aufgabe. Die beiden Mannschaften sollen durch die Farben ihrer Kleidung deutlich voneinander zu unterscheiden sein.

Die Spielzeit eines Fußballspiels beträgt 90 Minuten, unterteilt in zwei Halbzeiten mit einer Pause von 15 Minuten. Der Schiedsrichter kann einige Minuten nachspielen lassen, um Spielunterbrechungen (zum Beispiel wegen einer Verletzung) auszugleichen.

Die Spielregeln: Vor Spielbeginn wird ausgelost (durch das Hochwerfen einer Münze), welche Partei den ersten Anstoß hat. Das Spiel beginnt mit dem Anpfiff des Schiedsrichters, nachdem beide Mannschaften Aufstellung genommen haben. Anstoß hat der Mittelstürmer vom Zentrum des Mittelkreises auf der Mittellinie des Spielfeldes. Der Ball muß in die gegnerische Spielfeldhälfte gespielt, darf also nicht zurückgegeben werden. Wer den Anstoß ausgeführt hat, darf den Ball erst wieder annehmen, nachdem dieser von einem anderen Spieler berührt wurde. Die vordersten Spieler der anderen Mannschaft müssen außerhalb des 9-Meter-Mittelkreises stehen. Der Anstoß zur zweiten Halbzeit wird nach Seitenwechsel der Mannschaften auf gleiche Weise ausgeführt, jetzt aber von der Mannschaft, die nicht den Anstoß zur ersten Halbzeit hatte. Anstoß gibt es auch nach jedem Tor; Tor-Anstöße werden von der Mannschaft ausgeführt, zu deren Ungunsten das Tor gefallen ist.

Im Verlauf des Spiels versucht die angreifende Mannschaft, den Ball im Alleingang eines Spielers oder (überwiegend) durch Zuspiel von einem Spieler zu einem möglichst ungedeckten, freistehenden Mitglied der eigenen Mannschaft – sogenannte Pässe – dem gegnerischen Tor entgegenzutreiben und aus möglichst günstiger Position einen Torschuß mit dem Fuß oder als Kopfball zu plazieren. Die gegnerische Mannschaft versucht ihrerseits, einen Torschuß durch Verteidigungsmaßnahmen zu verhindern, den Angreifern den Ball abzunehmen und zum Gegenangriff (zum Konter) überzugehen.

Geht während des Spiels der Ball ins Seiten-Aus, so erhält diejenige Partei Einwurfrecht, die den Ball nicht zuletzt berührt hat. Geht der Ball neben dem Tor hinter die Torlinie ins Aus, dann gibt es Abstoß vom Tor, wenn der Ball zuletzt von der angreifenden Mannschaft berührt wurde; es gibt Eckball, wenn der Ball zuletzt von der verteidigenden Mannschaft berührt wurde. Der Eckball (die Ecke) ist für die Angreifer ein beträchtlicher Vorteil, weil aus

dieser Position relativ häufig Tore geschossen werden können und die Verteidigung besonders schwierig ist.
Regelverstöße sind vor allem Handspiel und Foul. Als Handspiel wird jedes absichtliche oder fahrlässige Berühren des Balls mit Hand oder Arm geahndet. Außerhalb des Strafraums gibt der Schiedsrichter dann Freistoß. Die Spieler der Mannschaft, in der ein Spieler das Handspiel begangen hat, müssen in 9 Metern Entfernung das Anspiel des Balles abwarten. Beim direkten Freistoß ist ein Direktschuß auf das Tor erlaubt, allerdings darf die verteidigende Mannschaft im vorgeschriebenen Abstand eine »Mauer« bilden, um den Torschuß zu erschweren. Beim indirekten Freistoß muß der Ball immer erst an einen anderen Spieler der eigenen Mannschaft gespielt werden. Als Foul wird absichtliches oder fahrlässiges Rempeln bezeichnet oder wenn ein Spieler ein Bein (ohne Ballkontakt) zwischen den Ball und einen gegnerischen Spieler stellt; ein Foul wird ebenfalls mit Freistoß geahndet.
Innerhalb des Strafraums begangen, führen jedoch beide Regelverstöße (Handspiel und Foul) immer zum Strafstoß. Das ist ein gezielter Schuß auf das Tor vom Elfmeterpunkt aus, den nur der Torwart abfangen darf; das gelingt ihm bei der geringen Entfernung nur selten. Absichtliches Handspiel, vor allem aber ein schweres Foul oder mehrere Fouls durch denselben Spieler kann der Schiedsrichter mit einer Ermahnung, einer gelben Karte (Verwarnung) oder einer roten Karte (Feldverweis) bestrafen. Muß ein Spieler das Spielfeld verlassen, weil ihm die rote Karte gezeigt wurde, darf die betroffene Mannschaft dafür keinen Ersatzspieler ins Spiel bringen. Die gelbe Karte kann einem Spieler auch wegen seiner Meckerei gegen den Schiedsrichter gezeigt werden oder wenn er gegen Spieler der anderen Mannschaft tätlich geworden ist. Dem Torwart droht zum Beispiel eine gelbe Karte, wenn er sich neben dem Tor mit Sportreportern oder Leuten aus dem Publikum unterhält.
Einen Freistoß gibt es ebenfalls beim Abseits. Eine Abseitssituation entsteht, wenn ein Spieler, der den Paß erhalten soll, im Augenblick des Abspiels dem Tor näher steht als 2 Spieler der ver-

teidigenden Mannschaft. Als Abseits gilt nicht, wenn der Ball zuletzt von einem gegnerischen Spieler berührt wurde oder wenn der Ball direkt von einem Abstoß, Eckstoß oder Einwurf kommt. In torgefährlicher Lage, wenn eine wirksame Verteidigung schon nicht mehr sehr aussichtsreich erscheint, laufen deshalb die Verteidiger weit ins Spielfeld hinein, um den angreifenden Spieler, der den Paß zum Torschuß zugespielt bekommt, in die »Abseitsfalle« zu bringen.

Kommt es zum Torschuß, so versucht der Torwart, den Ball mit den Händen aufzufangen oder wenigstens mit Händen, Fäusten oder Füßen ins Spielfeld zurück oder am Tor vorbei beziehungsweise über die Torlatte hinweg hinter die Torlinie zu schlagen. Kann er den Ball auffangen, wirft oder stößt er ihn wieder ins Spiel, möglichst zu einem Spieler seiner Mannschaft. Immer nimmt derjenige den Ball auf, der ihn zuerst erreicht. Das kann auch ein Spieler der gegnerischen Mannschaft sein. Geht bei der Abwehr durch den Torwart das Leder links oder rechts neben oder über dem Tor ins Aus, bekommt die angreifende Mannschaft einen Eckball zugesprochen, der entsprechend aus der linken oder rechten Ecke des Spielfeldes so getreten wird, daß möglichst ein eigener Mann den Ball erreichen und ins Tor treten oder köpfen kann. Ein Tor ist erzielt, wenn der Ball die Torlinie zwischen den beiden Pfosten in vollem Umfang (!) passiert hat. Wird der Ball auf der Torlinie abgefangen, ist es noch kein Tor. Prallt der Ball von den Pfosten oder der Querlatte ab, wird weitergespielt.

Bei Pokal- und Entscheidungsspielen wird das reguläre 90-Minuten-Spiel um zweimal 15 Minuten verlängert, falls es unentschieden (einschließlich 0:0) steht. Bleibt es danach beim Gleichstand, folgt das Elfmeterschießen, bei dem die Mannschaften abwechselnd auf dasselbe Tor schießen – natürlich mit jeweils ausgewechseltem Torwart. Das Elfmeterschießen wird in ausgeloster Reihenfolge begonnen. Jede Mannschaft stellt in laufendem Wechsel fünf Schützen, von denen jeder einen Torschuß abgibt. Bei Gleichstand wird das Ganze mit weiteren Schützen so lange fortgesetzt, bis eine der beiden Mannschaften ein Tor mehr erzielt hat.

Das ist dann der Fall, wenn eine Mannschaft keinen Treffer landen konnte (sei es durch Vorbeischuß oder weil der Torwart den Ball hält), während die andere Mannschaft einen Torerfolg hatte. Jede Mannschaft kann im Spiel 2 Spieler durch Reservespieler auswechseln, zum Beispiel wegen einer Verletzung oder nach Weisung des Trainers, der außerhalb des Spielfeldes auf der Trainerbank sitzt, wegen unbefriedigenden Spiels, oder um einen Spieler zu schonen. Ausgewechselt wird oft nach der Halbzeitpause, während des Spiels nur dann, wenn der Ball gerade im Aus ist. Der Trainer entscheidet, wer gegen wen ausgetauscht wird, entsprechend den Eignungen der Reservespieler. Deshalb sitzen auf der Reservebank nicht nur zwei, sondern vier bis sechs Reservespieler.

Die Aufstellung auf dem Spielfeld ist nicht mehr so starr geregelt wie früher. Es werden immer neue Spielsysteme entwickelt, um optimale Angriffs- und Verteidigungssituationen zu erreichen. Der Trainer bestimmt das Spielsystem nach den Stärken und Schwächen der eigenen wie der gegnerischen Mannschaft. Die häufigsten modernen Spielsysteme sind, immer vom eigenen Tor aus betrachtet, das 4-2-4-System (starke Verteidigung, starke Sturmspitze), das 4-4-2-System (noch stärkere Verteidigung bei verringerter Sturmspitze zur Abwehr einer sehr aggressiven gegnerischen Mannschaft) oder das 4-3-3-System, bei dem ein Libero (freier Mann) als Mittelmann in der Abwehr sowohl gegnerische Angriffe abfangen als im Angriff mitspielen soll. Ob das Libero-System gespielt wird oder nicht, hängt davon ab, ob der Mannschaft ein so laufstarker Spieler angehört, der wechselweise hinten und vorn spielen kann.

Für den Spielverlauf ist es nicht nur wichtig, die Mannschaft für schnelle Angriffe auf das gegnerische Tor fitzumachen, denn das wollen die Gegner ja ebenfalls. Ganz entscheidend ist auch die Fähigkeit, Angriffe der Gegenseite abzuwehren. Dabei kommt es darauf an, die Spieler der anderen Mannschaft zu decken. Es gibt sowohl Manndeckung als auch Raumdeckung. Bei der Manndeckung wird jeder Angriffsspieler durch einen Spieler der Gegenseite eng gedeckt, jeweils zwei Spieler der gegnerischen Mannschaften belauern einander und bleiben einander ständig nahe, wobei der jeweils angreifende versucht, sich frei zu machen, um zum Torschuß zu kommen oder wenigstens einen gezielten Paß zu einem Mitspieler zu landen. Bei der Raumdeckung kontrollieren vor allem die Verteidigungsspieler bestimmte Spielfeldabschnitte, um einen gegnerischen Angriff in diesem Bereich von vornherein zu erschweren.

In der Spielsaison 1991/92 sind wieder einige Fußballregeln ergänzt beziehungsweise geändert worden; diese Änderungen sind noch nicht allen Zuschauern vertraut. Hier die wichtigsten in Kürze:

- Wenn nach Auffassung des Schiedsrichters ein Spieler im eigenen Strafraum durch absichtliches Handspiel der gegnerischen Mannschaft eine klare Torchance zunichte macht, wird (zusätzlich zum fälligen Elfmeter) der Handspieler des Feldes verwiesen. Analog erhält ein Torhüter die rote Karte, wenn er außerhalb seines Strafraumes den Ball absichtlich mit den Händen spielt.
- Wenn ein Torhüter den Ball mit Hand oder Arm berührt hat und dies erneut tut, bevor ein eigener oder gegnerischer Spieler Ballkontakt hatte, muß der Schiedsrichter einen indirekten Freistoß geben.
- Werden rote und gelbe Karte in Meisterschafts- und Pokalspielen gleichzeitig gezeigt, ist ein zuvor schon verwarnter Spieler automatisch für das nächste Pflichtspiel im entsprechenden Wettbewerb gesperrt (Matchstrafe). Dafür entfallen die Zwangspausen nach 2, 4, 7 oder 10 Verwarnungen.

Golf

Das Golfspiel hat, wenn überhaupt, eine Vorgeschichte, die der des Hockeys verwandt ist, und gehört ursprünglich zu den Kampfballspielen, bei denen der Ball mit einer Keule oder einem Stock vorangetrieben wird. Das kämpferische Moment ist allerdings beim Golf in den Hintergrund getreten; es gab von Anfang an weder Tor

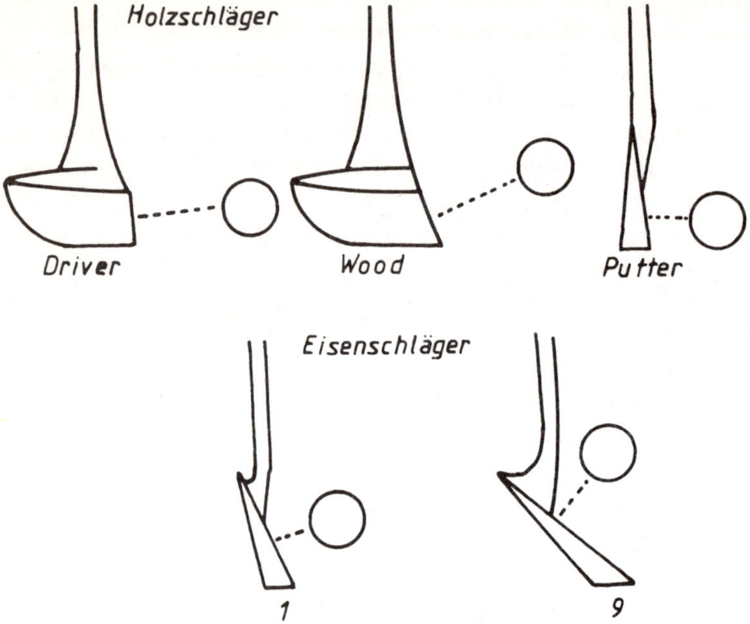

Golf – Beispiele für Golfschläger; der Aufschlagwinkel bestimmt die Flugbahnkurve

noch Angriff oder Verteidigung. Golf ist reines Geschicklichkeitsspiel und war schon immer ein Sport der gehobenen Stände. Das erste Golfturnier ist aus Edinburgh/Schottland (1744) überliefert, es ging um die »Silberkeule von Edinburgh«. Diesen Preis gibt es noch heute. Das Wort Golf ist der schottischen Sprache entlehnt und bedeutet soviel wie Schlag.

In Großbritannien wurde Golf sehr beliebt, blieb aber exklusiv. Nach Deutschland kam das Spiel erst 1900, zuerst nach Berlin. Wirklicher Volkssport wurde Golf nur in Amerika und Japan; dort hat jedes Dorf, jede Siedlung einen Golfplatz, und es ist – jedenfalls außerhalb der Großstädte – auch nicht teuer, einem Golfklub anzugehören. Das mag daran liegen, daß große Geländeflächen dort keine Mangelware sind, für einen Golfplatz mit 18 Löchern

(Bahnen) werden 50 Hektar benötigt, für einen 9-Lochplatz (der zweimal durchspielt werden muß) die Hälfte. Golf ist ein äußerst gesundes Spiel, das in jedem Lebensalter gespielt werden kann und angepaßte Bewegung mit Trainingseffekten für die gesamte Körpermuskulatur ermöglicht. Schade, daß es in Deutschland nur rund 200 Golfklubs/Golfanlagen mit etwa 70 000 Mitgliedern gibt, die großenteils horrende Beiträge zahlen müssen. Die Voreingenommenheiten gegen die Anlage weiterer Golfplätze sind nur insoweit zu verstehen, als die Klubs für Normalverdiener viel zu teuer sind und manche Klubs durch gezielt überhöhte Beiträge Exklusivität erzwingen. Allerdings muß auch berücksichtigt werden, daß die Pflege eines 50-Hektar-Platzes beträchtliche Summen verschlingt. Es gibt Amateur- und Profi-Golfer, nationale und europäische Meisterschaften für Damen und Herren, alle zwei Jahre Weltmeisterschaften für Damen und Herren (Amateure) und einen Weltpokal für Berufsspieler-Mannschaften, der jährlich über 72 Löcher (4 Runden) ausgetragen wird.
Das Spielfeld in naturgegebenem, leicht hügeligem Rasengelände, das von Bäumen und Büschen abgesichert wird, hat eine Bahnlänge von 4,5 bis 6,5 Kilometern. Die Bahnen zwischen den Löchern sind 200 bis 500 Meter lang. Der robuste Golfrasen ist an den Löchern und Abschlagstellen 3 bis 7 Millimeter kurz geschnitten (Fairway), Teile der Strecke sind lang geschnitten (Rough). Das Loch (Hole) hat 10,8 Zentimeter Durchmesser, ist mindestens 10 Zentimeter tief und mit einem Fähnchen gekennzeichnet, bis der Spieler den Ball so nahe herangespielt hat, daß er gezielt versuchen kann, einen Ball ins Loch zu schlagen.
Die Spielgeräte sind Golfball und Golfschläger. Der Ball besteht aus Gummi, hat einen weichen Kern und eine harte, genarbte Hülle, darf höchstens 64 Gramm wiegen und muß mindestens 41 Millimeter Durchmesser haben. Die Golfschläger aus Holz beziehungsweise Kunststoff oder/und vergütetem Eisen weisen beträchtliche Unterschiede auf. Es gibt mehr als 20 verschiedene Arten für Weit- und Treibschläge über Distanzen von mehr als 200 Metern, für verschiedene Böden und Ball-Lagen, für Hoch- und Flach-

schläge, zur Annäherung und zum letzten Schlag ins Loch. Der Golfspieler darf bis zu 14 verschiedene Schläger für sein Spiel auswählen und mitführen. Die Schläger unterscheiden sich durch Form, Größe und Anspielwinkel der Köpfe voneinander – beim Golfschläger befindet sich der »Kopf« immer unten. In vielen Fällen trägt der Caddie, ein Helfer und Berater des Spielers, die Schläger oder fährt sie auf einem Karren hinter dem Spieler her. Für Übungsspiele ist ein Caddie nicht vorgeschrieben.

Die Spielregeln sind einfach. Zum Abschlag wird der Ball auf einen in den Boden gedrückten Kunststoffstift gesetzt, um den Rasen zu schonen und dem Ball eine berechenbare Flugbahn zu geben. Wer durch Los das Spiel beginnt, »hat die Ehre«, so heißt es in der Spielersprache. Mit einer für jedes Loch festgesetzten Anzahl von Schlägen (Par) soll der Spieler den Ball ins Loch befördern. Grundsätzlich gilt für Entfernungen

- bis zu 228 Meter Par 3,
- bis zu 434 Meter Par 4,
- ab 435 Meter Par 5.

Entsprechend der Streckenlänge zwischen 4,5 und 6,5 Kilometern auf verschiedenen Plätzen und den daraus sich ergebenden Abständen zwischen den Löchern soll ein Durchgang durch alle 18 Löcher mit 63 bis 74 Schlägen geschafft werden. Da das natürlich nur von Spitzenspielern erreicht wird (und auch die verpatzen mal einen Schlag), wird jeder Spieler entsprechend seiner Jahres-Durchschnittsleistung einer Spielklasse zugeordnet und bekommt eine Anzahl von Vorgabepunkten. So können auch Spieler verschiedener Klassen miteinander spielen. Die Vorgabe wird Handicap genannt. Braucht der Spieler also im Jahresmittel 18 Schläge mehr pro Platz, so hat er »Handicap 18« und gehört zur Leistungsklasse 4, er ist ein mäßiger Spieler. Die fünf Vorgabeklassen sind

Klasse I	:	+ 2 bis	– 3	Schläge
Klasse II	:	– 4 bis	– 9	Schläge
Klasse III	:	–10 bis	–15	Schläge
Klasse IV	:	–16 bis	–24	Schläge
Klasse V	:	–25 bis	–36	Schläge.

Spielt ein Spieler in einem Jahresmittel besser oder schlechter als im Jahr davor, wechselt er in eine entsprechend höhere oder niedrigere Klasse.
Es gibt Zählspiele und Lochspiele. An den schwierigeren Zählspielen können sich beliebig viele Spieler beteiligen. Gewonnen hat, wer die Spielrunde mit vereinbarten 1, 2, 3 oder 4 Durchgängen (jeweils von Loch 1 bis 18) mit den wenigsten Schlägen abschließen kann. Bei den leichteren Lochspielen gibt es nur 2, 3 oder 4 Spieler, die einzeln oder in 2 Gruppen oder einer gegen drei spielen. Je Loch gewinnt 1 Punkt, wer seinen Ball mit den wenigsten Schlägen versenken kann. Haben mehrere Spieler die gleiche Schlagzahl gebraucht, bekommt jeder ½ Punkt. Sieger wird, wer die meisten Löcher gewinnt. Hat ein Spieler schon bei einem frühen Loch mehr als die Hälfte der 18 Löcher für sich gewonnen und kann von den Mitspielern nicht mehr übertroffen werden, so ist das Spiel auch an diesem Loch bereits beendet. Haben mehrere Spieler am 18. Loch die gleiche Punktzahl, wird vom ersten Loch des Golfplatzes an so lange weitergespielt, bis ein Spieler 1 Punkt Vorsprung hat, zum Beispiel auf dem 20. oder 21. Loch (die Löcher werden in solchen Fällen weitergezählt). Er ist dann in der Golfersprache »Sieger auf dem 20. beziehungsweise 21. Grün«.
Zur Etikette, das sind die international geltenden Golfregeln, gehört auch, daß der Ball nur zum Abschlag mit den Händen auf den Aufsatzdorn (Tee) gelegt werden und ansonsten grundsätzlich nicht berührt werden darf. Ist ein Ball außerhalb des Golfplatzes gelandet oder gilt der Ball als »verloren« (wenn er binnen 5 Minuten nicht gefunden wird) oder wurde der Ball regelwidrig angefaßt, statt geschlagen zu werden, so wird dem jeweiligen Spieler ein Strafschlag zu seiner Schlagzahl hinzugerechnet.

Handball

Handball ist eines der ganz jungen Ballspiele. Vorläufer aus der Antike, aus dem Mittelalter oder aus anderen Kulturen gibt es nicht. Handballähnliche Spiele gab es erst im 19. Jahrhundert, un-

ter anderem in Deutschland, Holland, der Tschechoslowakei und den Balkanländern. Handball gilt als deutsches Spiel, weil sich ein Deutscher 1917 das Spiel in der heutigen Form ausdachte und zwei Jahre später ebenfalls ein Deutscher die Regeln verfeinerte. Bis in die 50er Jahre wurde überwiegend Feldhandball gespielt. 1936 war Feldhandball sogar (einmalig) olympische Disziplin, und Deutschland errang im Spiel gegen Österreich die Goldmedaille. Die in der Zeit bis zum II. Weltkrieg ausgetragenen Weltmeisterschaften im Feldhandball wurden ausnahmslos von Deutschland gewonnen.
Erst durch die vielen inzwischen entstandenen großen Sporthallen konnte sich Hallenhandball zum internationalen Mannschafts-Kampfspiel entwickeln und den Feldhandball verdrängen.
Der Deutsche Handballbund hat heute rund 700 000 Mitglieder, internationale Dachorganisation ist die IHF (International Handball Federation) mit Sitz in Basel. Handball wird von Damen und Herren gespielt, es gibt nationale, europäische und Weltmeisterschaften. Seit 1972 ist Hallenhandball olympische Sportart.
Das Spielfeld in der Halle ist 40 Meter lang und 20 Meter breit. Die Tore auf beiden Seiten sind 3 Meter breit und 2 Meter hoch. Vor jedem Tor befindet sich ein halbkreisförmiger Torraum, in dem sich nur der Torwart aufhalten darf. Zum Torwurf darf allerdings der Spieler in den Torraum hineinspringen. Einen Halbkreis von 9 Metern um jedes Tor bildet jeweils eine gestrichelte Freiwurflinie. Jeweils 7 Meter von den Toren entfernt ist eine 1 Meter lange Linie gezogen; von dort werden Siebenmeterwürfe auf das Tor ausgeführt, wenn ein Spieler der angegriffenen Mannschaft einen besonders schweren Regelverstoß begangen hat. Dazu zählen grobes Foul in der Spielhälfte der verteidigenden Mannschaft, absichtliches Betreten des eigenen Torraumes zum Zwecke der Abwehr, absichtliches Zuspiel des Balles an den eigenen Torwart innerhalb des Torraumes und regelwidriges Vereiteln einer Torchance. Weniger gravierende Verletzungen der Regeln werden mit Freiwurf geahndet. Hat ein Spieler einen schweren oder mehrere Regelverstöße absichtlich oder grob leichtfertig verschuldet, kann ihm der Schiedsrichter die gelbe Karte zeigen; er kann aber auch für 2 Mi-

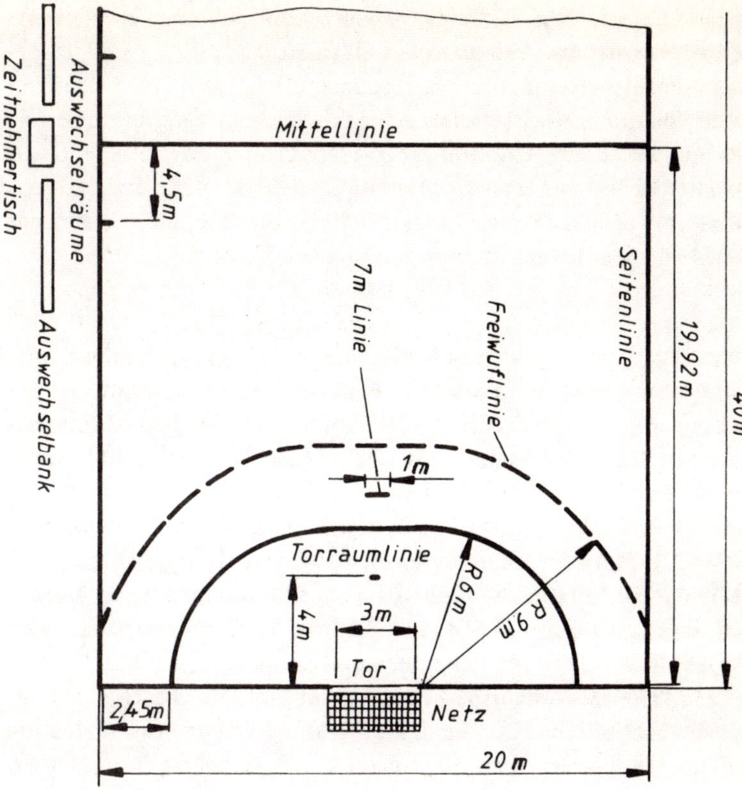

Handball-Spielfeld (rechte Spielfeldhälfte)

nuten hinausgestellt (auf die Strafbank) oder für das ganze Spiel disqualifiziert werden. Hinausgestellte Spieler können für die Strafzeit nicht ersetzt werden; ein hinausgestellter Torwart darf zwar ersetzt werden, allerdings muß dann ein Feldspieler das Spielfeld verlassen. Wenn ein Spieler dreimal hinausgestellt wird, bedeutet dies automatisch seine Disqualifizierung für das ganze Spiel. Es kommt vor, daß beide Mannschaften gleichzeitig einen Fehler oder eine Regelwidrigkeit begehen. In solchen Fällen müssen sich alle Spieler mindestens 3 Meter vom Ball entfernen, und der Schiedsrichter wirft den Ball am Fehlerpunkt zur Spielfortset-

zung auf den Boden. Bei längerer Spielunterbrechung veranlaßt der Schiedsrichter das Anhalten der Zeitnahme.
Auswechselspieler und Auswechseltorhüter können beliebig oft bei jeder Spielunterbrechung ausgetauscht werden. Die Wechsel erfolgen immer an der Mittellinie.
Handballer müssen sehr reaktionsschnell sein, große Sprung- und Wurfkraft besitzen, über Fangsicherheit verfügen und blitzschnell von Angriff auf Verteidigung umschalten können.

Hockey

Spiele, in denen ein Ball mit Stock oder Keule vorangetrieben wurde, waren schon vor 4 500 Jahren in China und Ägypten bekannt. Nach der Zeitenwende gab es solche Spiele unter anderem in Persien und Griechenland, ab 1200 auch in Frankreich und den Niederlanden. Was wir heute als Hockey kennen, wurde 1875 in England aus der Taufe gehoben, und zwar fast gleichzeitig für Männer- und Frauenmannschaften. In Großbritannien verbreitete sich das Spiel sehr schnell. Zu uns kam Hockey erst nach 1900; Berlin, Bonn, Bremen, Hamburg und Hannover hatten die ersten Klubs, das erste Länderspiel fand 1910 in Frankfurt gegen eine englische Mannschaft statt. Die deutsche Mannschaft verlor 0:4. 1908 wurde Feldhockey bereits olympische Disziplin für Männer. Damen spielen erst seit 1980 um olympische Medaillen.
Der Deutsche Hockeybund hat mehr als 50 000 Mitglieder und veranstaltet nationale Meisterschaften für Damen und Herren, sowohl für Feldhockey als auch für Hallenhockey. Außerdem gibt es Europameisterschaften (seit 1970) und Weltmeisterschaften. Bei internationalen Wettbewerben im Feldhockey sind die deutschen Damen erfolgreicher als die Männer; im Hallenhockey (seit 1974) ist die Bundesrepublik führend; auf dem Feld dominieren Großbritannien und Länder, die zum britischen Einflußbereich gehören (unter anderem Indien und Pakistan). Auch die Niederlande sind sehr oft Sieger bei internationalen Meisterschaften.
Das Spielfeld beim Feldhockey ist 91,40 Meter lang und 50 bis zu

55 Meter breit. Die Tore auf beiden Seiten sind 3,66 Meter breit und 2,14 Meter hoch, um sie herum ist jeweils ein Halbkreis mit einem Radius von 14,60 Meter gezogen, der sogenannte Schußkreis. Tore müssen von innerhalb dieses Kreises aus geschossen werden. Es gibt pro Mannschaft 11 Feldspieler einschließlich Torwart und 4 bis 6 Auswechselspieler; aber nur 2 Spieler dürfen während eines Spiels ausgewechselt werden. Gespielt wird auf Rasen, Kunstrasen oder Asche in zwei Halbzeiten zu je 35 Minuten.

Beim Hallenhockey ist das Spielfeld nur zirka 40 Meter lang und 20 Meter breit, die Tore messen 3 mal 2 Meter, der Radius der Schußkreise beträgt 9 Meter. Im Spiel sind nur jeweils 6 Spieler einschließlich Torwart. Die Spielzeit beträgt zweimal 30 Minuten. Gespielt wird überwiegend auf Kunststoffböden.

Spielgeräte sind der weiße Hockeyball und die Hockeyschläger. Der Ball ist nicht ganz rund (Umfang 22,4 mal 23,5 Zentimeter) und besteht aus Kunststoff oder Leder; er wiegt 160 Gramm. Die Hockeyschläger aus Holz wiegen zwischen 340 und 790 Gramm und sind, je nach Spielergröße, bis zu 95 Zentimeter lang. Das untere Ende nennt sich Keule und ist einseitig abgeflacht. Nur mit dieser Seite darf der Ball gespielt werden.

Die Spielregeln: Zu Beginn jeder Spielhälfte und nach jedem Tor nehmen die Spieler in ihrer Spielfeldhälfte Aufstellung; an der Mittellinie des Spielfeldes gibt der Schiedsrichter Anspiel: Zwei Spieler, aus jeder Mannschaft einer, stehen einander gegenüber, die übrigen müssen mindestens 4,55 Meter vom Anspielpunkt entfernt sein (in der Halle 3 Meter). Der Schiedsrichter wirft den Ball auf den Boden, die beiden einander gegenüberstehenden Spieler versuchen, in den Ballbesitz zu kommen und den Ball ihrer Mannschaft zuzuspielen. Während des Spiels darf der Ball nur mit dem Schläger angenommen und geschlagen werden.

Der Torwart trägt zum Schutz Gesichtsmaske, Brustpanzer, Schutz für den Unterleib, Handschuhe, Beinschienen und Kickschuhe; er darf den Ball mit den Füßen und dem Körper berühren.

Im Feldspiel herrschen ähnliche Regeln wie beim Fußball: Bei Seiten-Aus gibt es Einschlag für die Gegenseite; bei Aus hinter die

Torlinie durch Verteidigung gibt es Eckschlag; Freischlag von der Schußlinie aus bekommen die Verteidiger, wenn die Angreifer das Tor-Aus verursacht haben. Auch das Abseits ist ganz ähnlich wie beim Fußballspiel geregelt: Ein Spieler der angreifenden Mannschaft darf dem Tor grundsätzlich nicht näher stehen als der gespielte Ball im Moment der Ballabgabe, wenn nicht mindestens zwei Spieler der verteidigenden Mannschaft noch zwischen ihm und dem Tor sind. Für Regelverstöße gibt es Freischlag, für Verstöße innerhalb des Schußkreises wird eine Strafecke zugunsten der Angreifer gegeben, bei schweren Fouls in diesem Raum pfeift der Schiedsrichter (im Feldhockey gibt es zwei) zum direkten Siebenmeterschuß, vergleichbar dem Elfmeter beim Fußball. Grobe, absichtliche und wiederholte Regelverstöße können außerdem mit dem Zeigen einer gelben Karte geahndet werden, was eine Zeitstrafe von mindestens 5 Minuten zur Folge hat. Die rote Karte bedeutet stets Platzverweis für das gesamte Spiel. Außerdem gibt es eine grüne Karte (Verwarnung). Anders als beim Fußballspiel muß der Ball immer offen gespielt werden, darf also nicht mit dem Körper gegen einen gegnerischen Spieler gesperrt werden.
Beim Hallenhockey gelten überwiegend dieselben Regeln. Ausnahmen: Der Ball darf nicht geschlagen, sondern muß grundsätzlich immer flach über den Boden geschoben werden. Beim Torschuß innerhalb des Schußkreises wird er »geschlenzt«, das heißt, nicht ausholend abgeschlagen, sondern kräftig abgeschoben. Bei Regelwidrigkeiten gibt es Freischlag, innerhalb des Schußkreises Strafecke oder Siebenmeter. Eckball bei Tor-Aus und Abseitsstellung gibt es beim Hallenhockey nicht. Ein in der Halle auffliegender Ball darf mit der Hand gestoppt werden.

Polo (Pferdepolo)

Siehe Seite 178

Radball

Siehe Seite 193

Rugby

Das Rugbyspiel hat seinen Namen von der englischen Mittelstadt Rugby, Grafschaft Warwickshire. Dort hatte angeblich 1823 ein Schüler das Fußballspiel leid; er soll den Ball einfach in die Arme genommen haben und damit losgerannt sein. Der Knabe wurde natürlich gerempelt, zu Fall gebracht, es gab eine Rauferei, und das Rugbyspiel war »erfunden«. Webb Ellis hieß der Junge; an der Schule erinnert ein Gedenkstein an den Vorfall.

Kampfspiele um einen Ball sind aus dem alten China und von den Römern und Griechen schon aus vorchristlicher Zeit bekannt. Im Mittelalter wurden von aus Dorfgemeinschaften rekrutierten »Männermannschaften« Stadttore mit dem Ball bestürmt, wobei es zu wüsten Raufereien kam (vgl. auch Footballspiel, Seite 24). Die Regeln des heutigen Rugbyspiels wurden 1875 aufgestellt, das Spiel ist in Großbritannien, in den Commonwealth-Staaten und in Europa verbreitet, wird an Schulen, Universitäten und in Vereinen gespielt. Bei uns gibt es den Deutschen Rugby-Verband mit zirka 8 000 Mitgliedern, der jährlich nationale Meisterschaften veranstaltet. Es gibt Europameisterschaften ohne Beteiligung der vier angelsächsischen Ländermannschaften aus England, Wales, Schottland und Irland; die tragen jährlich ein Fünf-Nationen-Turnier (mit Frankreich) aus. Rugby-Weltmeisterschaften gibt es nicht.

Das Spielfeld: Rugby hat, grob vereinfacht gesagt, dem amerikanischen Football Pate gestanden. Das Kampfspiel zwischen zwei Mannschaften mit je 15 Spielern wird auf einem Rasenplatz von rund 100 Meter Länge und 65 Meter Breite ausgetragen. An den Enden der beiden Spielfeldhälften stehen torähnliche Male, bestehend aus zwei im Abstand von 5,60 Meter aufgestellten Malstangen und einer 3 Meter hohen Querlatte. Hinter den Malen liegt ein mehrere Meter langes Malfeld, das aber nicht zum eigentlichen Spielfeld gerechnet wird. Das Spielfeld ist durch eine Mittellinie geteilt, hinter der sich zu beiden Seiten 10-Meter-Linien und 22-Meter-Linien befinden. Die jeweils gegnerische 10-Meter-Linie muß nach Antritt eines Balles von der Mittellinie aus erreicht werden, die 22-Meter-Linie nach einem Antritt wegen Regelwidrigkeit

oder wegen *Handauf.* Das Handauf ist ein erlaubter Spielzug der angegriffenen Mannschaft, bei dem der Spieler den Ball in den Armen oder auf dem Boden festhält, um einen gegnerischen Versuch zu vereiteln. Die angespielte Mannschaft muß jeweils hinter der 10- oder 22-Meter-Linie abwarten, bis der Ball getreten wurde. Außerdem gibt es auf beiden Längsseiten des Spielfeldes durchgehende 5-Meter-Linien. Von dort aus zur Feldmitte hin wird eine Gasse gebildet, wenn nach Seiten-Aus Einwurf gegeben wird. Zur Gasse stellen sich 2 oder mehr Spieler jeder Mannschaft auf.
Spielgerät ist der eiförmige, luftgefüllte Rugbyball aus Leder oder Kunststoff, etwa 30 Zentimeter lang und mit einem Umfang von 60 Zentimetern. Er wiegt 400 bis 440 Gramm.
Die Spielregeln erlauben, daß der Ball geworfen oder getreten, anschließend gefangen und getragen wird. Zulässig ist es, den Ballträger zu ergreifen und zu Boden zu werfen. Ein gelegter Spieler muß den Ball unverzüglich freigeben oder ihn nach hinten beziehungsweise zur Seite (niemals nach vorn) abwerfen.
Der jeweils erste Ball bei Spielbeginn und nach der Halbzeit wird von der Feldmitte aus angetreten. Beim Frei- oder Straftritt nach Regelwidrigkeiten tritt der Spieler mit dem Hacken eine Delle in den Rasen (Marke), stellt den Ball aufrecht hinein und tritt den Ball aus dieser Stellung mit dem Fuß ins Spiel. Freitritt erhält auch ein Spieler, der einen vom Gegner nach vorn gespielten Ball auffängt und dabei »Marke« ruft. Außer dem Straftritt kann der Schiedsrichter nach einem Regelverstoß auch ein *Gedränge* pfeifen. Dabei stellen sich die Stürmer beider Mannschaften geduckt einander gegenüber auf, der Ball wird zwischen sie auf den Boden geworfen; die Spieler führen eine Art Ringkampf nach speziellen Rugbyvorschriften aus, mit dem Ziel, daß irgendein Spieler den Ball schließlich mit den Füßen für seine Mannschaft gewinnen kann. Nach einem Regelverstoß kann der Schiedsrichter auch Vorteil gelten und weiterspielen lassen, wenn die behinderte Mannschaft im Ballbesitz geblieben ist.
Ein sogenannter *Versuch* wird erzielt, wenn es gelingt, den in Besitz genommenen Ball ins gegnerische Malfeld zu bringen und

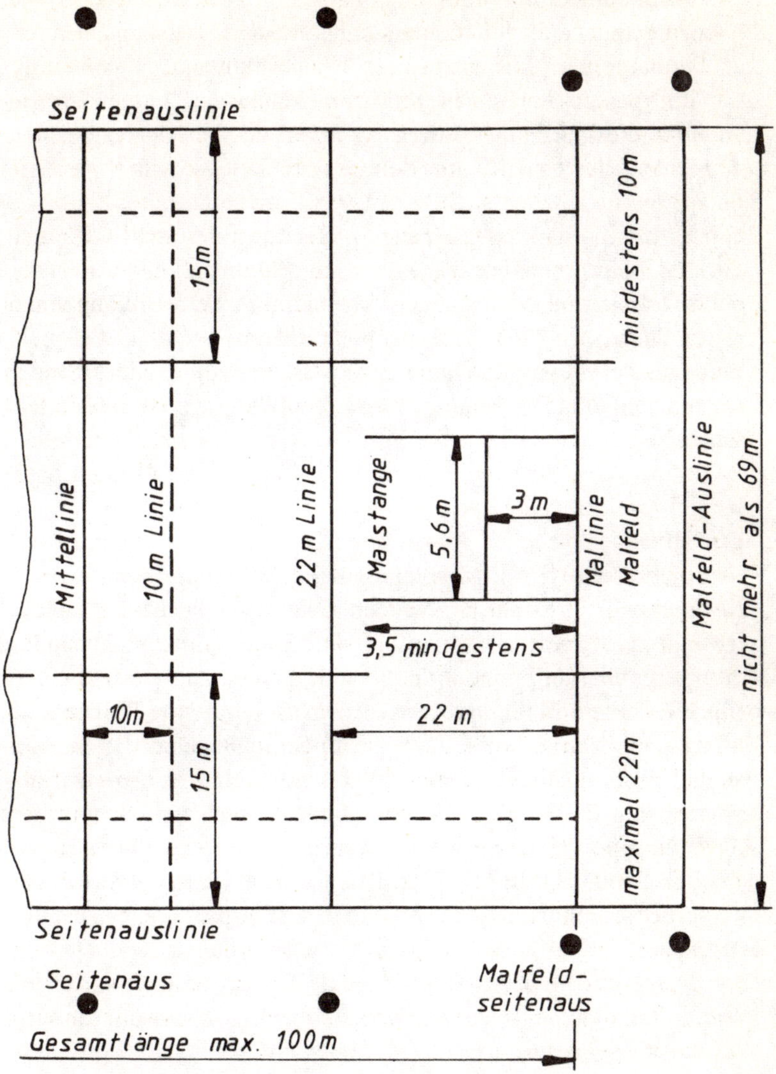

Rugby-Spielfeld (rechte Spielfeldhälfte)

dort durch Arme oder Oberkörper auf den Boden zu drücken. Beim erhöhten Versuch darf der Spieler den Ball vom Boden aus (Platztritt) treten oder ihn aus den Händen fallen lassen und aus der Luft heraus treten (Sprungtritt). Ziel des erhöhten Versuchs ist es stets, mit diesem Tritt einen Treffer zwischen die beiden Torpfosten über die Querlatte hinweg zu erzielen. Deshalb ragen die senkrechten Pfosten des Tores beim Rugby über die Querlatte hinaus.

Rugby wird in Punkten gewertet. Ein gelungener Tritt über die Querlatte beim erhöhten Versuch zählt 6 Punkte, das Auf-den-Boden-Drücken im Malfeld beim Versuch 4 Punkte. Alle anderen Treffer, auch nach Frei- oder Straftritt, zählen 3 Punkte. Gespielt werden stets zweimal 40 Minuten, dazwischen gibt es nur 5 Minuten Pause. Spielunterbrechungen werden in der jeweiligen Halbzeit nachgespielt.

Squash

Das Spiel ist um 1850 in England aufgekommen und dem älteren Pelotaspiel, in Südamerika und den USA auch Jai-Alai genannt, verwandt. In Amerika werden auf den Sieger Geldwetten abgeschlossen, die man bis zum Spielbeginn tätigen kann, wie es hier beim Pferdesport üblich ist. Beim Squash spielen zwei Spieler den Ball mit einem dem Tennisschläger ähnlichen Schläger gegen eine Wand. Der Ball erreicht dabei Geschwindigkeiten von bis zu 120 Kilometern pro Stunde. Der Internationale Squashverband veranstaltet alle zwei Jahre Weltmeisterschaften. Seit 1973 gibt es Europameisterschaften, seit 1976 Deutsche Meisterschaften mit internationaler Beteiligung. Das Spiel zeichnet sich durch Eleganz und artistisches Tempo aus.

Das Spielfeld: Squash wird in der Halle gespielt (Jai-Alai im Freien, auf einem größeren Feld, mit geschwungenen, korbgeflochtenen Schlägern). In nur 5,50 Meter Entfernung von der Spielwand befinden sich links und rechts innerhalb des 6,40 Meter breiten, von Wänden umgebenen Spielfeldes die Angaberäume für den jeweils ersten Aufschlag. Hinter der 5,50-Meter-Linie ist das 4,25 Meter kleine, in linke und rechte Hälfte geteilte Aufschlagfeld. Die Spielwand ist 4,60 Meter hoch und hat in 1,83 Meter Höhe eine Aufschlaglinie, die beim ersten Aufschlag nicht unterschritten werden darf. Während des Spiels darf der Ball dann grundsätzlich alle Wände berühren, nur nicht die 48-Zentimeter-Linie an der Spielwand oder die 2,13-Linie an der Rückwand unterschreiten.

Spielgeräte sind der Squashball aus Weichgummi mit 4 Zentimeter Durchmesser und 24 Gramm schwer, und die Schläger, deren Spielfläche deutlich kleiner ist als bei Tennis- oder Badmintonschlägern.

Die Spielregeln: Zwei Spieler stellen sich zu Beginn in ihre Angaberäume. Einer von beiden hat Aufschlag, spielt also den ersten Ball aus seiner Seite gegen die Spielwand. Der gespielte Ball muß mindestens in 1,83 Metern Höhe die Wand treffen und so zurückprallen, daß er frühestens nach 5,50 Metern im Aufschlagraum aufsetzt, und zwar auf der Spielfeldhälfte des Gegenspielers, der auch Rückschläger genannt wird. Beim Rückschlag darf der Ball nun bis zur 43-Zentimeter-Playboard-Linie an die Wand gespielt und muß danach wieder vom Aufschläger angenommen werden. Beiden Spielern ist es möglich, den Ball sowohl aus dem Flug als auch nach einmaligem Aufsetzen anzunehmen. Der Ball kann auch so stark gegen die Spielwand geschmettert werden, daß er ohne Bodenberührung noch oberhalb 2,13 Meter gegen die Rückwand prallt, von dort aus vom Gegenspieler angenommen und gegen die Spielwand gespielt werden muß. Ebenso ist es möglich, den Ball so gegen die Spielwand zu plazieren, daß er von dort abprallend eine Seitenwand trifft und aus dieser Flugbahn heraus anzunehmen ist. Sobald der Ball verfehlt wird und mehr als einmal aufsetzt, zählt das als Punkt für den, der geschlagen hat.

Gespielt wird auf 3 Gewinnsätze hin; bei jedem Satz wird der Aufschlag gewechselt; jeder Satz wird bis zu 9 Punkten gespielt. Bei Gleichstand von 8:8 darf der jeweilige Rückschläger entscheiden, ob bis zu 9 oder 10 Gewinnpunkten weitergespielt werden soll. Da ein Spiel erst beendet ist, wenn einer der Spieler 3 Sätze gewonnen hat, kommt es bei gleichwertigen Spielern oft zu langen Kämpfen mit 5, 6 oder mehr Sätzen. Für den Sieg ist jedoch ein Vorsprung von 1 Siegsatz ausreichend.

Tennis

Tennis ist in Deutschland längst kein exklusiver Sport mehr. Der Zustrom zu den Tennisklubs ist so groß, daß die meisten Klubs Wartelisten aufgelegt haben. Der Deutsche Tennisbund hat fast 2 Millionen überwiegend aktive Mitglieder.
Das Wort Tennis ist aus dem altfranzösischen *tenez,* haltet (nämlich den Ball), abgeleitet. Vorstufen des Tennis wurden schon im Mittelalter gespielt, im 14. Jahrhundert von burgundischen Mönchen auf den Klosterhöfen, zunächst mit den flachen Händen. Das Rakett (auch Racket) und das Netz kamen erst 200 Jahre später auf. Das moderne Tennis stammt aus England; es war durch die Erfindung des Rasenmähers (zunächst wurde ausschließlich auf Rasen gespielt) und des Gummiballes möglich geworden. Die grundlegenden Tennisregeln wurden 1877 in Wimbledon ausgearbeitet. 1892 fanden die ersten Deutschen Tennismeisterschaften in Hamburg statt. In den letzten zwei Jahrzehnten hat sich die Trennung von Amateur- und Profi-Wettbewerben in der Spitzengruppe verwischt. Die wichtigsten internationalen Turniere sind:
- Wimbledon, All England Lawn Tennis Championships,
- Flushing Meadow, USA, International Championships,
- Paris, Stade Roland-Garros,
- Melbourne, Australien.

Weitere nationale und internationale Meisterschaften sind in die sogenannten Grand-Prix-Turniere einbezogen, die im Masters-Tournament für Damen und Herren ihren alljährlichen Höhepunkt und Abschluß erreichen. Daran nehmen jeweils die 12 punktbesten Spielerinnen und Spieler teil. Daneben sorgen Mannschaftswettbewerbe für ständige Spannung: Um den Davispokal für Herren spielen 16 nationale Mannschaften nach dem K.-o.-System; um den Federation Cup kämpfen die Damen. Der Königspokal wird zwi-

schen europäischen Herrenmannschaften im Hallentennis ausgetragen, und der World Team Cup in Düsseldorf findet mit 8 Nationalmannschaften statt.
Olympische Disziplin war Tennis von 1896 bis 1924 und ist es wieder seit den Olympischen Spielen 1988 in Seoul, Korea.
Das Spielfeld ist 23,77 Meter lang. Die Breite beträgt für das »Einzel« 8,23 Meter, für das »Doppel« 10,97 Meter. Das Netz in der Mitte ist 91,5 Zentimeter hoch (Oberkante) und mit einem Seil fest gespannt. Der Auslauf hinter der Grundlinie muß über mindestens 3,65 Meter reichen.
Unterschieden werden Rasenplätze, überwiegend in englischsprachigen Ländern, und Hartplätze mit Unterlage aus Naturstein oder Ziegelmehl. Es gibt außerdem Kunstrasen-, Asphalt-, Beton- und (in der Halle) Parkett-, Korklinoleum-, Teppich- oder Kunststoffböden. Der Boden ist entscheidend für die Schnelligkeit des Balles und die Höhe seines Sprungs beim Aufsetzen. Hartplätze gelten als »langsam«, weil der Ball gebremst wird. Weiche Plätze sind schneller, der Ball springt rascher ab, zum Beispiel auf Rasen. Vom Boden ist also das Spieltempo abhängig. Schnelle Plätze erfordern kürzere Reaktionszeiten; langsame Plätze kosten mehr Kraft. Deshalb sind die Spieler nicht auf jedem Platz gleichermaßen erfolgreich.
Spielgeräte sind Tennisball und Tennisschläger. Der Ball hat zirka 6,5 Zentimeter Durchmesser und wiegt 57 bis 58 Gramm. Wenn er bei 20 Grad Temperatur aus 2,54 Meter Höhe auf eine harte Unterlage fällt, muß er mindestens 1,23 Meter hochspringen. Er besteht aus Hohlgummi und hat eine flauschige Filzhülle, die das Flugtempo bremst. Gute Spieler spüren, wenn sie den Ball vor dem Aufschlag einige Male auf den Boden werfen, ob er in Ordnung ist. Der Schläger kann aus Glasfiber, Kunststoff, Metall oder (selten) aus Holz gefertigt sein. Der Racketkopf ist mit einem Gitternetz aus unterschiedlich fest gespannten Kunstoff- oder Naturdarmsaiten bespannt. Die Art der Bespannung hat Auswirkungen auf den Flug des Balles. Die Wahl der Bespannungshärte steht dem Spieler frei. Spitzenspieler spielen »hart«.

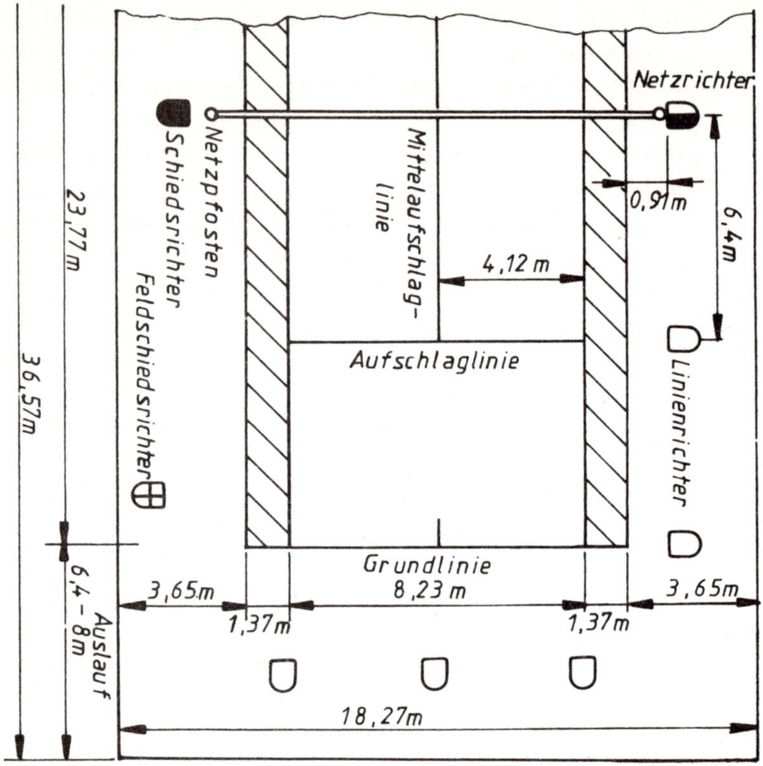

Tennis-Spielfeld (rechte Spielfeldhälfte); gestrichelt: Spielfeldbreite für das Doppel

Die Spielregeln: Die Spielfeldseiten und der erste Aufschlag werden unter den Spielern ausgelost. Mit dem Aufschlag wird von Spiel zu Spiel gewechselt. Seitenwechsel erfolgt nach dem 1., 3. und jedem weiteren ungeraden Spiel. Zu Spielbeginn und bei jedem neuen Aufschlag stellen sich die Spieler hinter ihre Aufschlaglinien, die Grundlinien des Spielfeldes, und zwar einander schräg gegenüber. Der Spieler, der ein Spiel beginnt, heißt Aufschläger, sein Gegenüber Rückschläger. Zum Aufschlag muß der Ball in die Luft geworfen und aus dem Fall heraus mit dem Schlä-

ger über das Netz in das schräg gegenüberliegende Aufschlagfeld plaziert werden. Dabei darf der Aufschläger seine Grundlinie nicht übertreten, und der Ball darf das Netz nicht berühren. Bei einem Aufschlagfehler (Netzberührung kommt häufig vor) darf der Aufschlag wiederholt werden. Bei einem wiederholten (Doppel-)Fehler bekommt der Gegner des Aufschlägers einen Punkt. Deshalb wird der wiederholte Aufschlag immer behutsamer gespielt.
Dabei gibt es eine Ausnahme: Wird nach fehlerhaftem erstem Aufschlag beim zweiten Aufschlag vom Linienrichter irrtümlich auf »Aus« erkannt und vom Schiedsrichter nachträglich der Ball für »gut« befunden, so erhält der Aufschläger zwei neue Bälle; es wird also verfahren, als hätte es sowohl den verpatzten als auch den strittigen Aufschlag nicht gegeben.
Jeder Aufschlagball muß den Boden einmal berühren und darf, anders als im folgenden Ballwechsel, nicht aus der Luft zurückgeschlagen werden. Gelingt es dem Aufschläger, den Aufschlagball so zu plazieren und so scharf zu spielen, daß ihn der Gegner nicht erreicht, spricht man von einem »As«: Der Aufschläger bekommt einen Punkt. Im Spielverlauf bekommen Aufschläger oder Rückschläger einen Punkt, wenn es ihnen gelingt, den Ball dem Gegner innerhalb des Spielfeldes unerreichbar zu servieren; dabei gehören die Spielfeldlinien zum Spielfeld. Wird ein Ball über die Seitenlinien oder über die gegnerische Grundlinie geschlagen, ohne daß er zuvor im Spielfeld aufgesetzt hat, so ist das ein Punkt für die gegnerische Seite.
Die Punkte in einem Spiel zählen 15 (erster Punkt), 30 (zweiter Punkt) und 40 (dritter Punkt). Eigentlich müßte es 45 heißen, aber da die Punkte über Lautsprecher angesagt werden, hat sich 40 wegen der einfacheren Aussprache eingebürgert.
Wer zuerst den 4. Punkt (60, wird nicht angesagt) für sich erzielt, hat ein Spiel gewonnen. Es heißt nun 1:0. Danach beginnt das zweite Spiel. Bei der Ansage kommt es vor, daß der Spielstand zum Beispiel mit *Fifteen to Love* oder *Thirty to Love* angegeben wird. *Love* (Liebe) steht immer für Null und bedeutet sinngemäß »aus Liebe zur Sache«, solange kein Punkt erreicht werden kann. Es

heißt auch, das englische Sprichwort »neither for love nor money« (weder für Liebe noch für Geld) habe Pate gestanden.
Steht es jedoch in einem Spiel 40:40 (angesagt: 40 – beide, beide Spieler haben also 3 Gewinnpunkte) unentschieden, so heißt das *Einstand,* und es wird so lange weitergespielt, bis ein Spieler 2 Punkte Vorsprung hat. Der erste erreichte Punkt nach Einstand wird *Vorteil* genannt. Wird der Vorteil durch den Gegner ausgeglichen, so beginnt neuerdings Einstand. Das kann, bei Spitzenspielern mit guten Nerven, eine ganze Weile so gehen, bis ein Spiel gewonnen ist.
Ein Satz besteht grundsätzlich aus 6 solchen Spielen. Das gilt aber nur, wenn einer der Spieler bereits zwei Spiele mehr als sein Gegenüber gewonnen hat, wenn es also mindestens 6:4 steht. Bei 6:5 oder 6:6 muß weitergespielt werden. Bei 6:5 wird weitergespielt, bis entweder ein Abstand von 2 Gewinnspielen oder ein 6:6 erreicht wird. Damit ein Satz unter diesen Umständen nicht endlos wird, kommt es dann zum sogenannten *Tie-Break,* dem Unentschieden-Brecher: Nun sind nicht mehr zwei Gewinnspiele für den Satzgewinn erforderlich, sondern nur noch eines. Jeder Fehler wird im Tie-Break mit 1 Punkt für den anderen Spieler gezählt – bis zu mindestens 7 Punkten; zum Sieg sind 2 Punkte Vorsprung erforderlich. In den meisten Turnieren wird jeder Satz mit einem Tie-Break beendet. Ausnahmen sind: Wimbledon – kein Tie-Break im letzten Satz; und der Davis-Cup – überhaupt kein Tie-Break.
Als *Satzball* wird am Ende eines Satzes der Kampf um den zum Satzgewinn notwendigen, letzten Punkt bezeichnet. Der Satzball im letzten Satz wird *Matchball* genannt. Er entscheidet über den Gesamtsieg.
Ein Tennismatch besteht bei Damen und im gemischten Doppel immer aus 2 Gewinnsätzen, bei Herrentennis nach Vereinbarung aus 2 oder 3 Gewinnsätzen. Zum 2:0 sind folglich nur zwei Sätze nötig; solch ein Spiel dauert zirka eine Stunde, Steffi Graf ist für so kurze Siegzeiten berühmt. Nach 1:1 (beim 3-Satz-Spiel 2:2) ist jedoch ein 3. (5.) Satz für den Sieg nötig. Solche Spiele können vier Stunden oder länger dauern.

Das sind die häufigsten Spielfehler: Der Ball geht ins Aus, setzt außerhalb der Spielfeldgrenzen auf. Der Ball geht ins Netz, bleibt im Netz hängen. Der Ball wird überhaupt nicht oder erst nach zweimaligem Aufsetzen getroffen. Im Spielverlauf (außer beim Aufschlag!) darf der Ball das Netz berühren, entscheidend ist nur, daß er darüber hinweg kommt. Bei Spiel dicht am Netz darf weder der Spieler noch der von ihm geführte Schläger das Netz berühren, und der Schläger darf nicht über das Netz hinweg in das gegnerische Spielfeld gestreckt werden.

Bei spannenden Spielen kann es vorkommen, daß erregte Zuschauer durch laute Zurufe (zum Beispiel »Aus!«) die Spieler irritieren. Deshalb kann der Schiedsrichter einen solchen Zuschauer des Platzes verweisen (falls er ihn identifiziert). Dem Spieler wird er jedoch den Ball regelmäßig dann *gut* geben, wenn der irritierte Gegner (trotz seines Protestes) ihn ohnehin nicht erreicht hätte *(out of reach* = außerhalb der Reichweite).

Tischtennis

Wie so viele Sportarten wurde auch das Tischtennis in England erfunden. Ein Engländer ließ es sich 1891 sogar patentieren. Nach der Erfindung des Zelluloidballes und des mit Gummi bezogenen Schlägers erlangte das Spiel schnell große Beliebtheit – zunächst in Europa, bald auch in Asien und Rußland. 1901 fanden bereits Wettkämpfe in Berlin und Wien statt. Seit 1926 finden alle zwei Jahre Weltmeisterschaften statt, bei denen sich oft Chinesen, Japaner und Koreaner hervortaten. Europameisterschaften finden seit 1958 statt. Olympische Disziplin ist Tischtennis erst seit 1988.

Dem Deutschen Tischtennisbund gehören mehr als 10 000 Vereine mit rund 850 000 Mitgliedern an. Gespielt werden Damen- und Herreneinzel, Damen- und Herrendoppel sowie gemischtes Doppel. Tischtennis ist aber vor allem ein Freizeitsport, der von Millionen Menschen auch ohne Vereinszugehörigkeit gespielt und volkstümlich auch Ping-Pong genannt wird. Das Spiel zeichnet sich durch großes Tempo aus, schnelles Reagieren ist Grundbedin-

gung. Spitzenspieler erreichen Ballgeschwindigkeiten von bis zu 170 Kilometern pro Stunde und haben im Ballwechsel nur $^{1}/_{10}$ bis $^{2}/_{10}$ Sekunden Zeit, den ankommenden Ball zu parieren.
Spielfeld ist die Tischtennisplatte mit den Abmessungen 2,74 mal 1,52 Meter, sie soll 76 Zentimeter hoch sein. Bei Wettkämpfen soll jeder Spieler nach hinten wenigstens 7 Meter, nach beiden Seiten 3,50 Meter Bewegungsspielraum haben. Das Netz ist 15,25 Zentimeter hoch, fest gespannt und ragt auf beiden Seiten 15,25 Zentimeter über die Platte hinaus.
Spielgeräte sind der weiße Zelluloidball mit einem Durchmesser von 3,8 Zentimeter und 2,5 Gramm Gewicht sowie die Tischtennisschläger, deren Größe, Gewicht und Form nicht festgelegt sind. Vorschrift ist lediglich, daß die Oberfläche dunkel und matt zu sein hat, daß die Kelle aus Holz von gleichmäßiger Stärke besteht, daß der Belag nicht dicker als 4 Millimeter sein darf. Die beiden Schlägerseiten müssen verschiedene Farben haben und dürfen mit Noppengummi bezogen sein. Wie der Spieler den Schläger in der Hand hält, ist ihm überlassen. Am bewährtesten sind Händedruckgriff, Zeigefingergriff und Federhaltergriff.
Die Spielregeln: Die Spieler stehen, mit leicht gespreizten Beinen, nie mit durchgedrückten Knien, etwa 50 Zentimeter vom Tisch entfernt. Der erste Aufschlag wird ausgelost. Der Aufschläger wirft den Ball mit der flachen Hand hoch und schlägt ihn aus der Luft – und zwar so, daß er in der eigenen Spielhälfte einmal aufsetzt, dann über das Netz geht und in der gegnerischen Hälfte ein weiteres Mal aufsetzt. Berührt der Ball beim Aufschlag das Netz, wird der Aufschlag wiederholt.
Bei den Ballwechseln, die einem Aufschlag folgen, darf der gespielte Ball in der eigenen Hälfte nicht aufsetzen, der zugespielte Ball darf sowohl nach einmaligem Aufsetzen als auch aus der Luft zurückgeschlagen werden. Fehler zählen stets als Punkt für die Gegenseite. Folgende Fehler sind möglich: Der Ball wird nicht erreicht, kann also nicht zurückgeschlagen werden; der Ball setzt zweimal auf, bevor er erreicht und zurückgeschlagen wird; der Ball geht ins Netz; der Ball fliegt ins Seiten-Aus oder über die

Spielfläche hinweg; die Spielplatte wird berührt oder zum Aufstützen benutzt; der ankommende Ball wird mit der Hand oder dem Arm oder auf andere Weise mit dem Körper berührt; der Aufschläger stampft beim Aufschlag mit dem Fuß auf. Kein Fehler ist es, wenn der Ball die Spieltischkante noch berührt und daran, für den Gegenspieler meist unerreichbar, abprallt.
Der Aufschläger hat jeweils fünf Aufschläge, danach ist Aufschlagwechsel. Wer die Punkte dabei erzielt, spielt für den Aufschlag keine Rolle. Ein Spielsatz zählt bis zu 21 Punkten, für den Satzsieg gefordert ist aber ein Vorsprung von 2 Punkten. Steht es in einem Satz 20:20, ist nach jedem Punkt Aufschlagwechsel; es wird so lange weitergespielt, bis der geforderte 2-Punkte-Vorsprung durch einen der beiden Spieler erreicht ist. Gespielt wird immer auf 3 Gewinnsätze im Einzel, auf zwei Gewinnsätze bei den Doppelspielen.
Im sportlichen Wettbewerb gibt es einen Oberschiedsrichter mit der Befugnis, Resultate zu korrigieren, die auf falscher Auslegung der Regeln beruhen; ferner einen Linienrichter, der entscheidet, ob ein Ball noch die Spieltischkante berührt hat oder nicht und ob ein Spieler einen Körperfehler begangen hat; schließlich einen Zeitnehmer, der nach 15 Minuten Spieldauer innerhalb eines Satzes dem Schiedsrichter ein Zeichen gibt. Der Schiedsrichter unterbricht daraufhin den Satz und läßt nach einer kurzen Pause entsprechend der sogenannten Wechselmethode den unterbrochenen Satz und alle folgenden Sätze weiterspielen. Nach der Wechselmethode verliert der Aufschläger jeweils einen Punkt, wenn der Rückschläger den Aufschlag und die folgenden 12 Schläge des Aufschlägers zurückgeben kann. Mit dieser Regel soll verhindert werden, daß Spiele unter gleich guten Spitzenspielern ins Endlose gehen.

Volleyball

Ganz anders als an unseren Hochschulen und Universitäten wird an amerikanischen Colleges Sport hochgeschätzt. Vor allem sind Ball-Wettkampfspiele, in denen zwei Mannschaften gegeneinander

um den Sieg spielen, sehr verbreitet. Der Rang, die Popularität eines College hängt von sportlichen Leistungen der Studenten mindestens ebenso ab wie von wissenschaftlichen Ergebnissen oder von der Qualität der Lehre. Baseball, Basketball und American Football haben ihre Wurzeln im US-Hochschulsport.
Um die Jahrhundertwende wurde das Volleyballspiel an einem College in Massachusetts entwickelt. Ursprünglich sollte es nur dazu dienen, die Basketballspieler der Hochschule während des Winters mit einem Hallenspiel in Form zu halten; entsprechend wurde es auch mit einem Basketball über ein 1,83 hohes Tennisnetz gespielt. Dann aber verbreiteten Sportlehrer des Christlichen Vereins junger Männer (YMCA) das Spiel, und innerhalb von 20 Jahren war Volleyball in den Vereinigten Staaten, Kanada und Indien bekannt geworden. Nach dem II. Weltkrieg griffen die Ostblockstaaten sowie Japan und Korea das Spiel auf und wurden bei internationalen Wettbewerben sehr erfolgreich. Der Deutsche Volleyball-Verband hat zirka 450 000 Mitglieder. Es gibt nationale, im Vierjahresabstand europäische und Weltmeisterschaften, Wettbewerbe um den Westeuropa-Pokal (Spring-Cup) und den Worldcup, der jeweils im Jahr nach einer Olympiade ausgespielt wird. Seit 1964 ist Volleyball olympische Disziplin für Damen und Herren. Ein Hallenspiel ist Volleyball überwiegend geblieben, es kann aber auch im Freien gespielt werden.
Das Spielfeld ist 18 Meter lang und 9 Meter breit, auf der Mittellinie ist in 2,43 Meter (Herren) beziehungsweise 2,24 Meter (Damen) Höhe das Netz gespannt. Die Oberkante wird durch einen weißen Leinenstreifen markiert. Bei modernen Wettkämpfen sind oberhalb des Netzes zu beiden Seiten Antennen angebracht und deutlich zweifarbig gekennzeichnet. Nur innerhalb des Raumes zwischen den Antennen darf der Ball das Netz überqueren. Eine Berührung der Antennenstäbe durch Ball oder Spieler ist ein Fehler. Um das Spielfeld herum ist ein Freiraum von 2 Metern vorgeschrieben, über dem Spielfeld fordern die Regeln eine lichte Höhe von 7 Meter.
Jede Spielfeldhälfte hat zum Netz hin einen 3 Meter breiten, mit

einer Linie gekennzeichneten Angriffsraum. Auf der rechten Seite jeder Spielfeldhälfte (mit Blick zum Netz hin) befindet sich hinter der Grundlinie der 3 Meter breite Aufgaberaum, von dort aus werden die Bälle *aufgegeben,* also angespielt. Sie müssen über das Netz in die gegnerische Hälfte des Spielfeldes gespielt werden. Asphalt-, Stein- und Zementböden sind aufgrund von Verletzungsgefahr unzulässig. Im Freien darf nicht auf Rasen gespielt werden. *Spielgerät* ist der luftgefüllte, weiche Lederball; er hat 66 Zentimeter Umfang und wiegt 260 Gramm.

Volleyball – Baggerschlag für tiefe Bälle

Die Spielregeln: Beim Volleyball kann nur diejenige Mannschaft Punkte gewinnen, die das Aufschlagrecht hat. Der erste Aufschlag beim Spielbeginn wird ausgelost. Danach hat jede Mannschaft so lange Aufschlag, bis ihr ein Fehler unterläuft. Von da an erfolgt der Aufschlag durch die jeweils andere Mannschaft.
Beim Volleyball stehen einander zwei Mannschaften à 6 Spieler gegenüber, jeweils in zwei Reihen. In der ersten Reihe stehen die 3 Angriffsspieler, in der zweiten Reihe die Abwehrspieler. Auf der Reservebank sitzen 6 Auswechselspieler, die alle gegen die im Feld befindlichen ausgetauscht werden können.
Ziel des Spiels ist es, den Ball so raffiniert über das Netz zu schlagen, daß die gegnerische Mannschaft den Ball nicht erreicht und

nicht zurückschlagen kann. Der Ball darf den Boden nicht berühren. Der ankommende Ball kann mit dem ersten Schlag, muß aber spätestens mit dem dritten Schlag über das Netz zum Gegner zurückgeschlagen werden. Ein Spieler darf den Ball nicht zweimal hintereinander berühren, muß ihn also stets einem Spieler der eigenen Mannschaft zuspielen, wenn es nicht möglich ist, unmittelbar über das Netz zu spielen. Ausnahme: Ein zweites Mal darf der Spieler nach einem Block den Ball berühren, wenn er ins eigene Spielfeld fällt. Allerdings darf ein Spieler auch den ersten und dritten Ballkontakt haben. Regelwidrig ist es, den Ball zu fangen oder auch nur Bruchteile von Sekunden zu halten oder durch nachschieben zu führen.

Volleyball besteht im wesentlichen aus vier Balltechniken:

– *Pritschen* – beidhändiges, weiches Berühren des Balles mit den Fingern ohne Benutzung der Handteller; wird als Zuspiel zum

Volleyball – Blockverteidigung mit gestreckten Händen am Netz

eigenen Mann zur Vorbereitung des Schmetterballes benutzt (man sagt: oberes Zuspiel).

- *Baggern* – beidarmiges Unterarmspiel, bei dem möglichst die Innenseiten der Unterarme gleichzeitig den Ball treffen sollen; wird überwiegend von Abwehrspielern zur Ballannahme und Weitergabe angewendet (man sagt: unteres Zuspiel). Baggern ist auch einarmig erlaubt.
- *Schmettern* – einarmiges mit fixierter, gestreckter Hand und geschlossenen Fingern aus dem Sprung heraus; wird mit großer Kraft so ausgeführt, daß der Ball möglichst direkt auf den Boden der gegnerischen Spielfeldhälfte auftreffen und vom Gegner nicht erreicht werden kann. Dabei darf der Spieler weder das Netz berühren noch in vollem Umfang mit einem Fuß die unter dem Netz befindliche Mittellinie übertreten.
- *Blocken* – Entgegenstrecken beider Arme über Netzkantenhöhe, um einen gegnerischen Schmetterball abzuwehren. Dabei ist leichtes Übergreifen am Netz mit nach oben gestreckten Armen ausnahmsweise erlaubt. Beim Block versuchen Angriffsspieler einzeln, zu zweit oder zu dritt, den ankommenden Ball gleich am Netz abzublocken und im Sprung möglichst direkt in die gegnerische Spielfeldhälfte zurückzuspielen. Die blitzschnelle Aktion führt sehr oft zu einem Punkt, wenn der Block von der aufschlagenden Mannschaft gebildet werden kann.

Zunächst wird ausgelost, welche Mannschaft das Spiel beginnt. Der erste Ballkontakt zu Spielbeginn und nach jedem Fehler einer Mannschaft heißt *Aufgabe.* Die Aufgabe des Balles erfolgt aus dem Aufgaberaum hinter der Grundlinie, immer durch den rechten Verteidigungsspieler. Eine Mannschaft behält so lange das Recht zur Ballaufgabe (zum Anspiel), bis sie selbst einen Fehler macht. Bei jedem Aufgabewechsel von einer zur anderen Mannschaft muß die nun aufgebende Spielergruppe *rotieren:* Der rechte Angriffsspieler nimmt dabei den Platz des rechten Verteidigungsspielers ein, alle anderen rutschen im Uhrzeigersinn um einen Platz weiter. Die Rotation hat den Zweck, Spezialistentum unter den Spielern nach Möglichkeit in Grenzen zu halten.

Gespielt wird nicht nach Zeit, sondern nach Sätzen. Drei Gewinnsätze sind zum Sieg erforderlich. Übungs- und Freundschaftsspiele können auf zwei Sätze gespielt werden. Zwischen den Sätzen gibt es kurze Pausen (2 Minuten, vor einem fünften Satz 5 Minuten). Ein Satz zählt bis zu 15 Punkten, wenn dann eine der Mannschaften mindestens 2 Punkte zurückliegt (15:13). Kommt es zum 14:14, muß so lange weitergespielt werden, bis eine Mannschaft 2 Punkte Vorsprung erreicht hat. Seitenwechsel findet nach jedem Satz statt. Die Zahl der Sätze hängt vom Spielverlauf ab. Sie beträgt bei

- 3 Siegsätzen einer Mannschaft in Folge (3:0) 3 Sätze,
- 3 Siegsätzen der einen, 1 Siegsatz der anderen Mannschaft (3:1) 4 Sätze,
- 3 Siegsätzen der einen, 2 Siegsätzen der anderen Mannschaft (3:2) 5 Sätze.

Ein Spiel kann also höchstens 5 Sätze haben. Kommt es zu einem 5. Satz, erfolgt Seitenwechsel innerhalb des Satzes, und zwar nach dem 8. Punkt für die führende Mannschaft.

Die Punktwertung ist einfach: Da die aufschlagende Mannschaft ihr Aufschlagrecht nach einem eigenen Fehler verliert, kann nur die Mannschaft Punkte verbuchen, die Aufschlag hat. Als Punkt für sie gilt jeder Fehler der anderen Mannschaft. Fehler sind: Der Ball geht ins Aus, tippt auf den Boden oder berührt eine Antenne; der Ball wird öfter als dreimal innerhalb einer Mannschaft gespielt; der Ball berührt einen Spieler unterhalb der Gürtellinie; der Ball wird gefangen, gehalten, geschoben; der Ball berührt bei der Aufgabe das Netz; ein Spieler berührt das Netz oder greift darüber oder übertritt die Mittellinie. Außerdem darf ein Verteidigungsspieler in der Angriffszone den Ball nicht schmettern. Mit einem Punkt für die andere Seite wird auch geahndet, wenn bei Aufgabewechsel ein Aufstellungsfehler in der Rotation begangen wird.

Volleyball wird von 2 Schiedsrichtern, 2 Linienrichtern (bei internationalen Spielen 4) und 1 Anschreiber überwacht, der erste Schiedsrichter sitzt in Verlängerung der Mittellinie außerhalb des Spielfeldes auf einem 2,50 Meter hohen Stuhl, der zweite steht ihm gegenüber. Die Linienrichter stehen an den Ecken des Spielfeldes.

FLUGSPORT

Motorflugsport

Der erste Motorflug ging über 50 Meter und dauerte 12 Sekunden. Die amerikanischen Brüder Orville und Wilbur Wright vollbrachten das Wunder im Jahre 1903 in einem 355 Kilogramm schweren Doppeldecker mit Benzinmotor und zwei Propellern. In London, Paris, Madrid, Los Angeles und Berlin gab es schon seit 1908 internationale Flugvorführungen. 1914, vor Ausbruch des I. Weltkrieges, lagen der Langzeitrekord bereits bei 24:12 Stunden, der Höhenrekord bei 7850 Metern (beide Rekorde wurden von deutschen Flugpionieren aufgestellt) und der Geschwindigkeitsrekord bei 203 Kilometer pro Stunde.

Charles Lindbergh überquerte 1927 zum ersten Mal im Flugzeug den Atlantik und brauchte für die Strecke New York–Paris 33:30 Stunden. Die Flugwettbewerbe um den Englischen Königspokal (1922), der erste Polarflug (1926) und der Europarundflug (1929) wurden sportliche Höhepunkte. Seit 1931 wird (heute im Abstand von zwei Jahren) der Deutschlandflug mit jeweils mehreren hundert Wettbewerbern veranstaltet. Die Vereine der Sportflieger sind im Deutschen Aeroklub organisiert. Es gibt mehr als 50 000 Motorsportflieger in Deutschland. Sie müssen einen Motorflugschein (alle 2 Jahre zu erneuern) und gegebenenfalls Zusatzlizenzen für Nacht- und Instrumentenflug, Kunstflug oder zum Schleppen von Segelflugzeugen erwerben. Die Deutsche Forschungsanstalt für Luft- und Raumfahrt ist für die technische Überprüfung der Flugzeuge zuständig. Die Fédération Aéronautique Internationale ist Dachorganisation für mehr als 70 nationale Verbände und Veranstalter internationaler Wettbewerbe.

Wettbewerbe für Damen und Herren finden in Form von Rallyes, Rund- und Sternflügen, Zuverlässigkeitsprüfungen, Ziellandeanflügen und Geschwindigkeitsprüfungen statt. Im Kunstflug werden

jährlich Deutsche Meisterschaften und alle 2 Jahre Weltmeisterschaften ausgerichtet. Erster Weltmeister wurde 1935 in Paris Gerhard Fieseler, der Konstrukteur des berühmten »Fieseler Storch«. In Vorrundenflügen müssen 2 Pflichtübungen von je 7 Minuten Dauer und eine Kür von etwa 9 Minuten Dauer geflogen werden; im Finale fliegen die Vorrundenbesten eine 4-Minuten-Kür. Für Damen gibt es zur Teilnahme am Finale eine Art »Quotenregelung«.
Die beiden deutschen Meisterschaftsklassen im Kunstfliegen sind Voll- und Halb-Akrobatik. Voll-Akrobatik wird in einsitzigen Spezialmaschinen geflogen, deren Benzin- und Ölversorgung auch in Rückenlage voll funktioniert. Bei der Halb-Akrobatik werden einfachere Figuren geflogen, zu denen auch Maschinen ohne Rückenflug-Schmierung eingesetzt werden können. Wichtigste Flugfiguren, die von Zuschauern gut unterschieden werden können, sind: Rückenflug, senkrechtes Trudeln von oben nach unten, von unten angeflogener, senkrechter Vollkreis (Überschlag nach oben), von oben angeflogener, senkrechter Vollkreis (Überschlag nach unten), wellenförmig trudelnde, ungesteuerte Faßrolle aufwärts-abwärts mit voller Umdrehung, gesteuerte Geradeaus-Rolle aus dem Rückenflug heraus, Turns im Steigflug bis an die Abkippgrenze mit Auffangen der Maschine im Abwärtsflug.
Seit 1975 gibt es in den USA entwickelte, ein- und zweisitzige Ultraleichtflugzeuge, mit Stoff bespannte Aluminiumkonstruktionen mit Drahtverspannungen und Streben zur Sicherung der Flügel. Die Spannweiten schwanken zwischen 8 und 11 Metern, die Motorleistungen zwischen 20 und 37 PS, das Leergewicht zwischen 110 und 150 Kilogramm. Wettbewerbsmäßig werden Rallyes und Sternflüge ausgetragen. Die A-Klasse wird durch Gewichtsverlagerung gesteuert, die Klasse B wird aerodynamisch, also durch Rudereinrichtungen gesteuert. Die erste Weltmeisterschaft fand 1985 statt.

Segelflugsport

Otto Lilienthal erhob sich 1891 als erster Mensch auf einem Gleitflugapparat in die Lüfte und schwebte 25 Meter weit. Er baute 18 verschiedene Segelflugzeuge und absolvierte mehr als 2 000 Gleitflüge, bis er bei einem Flugversuch bei Stölln (Mark Brandenburg) tödlich verunglückte. Ihm zum Gedenken trägt der Berliner Flughafen Tegel den Namen »Otto Lilienthal«. Eine Lilienthal-Medaille wird vom Internationalen Flugsportverband für überragende Leistungen im Segelfliegen vergeben. Als Beginn des sportlichen Segelfliegens in Deutschland gilt das erste Fliegerlager auf der Wasserkuppe/Rhön im Juni 1920, aus dem die jährlichen Rhönwettbewerbe hervorgingen.

In der Geschichte des Segelflugsports haben sich die Wettbewerbsbedingungen mit der Weiterentwicklung der Flugzeuge ständig verändert. Waren noch 1920 eine Flugzeit von 2:22 Minuten und eine Strecke von 1 830 Metern Weltrekord, wurden schon 1935 504 Kilometer geflogen. Heute gibt es Wettbewerbe über 100, 300, 500, 750, 1 000 und 1 250 Kilometer, es scheint fast selbstverständlich, daß sich ein Segelflugzeug beliebig lange in der Luft halten und dabei auch noch einen exakten Dreieckskurs fliegen kann. Dauerflugwettbewerbe wurden eingestellt, als Spitzenpiloten bis zu 60 Stunden in der Luft blieben und Aufputschmittel einnehmen mußten, um nicht einzuschlafen.

Der Deutsche Aeroklub ist Dachorganisation auch für die zirka 50 000 Segelflieger in Deutschland. Meisterschaften gibt es in einer Klubkasse (nur national), internationale Wettbewerbe in der Standardklasse, der 15-Meter-Rennklasse und der Offenen Klasse; die Geräte der Offenen Klasse haben Spannweiten von mehr als 20 Metern und sind keinen technischen Einschränkungen unterworfen. Die 15-Meter-Rennklasse hat Spannweiten bis zu 15 Metern, ist mit auftriebserhöhenden Flügelklappen ausgestattet, darf einen Bremsfallschirm einsetzen, Wasserballast mitführen und gegebenenfalls ablassen. Die Standardklasse mit ebenfalls 15 Metern Höchstspannbreite darf nur auftriebmindernde Bremsklappen für die Landung haben und ist einigen weiteren technischen Beschrän-

kungen unterworfen. Wettbewerbe gibt es für Damen und Herren in ein- oder zweisitzigen Seglern.
Moderne Segelflugzeuge werden fast ausschließlich aus faserverstärkten Kunstharzen gebaut. Querruder (für Kursänderung in Längsachse) und Höhenruder (für Kursänderung in Querachse) werden mit einem Steuerknüppel, ein Seitenruder (Veränderung der Flughöhe) mit Pedalen bedient. Spitzenleistungen werden vor allem durch spezielle Flügelprofile und Flugstile erreicht, die den verschiedenen Wettbewerbsarten angepaßt sind. So gibt es zum Beispiel extra Geräte für Langstreckenflug, Zielflug, Höhenflug, Geschwindigkeitsflug und Kunstflug.
Die Berechtigung zum Führen eines Segelflugzeuges erlangt man durch das Absolvieren bestimmter Prüfungen. Der A-Schein (Anstecknadel mit 1 weißen Möwe auf blauem Grund) attestiert die Teilnahme an der ersten Ausbildungsstufe; verlangt werden Beherrschung von selbständigem Start, Platzrunde und Landung im Alleinflug. B- und C-Scheinprüfung (Anstecknadel mit 2 beziehungsweise 3 weißen Möwen) verlangen Beherrschung des Thermikfluges in verschiedenen Flugzeugtypen. In einer weiteren Ausbildungsstufe wird nach absolvierter Prüfung die Lizenz zum Streckenflug (50 Kilometer) erteilt. Dann müssen Luftrecht, Luftverkehrsrecht, Flugsicherungsvorschriften, Navigation, Meteorologie, Technik, Risikoverhalten beherrscht werden. Für Flugzeugschleppstart, Kunstflug, Wolkenflug und Motorsegelflug müssen zusätzliche Berechtigungsscheine erworben werden.
Der Start eines Segelflugzeuges erfolgt durch Seilwinden-Schleppstart oder durch Flugzeugschleppstart. Beim Windenstart spult eine Zugwinde mit einem zirka 100-PS-Motor ein 1 000 Meter langes Seil mit einer Geschwindigkeit von 60 bis 80 Kilometern pro Stunde auf eine Trommel und zieht so das am Seilende an einem Haken befestigte Flugzeug auf eine Höhe von etwa 300 Metern. Dort wird das Seil ausgeklinkt und fällt an einem kleinen Fallschirm zur Erde. Beim Motorschlepp wird der Segler von einem langsamen Motorflugzeug am Seil bis in die für einen Wettbewerb vorgeschriebene Höhe von mehr als 1 000 Meter gezogen.

Die Flugkunst des Segelflug-Sportlers besteht darin, seine Maschine so zu lenken, daß er Thermik und Wind für den erforderlichen Auftrieb, für das geforderte Tempo und seinen Kurs entsprechend seiner Wettbewerbsaufgabe nutzen kann. Auftrieb findet er grundsätzlich beim Abgleiten an Hängen mit Gegenwind; unterhalb einzelner Wolken; über erwärmten Bodenflächen (zum Beispiel Sand, einem Feld, einer Stadt); seitlich von Gewitterwolken mit durch Kaltluft hochgedrücktem Warmluftstrom; unterhalb linsenförmiger (sogenannter Lenticularis-) Wolken.

Bei Wettbewerben im freien Streckenflug kann der Pilot in jede Richtung fliegen, und er kann landen, wo er will. Beim Zielstrekkenflug muß er ein bestimmtes Ziel ansteuern und dort landen. Beim Zielflug mit Rückkehr zum Startflugplatz muß er einen bestimmten Wendepunkt erreichen und dann zurückfliegen. Beim Dreiecksflug sind 2 vorgegebene Wendepunkte anzusteuern und zu fotografieren, bevor der Pilot zum Startflugplatz zurückkehrt. Bei Höhenflugwettbewerben wird der tatsächliche Höhengewinn, also die absolute Höhe über Normalnull (Meeresspiegel) abzüglich Starthöhe gewertet. In all diesen Disziplinen gibt es alle zwei Jahre Weltmeisterschaften. Im Segelkunstflug werden eine bekannte und eine vor Wettkampfbeginn unbekannte Pflichtübung und 2 Kürübungen verlangt. Die dafür in 1 200 Meter Höhe geschleppten, besonders stabilen Kunstflugmaschinen zeigen in einem gedachten Luftwürfel von 1 000 mal 1 000 mal 1 000 Metern bis zu 14 Kunstflugfiguren (erste Weltmeisterschaft 1985).

Motorsegelflugzeuge sind mit Hilfsmotoren ausgerüstet. Sie haben den Vorteil, daß sie aus eigener Kraft starten, beliebig lange eine geeignete Thermik suchen, bei Flaute weiterfliegen, auch unter ungünstigsten Windverhältnissen jeden gewählten Zielflughafen erreichen und sicher landen können. Seit 1978 gibt es Europameisterschaften für die Klassen A (Zweisitzer mit Spannweiten bis 18 Meter), B (Standardeinsitzer mit Spannweiten bis zu 15 Meter), C (Hochleistungseinsitzer mit Spannweiten bis 18 Meter), D (nicht eigenstartfähige Turbos mit Spannweiten bis 18 Meter) und E (Hochleistungsmotorsegler mehr als 18 Meter Spannweite).

Hängegleiten (Drachenfliegen)

Das Hängegleiter oder Flugdrachen genannte Gerät ist ein »Abfallprodukt« der Weltraumfahrt. Es wurde 1948 aus einem geplanten, aber nie gebauten Gleiter für Raumfahrzeuge entwickelt und besteht aus einem deltaförmigen Tragsegel mit Aluminiumholmen, an deren unterem Ende der Sportler je nach Bauart sitzt, hängt oder in Gurten liegt. Die Segelfläche beträgt 16 bis 24 Quadratmeter, das Gewicht bis 40 Kilogramm. Stabilität wird durch Drahtseilverspannungen erreicht. Konstruktionsvorschriften gibt es nicht. Mit einem Steuerbügel können Anstellwinkel und Seitenlagen verändert werden. Vorgeschrieben sind Sturzhelm, Fallschirm, Overall, Spezialstiefel, Fahrt- und Höhenmeßgerät, für Wettbewerbe auch Fotoapparat und Barograph (Höhenaufzeichnungsgerät) zur Dokumentation des Fluges. Motor- und Windenschlepp sind (in Deutschland) verboten. Piloten benötigen einen Luftfahrerschein.

Hängegleiter starten von Abhängen, Klippen oder Bergkanten aus gegen den Wind. Wettbewerbsmäßig gibt es Streckenflug, Dreiecksflug, Zielrückkehrflug, Zeitflug mit Ziellandung sowie Zielflug mit Umrundung mehrerer Wendepunkte. Zielflüge landen in einem Zielkreis von 25 Metern Durchmesser mit einem Mittelpunkt von 1 Meter. Eine hundertprozentige Landung mit den Füßen im Mittelpunkt wird mit 2 500 Punkten bewertet. Internationale Wettbewerbsklassen sind: 1 (Höchstgewicht des Gerätes: 40 Kilogramm, Steuerung nur durch Gewichtsverlagerung) und 2 (Steuerung durch Höhen-, Seiten- und Querruder, alle übrigen Details freigestellt).

Ballonsport

Die Gebrüder Montgolfier erfanden 1783 den aus einer Leinenhülle bestehenden und mit Hanfnetz umspannten, nach unten offenen Heißluftballon, der seinen Auftrieb aus einem Kasten mit glühender Holzkohle erhielt. Die erste Montgolfiere stieg unbemannt auf, die nächste mit Versuchstieren, der dritte Start erfolgte in Paris

noch im selben Jahr mit den ersten Ballonfahrern de Rozier und Marquis D'Arlandes. Bereits 1784 fuhr die erste Frau im Freiballon. Der Ärmelkanal wurde 1785 im Ballon überquert, der Atlantik allerdings erst 1978.
Moderne Heißluftballons haben eine Hülle aus nicht brennbarem Kunststoff, darunter einen Propangasbrenner. Durch Ein- und Ausschalten des Brenners werden die etwa 2 000 Kubikmeter Luft im Ballon auf 90 bis 120 Grad erhitzt. Diese Ballonart hat folgende Vorteile: Bei Bedarf kann jederzeit Auftrieb erzeugt werden; es braucht kein Ballast mitgenommen zu werden; im Vergleich zu Wasserstoffballons fallen geringere Füllkosten und kürzere Füllzeiten an. Nachteile sind das starke Geräusch des Hochdruckbrenners und die höhere Windempfindlichkeit beim Füllen (größere Hülle).
Im Gegensatz zu Heißluftballons werden Gasballons mit zirka 1 000 Kubikmetern Wasserstoffgas gefüllt. Die Ballons werden mit Sandballast beschwert, der bei Höhenverlust abgeworfen werden kann. Absinken und Landung werden durch Ablassen von Gas erreicht.
Unter allen Freiballons hängt der Fahrkorb, auch Gondel genannt. Darin haben bis zu 4 Personen Platz, bei Wettbewerben wird grundsätzlich zu zweit gefahren. In der Gondel befinden sich außerdem der Höhenmesser, das Variometer zur Feststellung von Luftdruckänderungen und gegebenenfalls Proviant; außerhalb der Gondel hängen die Ballastsäcke (bei Gasballons). Der Deutsche Freiballon-Sportverband erteilt Ausbildung und Lizenz zum Fahren von Freiballons. Nationale, europäische und Weltmeisterschaften gibt es für Gas- und Heißluftballons. Dabei werden Zielwettfahrten über verschiedene Distanzen durchgeführt. Sieger ist, wer einem bestimmten Ziel am nächsten kommt. Weltrekorde gibt es für Weitenfahrt (zur Zeit 8 382 Kilometer), Höhenfahrt (34 668 Meter) und Dauerfahrt (137 Stunden).

Fallschirmspringen

Der Fallschirm wurde ursprünglich als Rettungsgerät für Flieger entwickelt. Da jedoch ein rettender Sprung aus einem Flugzeug in Gefahr nur nach einigem Training gelingt, wurde aus dem Übungsspringen eine Sportart. Sie ist dem Flugsport zugeordnet. Es gibt nationale, europäische und Weltmeisterschaften sowie Weltpokale und offizielle Weltrekorde in mehreren Sprungdisziplinen, die jeweils mit Spezialfallschirmen gesprungen werden.

Automatische Schirme, die vom Flugzeug aus mit einer Aufziehleine aus der Packhülle gezogen werden und sich dabei ohne Zutun des Springers öffnen, werden überwiegend bei Übungssprüngen, aber auch bei einigen Schauspringen verwendet. Im sportlichen Wettbewerbsspringen werden fast ausschließlich manuell zu bedienende Schirme eingesetzt, die die Springer von Hand öffnen müssen. Der eigentliche Schirm wird Kappe genannt und ist aus Bahnen zusammengenäht. Als Material werden Seide, Baumwolle oder Kunstfaser verwendet. Die geöffnete Kappe kann pilzförmig-rund, trapezförmig oder tragflügelähnlich gearbeitet werden. Rundkappenfallschirme haben in der Mitte eine Öffnung. Die durch diese Öffnung strömende Luft stabilisiert das Sinken und verhindert unerwünschtes Pendeln des Schirmes. Die nicht rund geformten Schirme, auch Flächenfallschirme genannt, bestehen aus mehreren Zellen und haben Schub- und Steuerschlitze in den Kappen. Sie lassen sich besser steuern als Rundfallschirme.

Fangleinen verbinden die Kappe des Fallschirms mit dem Gurtzeug, in dem der Springer hängt. Das Gurtzeug besteht aus Brustgurt, Rücken- und Kreuzgurt sowie Sattel mit Beingurten. Am Rückengurt ist die Packhülle befestigt, in der sich der geschlossene Schirm mit den Fangleinen befindet. Mit dem Haupttragegurt ist außerdem der Ersatzfallschirm verbunden. Nach dem Absprung aus einem Flugzeug reißt der Springer die Packhülle mit einer Leine oder einer anderen Vorrichtung auf, so daß der vorschriftsmäßig selbst gepackte Schirm herausgleiten und sich öffnen kann. Außer dem steuerbaren Fallschirm tragen Sportspringer Helm, Schutzbrille, Spezialanzug, Springerstiefel und Handschuhe. Sie

müssen (am Armband) Höhenmesser und Stoppuhr sowie ein akustisches Höhenwarngerät (Dytter) bei sich tragen.
Das Zielspringen findet aus Absprunghöhen zwischen 800 und 1 100 Meter statt. Der 12 Kilogramm schwere und 22 Quadratmeter große Fallschirm wird meist nach 10 Sekunden, spätestens jedoch in 500 Meter Höhe geöffnet. Der Springer steuert einen Zielkreis an, der nur 32 Zentimeter Durchmesser und einen Mittelpunkt von 5 Zentimeter hat; letzterer soll mit den Hacken (!) getroffen werden, der Kontakt wird elektronisch dokumentiert. Die Ideallandung wird mit null Zentimetern gewertet, Entfernungen vom Mittelpunkt werden in Zentimetern gemessen. Beim Mannschaftsspringen werden die besten Sprünge der vier Springer zusammengezählt. Jeder Springer hat zunächst 8 Sprünge, die bessere Hälfte der Teilnehmer absolviert einen 9. Sprung, wiederum die Hälfte von diesen bestreitet im 10. Sprung das Finale.
Beim Stilspringen (Figurenspringen) aus 2 000 Metern Höhe dauert der freie Fall höchstens 30 Sekunden. Der Springer absolviert eine Serie von Drehungen in horizontaler Körperlage sowie Vorwärts- und Rückwärtssalti. Schiedsrichter vergeben Punkte für die Gestaltung der Figuren und das Tempo, in dem sie ausgeführt werden. Die Sprünge werden von Videokameras aufgezeichnet.
Als Relativspringen werden Formationswettbewerbe bezeichnet, in denen die Springer im freien Fall Figuren (zum Beispiel Sterne, Kreise, Reihen) zeigen, wobei sie sich mehrfach voneinander lösen und wieder andocken. Für jede komplette Figur gibt es 1 Punkt. Sieger ist nach mehreren Sprüngen die Mannschaft, die die höchste Punktzahl erreicht hat. Vierergruppen springen aus 2 500 Metern, Achtergruppen aus 3 500 Metern Höhe.
Beim Kappen-Formationsspringen stehen Springer einer Mannschaft auf dem geöffneten Fallschirm (der Kappe) eines Mitspringers. In solcher Formation bildet die Gruppe durch Steuermanöver senkrechte, schräge und waagerechte Figuren. Weltrekordmarken im Höhenspringen mit verzögerter Fallschirmöffnung liegen für Damen bei 14 800 Meter, für Herren bei 24 500 Meter; in der Zehnergruppe für Damen bei 14 215 Meter, für Herren bei 14 780 Meter.

Modellflugsport

Modellflugzeuge sind in bestimmten Maßstäben dem Original nachgebaute oder für spezielle Flugaufgaben eigens konstruierte Kleinflugzeuge, die vom Boden aus elektronisch gesteuert werden. Es gibt Motorflugmodelle, Hubschraubermodelle mit Elektro- und Benzinmotoren sowie Segelflugmodelle. Motorflugmodelle können großenteils aus eigener Kraft starten. Segelflugzeuge werden mit der Hand am Hang oder mit einem Gummi-Katapult gegen den Wind gestartet.

Wettbewerbe werden sehr verschieden ausgetragen; es gibt Einzel- und Mannschaftswertungen. Bei Mannschaftsflügen starten stets 3 Maschinen gleichzeitig und absolvieren das vorgeschriebene Programm, zum Beispiel einen Zehnkilometerflug im Kreis. Weltmeisterschaften finden im Kunstflug, im Streckenflug, im Zeitflug und im Geschwindigkeitsflug statt. Außerdem gibt es Langzeitwettbewerbe. Die verschiedenen Flugzeuggattungen starten in getrennten Wettkämpfen. Schiedsrichter beurteilen sowohl die Ausführung der gestellten Aufgaben als auch die Qualität der (meist selbst gebauten) Fluggeräte.

Im Freizeitbereich gewinnt der Modellflugsport durch die immer perfektere und dabei auch noch erschwinglich gewordene Steuerelektronik und durch vorgefertigte Flugmodellbaukästen immer mehr Anhänger. Modellflugsportvereine sind den Flugsportverbänden angeschlossen. Bestimmte Flugregeln sind vorgeschrieben. So ist Modellfliegerei über Wohngebieten (Unfall- und Lärmschutz), in Naturschutzgebieten und über bestimmte Höhen hinaus verboten. Vereine haben grundsätzlich Modellflugplätze gepachtet. Die Wasserkuppe/Rhön ist Deutschlands größtes und beliebtestes Modellfluggebiet.

KAMPFSPORT

Boxen

Der Ursprung des Boxens liegt im Streit. Betrachtet man die Austragung von Rivalitäten als »Sport«, dann ist Boxen die älteste Sportart der Welt. Allerdings hat es schon in der Antike reglementierte Boxkämpfe mit sportlichem Charakter gegeben. Auf griechischen Vasenmalereien und Fresken findet man Darstellungen von Boxkämpfen; teilweise trugen die Sportler damals schon Bandagen (aus Rinderfell) an den Händen. Die Kämpfer boxten so lange, bis einer von beiden kampfunfähig war; aber es wurde darauf geachtet, ernste Verletzungen zu vermeiden. Bei den 776 vor unserer Zeitrechnung begründeten, alle 4 Jahre stattfindenden antiken griechischen Spielen von Olympia gab es Boxwettbewerbe bereits seit 688 vor unserer Zeitrechnung.
Bei den Römern ging es brutaler zu. Dort ließ man Sklaven gegeneinander kämpfen, denen man gelegentlich Bleistücke und Haken an die Bandagen band. Verfälschend wird diese um 400 unserer Zeitrechnung durch Kaiser Theodosius verbotene grausame Spielart immer wieder mal als die Wiege des Berufsboxsportes bezeichnet.
Der moderne Boxsport entstand nach 1700 in England. Ein Fechtlehrer stellte eine Anzahl Regeln auf, eröffnete eine Boxschule und nannte sich – ohne das typische englische Understatement – »Champion of England«. Noch 150 Jahre lang wurde überwiegend mit bloßen Fäusten geboxt, auch bei internationalen Meisterschaften, zu einer Zeit, als die Sportart längst auch in Amerika verbreitet war. In Deutschland blieb Boxen bis 1908 verboten und wurde erst nach dem I. Weltkrieg Domäne des Arbeitersports, als viele Kriegsgefangene aus England und Amerika zurückgekehrt waren. Boxen ist heute sowohl Amateur- als auch Profisport. Der Deutsche Amateur-Box-Verband hat nach der deutschen Vereinigung

etwa 60 000 Mitglieder; etwa 30 Prozent davon sind Aktive in den verschiedenen Gewichtsklassen. Amateurkämpfe sind grundsätzlich auf 3 Runden von je 3 Minuten begrenzt, damit Körperschäden vermieden werden. Berufsboxer werden nach Können und Popularität bezahlt, ihr Bekanntheitsgrad wird durch Werbung gemanagt. Aus dem Verkauf von Übertragungsrechten an TV und Radio werden bei Titelkämpfen in den USA »Börsen« von über 20 Millionen Dollar erreicht.

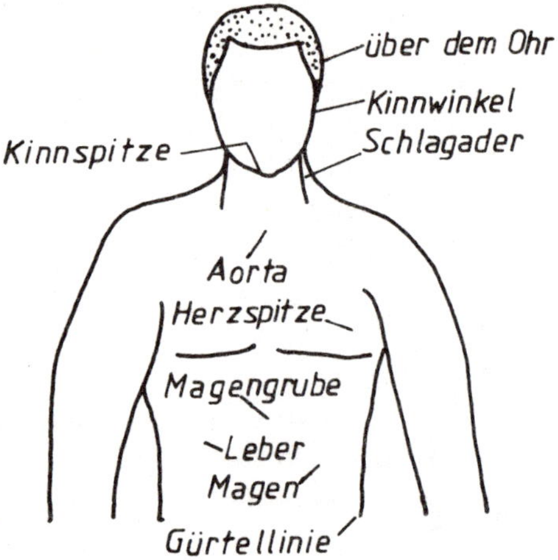

Boxen – besonders sensible Körperstellen; Schläge unter die Gürtellinie sind unzulässig

Profikämpfe gehen bei Europameisterschaften über 12 Runden, bei Weltmeisterschaften über 12 oder 15 Runden. Zwischen den Runden gibt es Pausen von jeweils 1 Minute, in der die Boxer sich ausruhen und von ihrem Sekundanten betreut werden dürfen. Der Sekundant darf in den Pausen den Ring betreten, dem Boxer Rat erteilen und Hilfe leisten. Er darf auch für seinen Boxer das Handtuch in den Ring werfen und damit den Kampf aufgeben. Anfang und Ende jeder Runde werden durch einen Gong angezeigt.
Der Boxring ist ein Quadrat mit 4,90 bis 6,10 Meter Seitenlänge.

Der Boden besteht aus elastischem Material, darüber ist eine Plane gespannt. Diese Fläche ist von Seilen in Höhe von 40, 80 und 130 Zentimeter umgeben, damit die Boxer nicht aus dem Ring stürzen. Die Eckpfähle sind gepolstert. Boxringe sind überwiegend auf ein 1 Meter hohes Podest gebaut.
Boxgeräte im Kampf sind lediglich die Boxhandschuhe. Für das Training gibt es verschiedene an Seilen hängende oder zwischen Decke und Boden gespannte Bälle, Birnen und Sandsäcke; bei Trainingskämpfen zwischen ausgewählten Boxern, sogenannten *Sparringskämpfen,* werden helmähnliche Kopfschützer getragen.
Die Boxhandschuhe werden nach Unzen gewogen; die Fausthandschuhe, teils ohne Daumenteil, sind mit Roßhaar oder Seegras gefüttert und haben eine weiche Lederhülle. Im deutschen Amateurboxsport kämpfen alle Gewichtsklassen mit 8-Unzen-Handschuhen (= 228 Gramm), international wird ab Halbmittelgewicht mit 10 Unzen (= 285 Gramm) geboxt. Profiboxer tragen in deutschen Kämpfen ebenfalls 8, im internationalen Geschäft nur 6 Unzen. Je mehr Unzen, desto mehr »Fütterung«, das heißt, desto geringer sind Schlagwirkung und Verletzungsgefahr. Amateurhandschuhe haben eine weiße Schlagfläche, so kann der Ringrichter besser darüber wachen, daß nicht mit der Innenhand geboxt wird. Innenhandschläge sind verboten, weil sich an der Innenhandfläche der Handschuhe die Verschnürung befindet. Bei olympischen Spielen müssen die Boxer einen Kopfschutz tragen; das gilt auch für alle Wettbewerbe von Amateurboxern.
Zur Sicherheit müssen Boxer immer einen Mundschutz tragen, um Verletzungen der Zähne und der Zunge zu vermeiden. Der Ringrichter darf ermahnen, verwarnen, abbrechen und disqualifizieren. Kämpfe, die nicht mit einem »K. o.« *(Knock out)* vorzeitig enden, werden nach der vollen Rundenzahl von 2 bis 5 Punktrichtern beurteilt. Bei internationalen Profikämpfen kann auch der Ringrichter allein den Sieger bestimmen. Der Ringarzt kann jederzeit eine Kampfunterbrechung fordern, um die Kampffähigkeit eines Boxers festzustellen. Außerdem gibt es ein dreiköpfiges Schiedsgericht, das in Streitfällen zu entscheiden hat.

Die Gewichtsklassen haben den Sinn, daß nur etwa gleichgewichtige Kämpfer gegeneinander antreten können. Sie werden am Kampftag gewogen. Hat ein Boxer sein zulässiges Klassengewicht überschritten, kann der Kampf nicht stattfinden. Die Gewichtsklassen weichen für Amateure, für Profis der Europäischen Box-Union (EBU) und der Welt-Box-Assoziation (WBA) geringfügig von einander ab:

Gewichtsklasse (max. in kg)	Amateure	EBU	WBA
Junior-Fliegengewicht	—	—	47,049
Halbfliegengewicht	48	48,988	—
Fliegengewicht	51	50,802	50,802
Super-Fliegengewicht	—	52,094	—
Bantamgewicht	54	53,525	53,524
Super-Bantam/Feder-Gewicht	—	55,338	55,338
Federgewicht	57	57,152	57,152
Superfedergewicht	—	58,967	—
Junior-Leichtgewicht	—	—	59,020
Leichtgewicht	60	61,237	61,235
Halb/Junior-Weltergewicht	63,5	63,500	63,560
Weltergewicht	67	66,678	66,678
Superwelter/Juniormittel-Gewicht	—	69,850	69,816
Halbmittelgewicht	71	—	—
Mittelgewicht	75	72,574	72,574
Halbschwergewicht	81	79,378	79,378
Cruizer/Junior-Schwergewicht	—	88,450	86,182
Schwergewicht	91	über 88,450	über 86,182
Superschwergewicht	über 91	—	—

Die Kampfregeln: Erlaubt sind Boxhiebe auf Kopf, Hals und Oberkörper bis oberhalb der Gürtellinie, immer darf nur die Vorderpartie des Gegners getroffen werden. Die Kämpfer sollen so viele Schläge wie möglich anbringen und gleichzeitig durch Deckung möglichst vermeiden, daß sie selbst getroffen werden. Die Schläge müssen mit geschlossener Faust ausgeführt werden. Grundstellung der Boxer ist die Rechts- oder Linksauslage, bei der entweder rechte Schulter und rechter Arm oder linke Schulter und linker

Arm dem Gegner näher sind. Üblicherweise gehen Rechtshänder in Linksauslage, Linkshänder in Rechtsauslage. Hauptschläge sind *Gerade* und *Haken.* Die Gerade ist ein gerader Armstoß aus der Schulter heraus, wobei das Gewicht auf den vorn stehenden Fuß verlagert wird. Der Haken wird aus angewinkelter Armstellung heraus von unten nach oben geschlagen, ist leichter anzubringen als die Gerade und wird entsprechend öfter angewendet. Der Haken aus kurzer Distanz wird *Jab* genannt. Ein *Schwinger* wird mit steifem, angewinkeltem Arm plaziert und durch Körperschwung verstärkt.

Die Verteidigung besteht aus *Faustabwehr* und *Ausweichen.* Aus der Verteidigung heraus versucht der Boxer zu kontern, also zum Gegenangriff überzugehen. Auf Distanz wird geboxt, wenn die Entfernung zwischen beiden Kämpfern eine volle Armlänge beträgt; Halbdistanz wird die Entfernung auf eine halbe Armlänge genannt. *Infight* wird der absolute Nahkampf genannt, der oft in einem *Clinch* (ein- oder gegenseitigem Festhalten) endet. Der Ringrichter ruft dann »break« und trennt die Boxer.

Erlaubt ist es, Treffer an folgenden empfindlichen Körperstellen anzubringen: Schläfen, Nasen- und Kinnspitze, Halsschlagadern, Herzspitze, Magen, Magengrube, Solarplexus, Leber. Solche Treffer verursachen heftige Schmerzen, zermürben so die Energie der Kämpfer und führen oft zum vorzeitigen Kampfabbruch durch K. o. oder Aufgabe. Verboten sind Schläge unterhalb der Gürtellinie, auf Nieren, Rücken, Nacken oder Hinterkopf. Festhalten am Gegner (Clinch), Schläge aus dem Clinch heraus, auf einen zu Boden gegangenen oder eben aufstehenden Gegner (bis der Ringrichter das Kommando »box« gegeben hat), Beinstellen, Fußtritte, Abdrehen des Körpers in der Verteidigung, kampfloses Verharren in sogenannter Doppeldeckung mit beiden Händen und Armen vor Kopf und Körper sind unzulässig. Regelverstöße werden vom Ringrichter beanstandet, gegebenenfalls auch geahndet.

Als Niederschlag gilt, wenn der Gegner zu Boden, in die Seile, ganz oder teilweise aus dem Ring geschickt oder nach Entscheid des Ringrichters sonstwie kampfunfähig gemacht wird *(stehendes*

K. o.). Der Ringrichter zählt dann im Sekundentakt von 1 bis 10. Erholt sich der Boxer, so darf erst bei 8 weitergeboxt werden. Bei 10 ist der Kampf durch K. o. beendet. Ein K. o. gegangener Boxer wird sofort vom Ringarzt untersucht. Amateure erhalten nach K. o. eine vierwöchige Schutzsperrung; wenn sie zweimal innerhalb von drei Monaten niedergeschlagen werden, erfolgt eine dreimonatige, nach dreimal hintereinander Niedergeschlagen werden eine einjährige Zwangspause mit anschließender ärztlicher Prüfung.
Geht ein Kampf über die volle Rundenzahl, bestimmen die Punktrichter einstimmig oder mehrheitlich den Sieger nach Punkten oder bewerten einen Kampf als unentschieden. Jede Runde wird einzeln bewertet, am Schluß werden die Rundenergebnisse zum Gesamtergebnis zusammengefaßt. Dem jeweils schwächeren Boxer einer Runde werden von vorgegebenen 20 Punkten sogenannte Hilfspunkte abgezogen, wobei jeder Punktrichter nach Ermessen immer 2 bis 4 Hilfspunkte zu einem vollen Punkt zusammenzieht. 1 Hilfspunkt zählen jeder korrekte Treffer beziehungsweise zwei erfolgreiche Verteidigungszüge (vereitelte Angriffe). 1 bis 2 Hilfspunkte gibt es für den Gesamteindruck während der Runde, 1 bis 4 Hilfspunkte für einen erfolgreichen Nahkampf mit mehreren Treffern in Serie. Ermahnungen durch den Ringrichter werden nicht gewertet, wohl aber Verwarnungen, und zwar mit 3 Hilfspunkten für den Gegner des Verwarnten.
Außer K. o., Punktsieg und Unentschieden kann ein Kampf durch einen der Boxer oder dessen Sekundanten vorzeitig aufgegeben, durch den Ringrichter wegen Verletzung oder sportlicher Unterlegenheit eines Sportlers abgebrochen, nach dreimaliger Verwarnung durch Disqualifikation beendet oder kampflos gewonnen werden, wenn der Gegner zum Kampf nicht antritt.

Fechten

Seit es Spieße, Säbel, Degen und Dolche gibt, gehört das Fechten zum Kriegshandwerk. Um im Ernstfall erfolgreich mit der Hieb- und Stichwaffe umgehen zu können, bedurfte es großer Übung.

Aus diesem Training entwickelte sich das sportliche Fechten. In Ostasien und China gab es schon vor 2000 Jahren Sportgefechte mit scharfen Waffen. Stockfechten ist aus Japan bekannt. Unter Roms erstem Kaiser Augustus gab es am Beginn unserer Zeitrechnung schon Fechtschulen und Berufsfechter (Gladiatoren).
Vom 15. Jahrhundert an entstanden Reglements für das sportliche Fechten. Als Sportwaffen setzten sich zuerst der Degen, dann das in Italien erfundene Florett durch. Der Kampfsport blieb lange Zeit Privileg für adlige Stände, Offiziere und Studenten. Es gab das Säbelduell und die Mensur, den studentischen Fechtkampf, mit dem Ziel, einander »Schmisse« beizubringen, Narben im Gesicht als Symbol akademischer Bildung. Angesichts dieser Geschichte ist das Fechten auch häufig kritisiert worden. Als Sportart für jedermann findet es erst in jüngster Zeit auch in Deutschland ungeteilte Anerkennung.
Der Deutsche Fechterbund hat zirka 30000 Mitglieder. Die Fédération Internationale d'Escrime (FIE) veranstaltet jährlich (außer in Olympia-Jahren) Weltmeisterschaften, es gibt Europapokale für Damen und Herren und Europameisterschaften. Im Olympischen Programm sind Degen-, Florett- und Säbelfechten. Es gibt Einzel- und Mannschaftswettkämpfe.
Die Sportgeräte: Der *Degen* ist eine dreikantige Stoßwaffe für Damen und Herren, 1,10 Meter lang, 770 Gramm schwer, die Klinge mißt 90 Zentimeter, die Hand wird durch eine gepolsterte Metallschale geschützt; dahinter befindet sich ein 20 Zentimeter langer, meist pistolenknaufähnlicher Griff. An ihrer Spitze ist die Klinge durch einen festen Knopf gesichert. In der Degenspitze befindet sich ein Kontaktkabel, das jeden Treffer mit einem Druck ab 750 Gramm zur optischen und akustischen Trefferanzeige weiterleitet. Gültige Treffer können am gesamten Körper angebracht werden. Erzielen beide Fechter im selben Augenblick einen Treffer, werden beide gewertet.
Das *Florett* ist leichter als der Degen, es wiegt nur 500 Gramm; alle übrigen Abmessungen und die elektrische Trefferanzeige sind denen des Degens ähnlich. Die Florettspitze ist abgerundet. Gül-

tige Treffer können nur am Oberkörper, vom Kragenrand der Fechtjacke bis zur Schenkelbeuge, erzielt werden. Der zum Treffer erforderliche Kontaktdruck muß mindestens 500 Gramm betragen, und der Treffer wird nur gewertet, wenn zuvor ein Angriff oder Stoß des Gegners abgewehrt wurde. Kopf- und Armtreffer sowie gleichzeitig angebrachte Treffer beider Fechter zählen nicht. Begeht einer der gleichzeitig treffenden Fechter einen Regelfehler, dann wird dem fehlerfreien Spieler ein Treffer gutgeschrieben.

Der *Säbel* ist nur 1,05 Meter lang und wiegt 500 Gramm. Als Treffer zählen Stöße und, anders als bei Degen und Florett, auch seitliche Hiebe. Gültig sind Treffer am Oberkörper einschließlich Kopf und Arme.

Die Kampffläche heißt Fechtbahn, ist 14 (Degen: 18) Meter lang und 1,80 bis 2 Meter breit. Sie hat eine quer gezogene Mittellinie, in 2 Meter Abstand davon zu beiden Seiten die Startlinien; jeweils 1 Meter vor dem Bahnende gibt es Warnlinien; dahinter befindet sich ein 2 Meter langer Auslauf. Der Obmann überwacht den Kampf auf Einhaltung der Regeln. Damen tragen Brustschutz, der Kopf ist durch eine Drahtmaske geschützt, die Fechter haben Handschuhe an, nur Säbelfechter tragen zusätzlich einen Ellenbogenschutz aus Leder.

Die Kampfregeln sehen Einzel- und Mannschaftswettkämpfe vor. Jede Mannschaft hat 4 Fechter, jeder Fechter der einen Mannschaft kämpft gegen jeden der anderen. Wenn die Gefechte unentschieden ausgehen, ist die Mannschaft Sieger, die weniger Treffer einstecken mußte. Bei Unentschieden mit Treffergleichstand werden 2 Fechter für einen Stichkampf ausgelost.

In einem Gefecht wird Sieger, wer zuerst (je nach Vereinbarung) 5 Treffer in 6 Minuten oder 8 Treffer in 8 Minuten oder 10 Treffer in 10 Minuten erreicht hat. Hat in der vereinbarten Zeit keiner die angestrebte Trefferzahl erreicht, wird der Fechter mit der höchsten Trefferzahl Sieger. Bei Gleichstand erfolgt Verlängerung, bei Gleichstand nach Zeitablauf entscheidet der nächste Treffer. Im Degenfechten wird Gleichstand bei Zeitablauf als Doppelniederlage bezeichnet, es gibt also keinen Sieger.

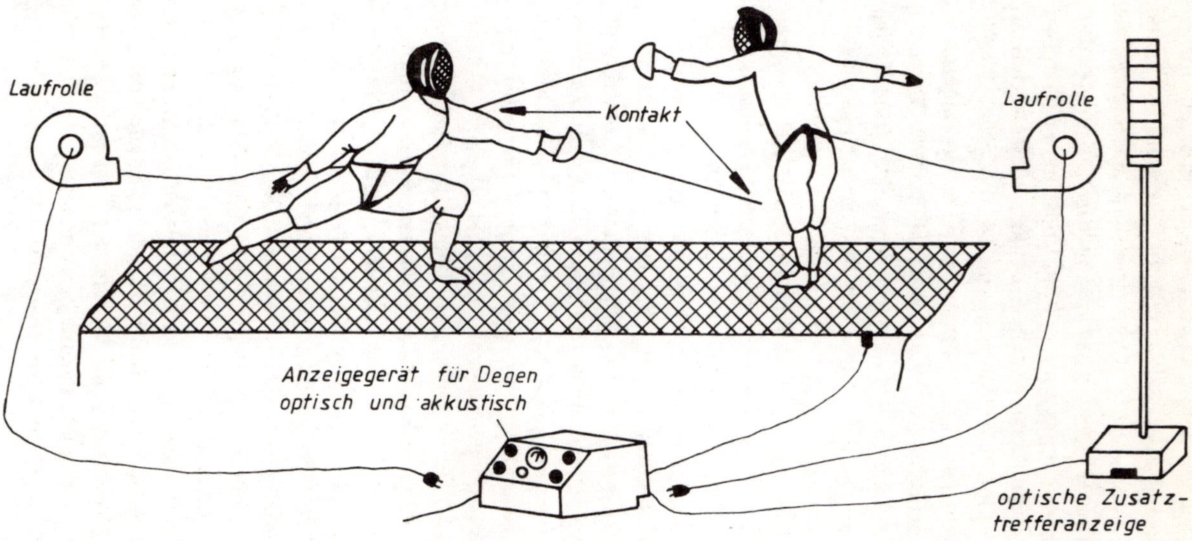

Beispiel für Fechtbahn (Planche) mit Trefferanzeige; gültige Treffer sind
beim Degen: gesamter Körper,
beim Florett: Oberkörper ohne Kopf und Arme,
beim Säbel: Oberkörper mit Kopf und Armen

Bei Meisterschaften in Einzelwettbewerben werden gruppenweise Ausscheidungen (jeder gegen jeden) durchgeführt. In der Vorschluß- und Schlußrunde der letzten 8 Fechter wird nach dem K. o.-System oder in Direktausscheidung gekämpft. In Mannschaftswettbewerben geht die Schlußrunde immer nach dem K. o.-System, wobei die Verlierer um die Plätze nach den beiden ersten Fechtern kämpfen.
Im Gefecht versucht jeder Fechter, einen regelgerechten, gültigen Treffer anzubringen und dabei nicht selbst getroffen zu werden. Die häufigste Angriffsform ist der sogenannte *freie Angriff,* zum Beispiel ein gerader Stoß. *Cavation* wird ein Stoß genannt, der sich aus der Berührung mit der feindlichen Klinge befreit und ins nächstmögliche »Loch« des Verteidigers gestoßen wird. *Coupé* heißt ein ähnlicher Stoß, wenn es gelingt, die feindliche Klingenspitze zu umgehen. Klingenangriffe beginnen mit dem Wegschlagen oder Wegdrücken der gegnerischen Klinge. Die *Finte* ist ein Scheinangriff, der den Gegner täuschen soll. Mit einer *Einladung* gibt sich ein Fechter absichtlich eine Blöße, um den Gegner damit zu einem voreiligen Angriff zu verleiten. Mit der *Parade* fängt er einen Angriff ab. Häufige Verteidigungsmethode sind Tempoaktionen wie Sperr- und Aufhaltestöße, tatsächliche und vorgetäuschte (fingierte), mit denen Angriffe zunichte gemacht werden. Beim *Appell* tritt der Fechter mit dem vorangestellten Fuß stark auf, ohne vorwärts zu gehen. Er will damit seinen Stand sichern oder den Gegner irritieren. Der *Ausfall* ist eine Beinarbeit beim Angriff: Ein Bein schnellt vor, das Standbein bleibt gestreckt an seiner Position. Zum Angriff sind Sprünge und Pfeilangriffe möglich; letztere führen nach dem Stoß am Gegner vorbei. Der Abstand der Fechter zueinander wird *Mensur* genannt, man unterscheidet weite, mittlere und enge Mensur.
Regelwidrigkeiten sind absichtliche Körperberührung, Gewaltanwendung mit Körper oder Waffe, Handeinsatz zur Körperdeckung, Verlassen der Fechtbahn. Sie werden mit Straftreffer geahndet, der Gegner bekommt einen Treffer »Gutschrift«.

Ringen

Der Ringkampf ist so alt wie die Menschheitsgeschichte. Im Kampf von Mann zu Mann wurden Rivalitäten ausgetragen, Familien verteidigt. Kinder übernahmen als erste den Ringkampf als Spiel. Die ältesten Zeugnisse sportlichen Ringens nach gewissen Griffregeln stammen aus China und sind 5 000 Jahre alt. In Ägypten wurden 4 000 Jahre alte Wandmalereien entdeckt, auf denen Ringer ganz bestimmte Griffe anwenden. Im Fünfkampf der antiken Olympischen Spiele rund 700 Jahre vor unserer Zeitrechnung wurden die Sieger durch Ringkämpfe ermittelt. Dabei durften jedoch keine körperschädigenden Griffe angewendet werden. Die Griechen kämpften stehend, und die Regeln besagten, daß der Gegner als besiegt galt, wenn er dreimal zu Boden gerungen worden war.
Im alten Rom verrohten die Ringkämpfe. Sklaven mußten in den Arenen vor ihren Herren bis zum Tode kämpfen, und die Regeln verkamen dabei. Später wurde der Ringkampf in Rom sogar verboten. Erst nach dem Mittelalter kam das sportliche Ringen wieder auf.
Indessen entwickelten sich in Asien, insbesondere in Japan, Korea und China eigene ringerische Kampfarten zur Selbstverteidigung. Bekannt wurden uns Europäern davon vor allem Judo, Jiu-Jitsu und Karate. Judo setzte sich als einziger asiatischer Ringkampfsport weltweit durch und wurde olympische Disziplin. Zum besseren Verständnis der Kampfsportarten empfiehlt es sich für die Zuschauer, einige asiatische Disziplinen wenigstens in ihren Grundsätzen kennenzulernen. Zu den sehr wichtigen Erkenntnissen gehört die, daß alle Kampfsportarten – Boxen, Fechten, Ringen – asiatische Entsprechungen haben, sich aber von diesen völlig unabhängig entwickelten. Deshalb werden in den folgenden Abschnitten einige asiatische »Entsprechungen« ebenfalls kurz dargestellt.
Im Ringen werden heute zwei Stilarten unterschieden: das griechisch-römische Ringen und das Freistilringen. Kurioserweise hat der sogenannte griechisch-römische Stil mit den Kampfformen der Antike nichts zu tun, denn er ist überwiegend Bodenkampf. Dagegen lehnt sich das in England entwickelte Freistilringen an die antiken

Ringkämpfe an, die zum Ziel hatten, den Gegner aus dem Stand heraus auf den Boden zu bringen und unter Kontrolle zu halten.
Der Deutsche Ringerbund hat etwa 90 000 Mitglieder. Es gibt deutsche, europäische und Weltmeisterschaften. In den letzten Jahrzehnten hat sich auch Damenringen entwickelt; die ersten Weltmeisterschaften der Damen fanden 1987 statt. Olympische Disziplin ist Ringen in beiden Stilarten in 10 Gewichtsklassen (für Männer):

Papiergewicht bis 48 Kilogramm
Fliegengewicht bis 52 Kilogramm
Bantamgewicht bis 57 Kilogramm
Federgewicht bis 62 Kilogramm
Leichtgewicht bis 68 Kilogramm
Weltergewicht bis 74 Kilogramm
Mittelgewicht bis 82 Kilogramm
Halbschwergewicht bis 90 Kilogramm
Schwergewicht bis 100 Kilogramm
Superschwergewicht über 100 Kilogramm

Damen ringen nach den Gewichtsklassen von 44, 47, 50, 53, 57, 61, 65, 70, 75 und mehr als 75 Kilogramm und tragen Weltmeisterschaften aus.
Der Kampfplatz ist eine weich gepolsterte Matte von 12 mal 12 Meter. Kampffläche ist ein innerer Ring von 9 Meter Durchmesser. Um diesen Ring herum befindet sich die rot markierte, 1 Meter breite Passivitätszone, die nicht zur Abwehr, wohl aber im Zuge der Kampfaktionen betreten werden darf.
In beiden Stilarten beginnt der Kampf aus dem Stand. Beim griechisch-römischen Ringen sind nur Griffe bis zur Gürtellinie erlaubt, und der Einsatz der Beine ist verboten. Beim Freistilringen sind Griffe am ganzen Körper erlaubt, auch der Einsatz der Beine und Griffe zu den Beinen. Ein Kampf dauert 5 Minuten ohne Pause, eine Verletzungspause darf nicht länger dauern als 2 Minuten, sonst wird der Kampf abgebrochen.

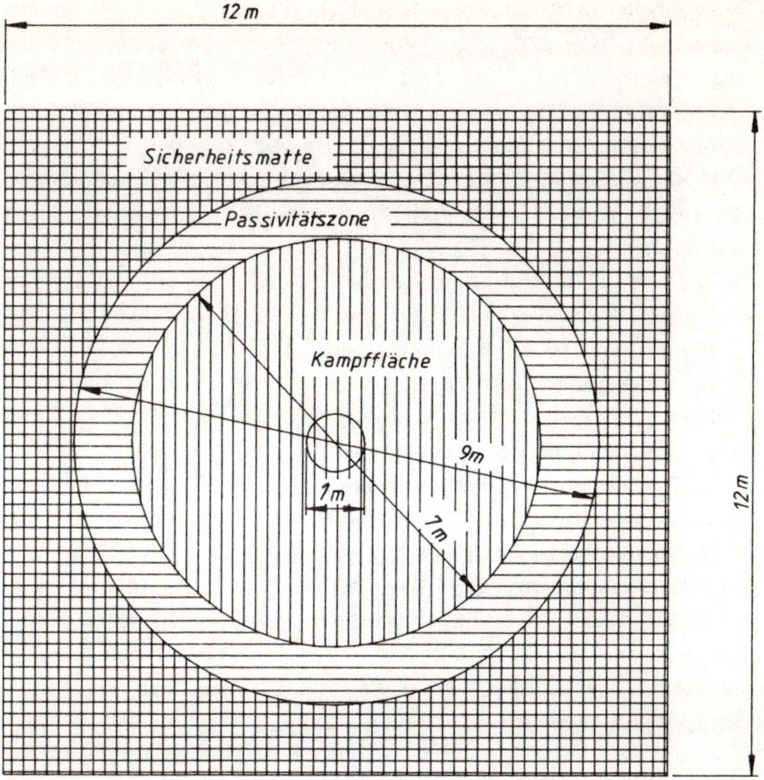

Ringen – gepolsterte Kampfmatte; die Passivitätszone darf nur im Verlaufe einer Aktion, nicht zum Zwecke der Verteidigung betreten werden

Die Regeln: Ziel des Ringers ist es, den Gegner durch zulässige Griffe niederzuringen, auf die Matte zu bringen. Im Bodenkampf wird so lange gerungen, bis es einem der Kämpfer gelingt, den anderen auf den Rücken zu legen und dessen beide Schultern mindestens 1 Sekunde lang auf die Matte zu drücken. In dem Falle spricht man von einem Schultersieg, der vom Mattenleiter mit dem Wort »tomber« (französisch: fallen) bestätigt wird. Gelingt eine solche Aktion in der Kampfzeit nicht, wird der Sieger nach Punkten ermittelt. Der Mattenleiter bricht den Bodenkampf ab, wenn

die Bodengriffe beider Ringer keinen Erfolg mehr erwarten lassen. In solchem Falle stehen die Ringer auf und bemühen sich erneut, in der verbleibenden Zeit Sieg oder Punkte zu erringen.
Ein niedergeworfener Ringer versucht stets, mit Knien und Händen auf die Matte zu kommen, diese Position heißt *Bank*. Der Ringer kann aus dieser Verteidigungsstellung sehr gut zum Bodenangriff übergehen. Der Angreifer muß nun versuchen, den Gegner auf den Rücken zu drehen. Wenn das gelingt, bleibt dem Verteidiger immer noch die sogenannte *Brücke*, um einer Schulterniederlage zu entgehen. Bei der Brücke stützt sich der Verteidiger nur mit Kopf und Füßen auf die Matte, macht ein hohles Kreuz und streckt den Bauch hoch hinaus. So hat er die Möglichkeit, sich durch einen Seitenschwung aus der gefährlichen Rückenlage zu befreien und eine Schulterniederlage zu vermeiden.
Meisterschaften werden überwiegend im Ausscheidungsverfahren durchgeführt: Jeder Ringer scheidet nach 2 Niederlagen aus. Während des Kampfes gibt der Punktrichter auf die Technik bezogene Punkte für gelungene Angriffs- und Verteidigungsaktionen sowie Strafpunkte für Verwarnungen wegen Passivität, wiederholter Mattenflucht in die Passivitätszone oder unzulässiger Griffe. Die Punkte für die Technik werden dann in die abschließende Punktwertung umgerechnet. Bei einem Unterschied von 15 Technikpunkten bricht der Mattenrichter den Kampf wegen technischer Überlegenheit eines Ringers vorzeitig ab. In der Endwertung erhält ein Schultersieger 4 Punkte, der Verlierer 0 Punkte; die gleiche Wertung gibt es bei vorzeitigem Abbruch wegen technischer Überlegenheit oder Verletzung, wegen Aufgabe, Disqualifizierung oder unsportlichem Verhalten. Bei einem Unterschied von 8 bis 11 Technikpunkten bekommt der Sieger 3,5 und der Verlierer je nach Aktivität 0 oder 0,5 Endpunkte. Bei 1 bis 7 Technikpunkten Differenz gibt es 3 Punkte für den Sieger und bis zu 1 Punkt für den Verlierer.

Catch-as-catch-can

Aus dem Freistilringen (siehe Seite 85) ging um 1900 in England, vor allem aber in Amerika das Catch-as-catch-can (englisch; greife, wie du greifen kannst) hervor. Amateursportverbände lehnen die Kampfart ab, weil es keine verbindlichen Regeln gibt und fast alle Griffe erlaubt sind, auch solche, die körperlich bedenklich oder gefährlich sind. Im Profisport werden jedoch Europa- und Weltmeisterschaften nach Gewichtsklassen ausgetragen.
Zu unterscheiden ist aber das Catch-as-catch-can vom volkstümlich sogenannten Catchen. Dabei handelt es sich um reine Schaukämpfe ohne jeden sportlichen Wert, die als Volksbelustigung empfunden werden. Die Catcher, sowohl Damen als auch Herren, führen dabei ganz überwiegend Scheinkämpfe vor, in denen die Griffe wie Zirkustricks eingeübt werden.

Aikido

Aikido wurde aus der uralten japanischen Kriegskunst des Jiu-Jitsu (siehe Seite 93) erst in unserem Jahrhundert entwickelt, verzichtet jedoch auf jede Härte. Als eine durchaus wirksame Methode der Selbstverteidigung hat Aikido, frei übersetzt: »Weg zur Harmonie des Geistes«, das Ziel, dem Angreifer keine Gewalt entgegenzusetzen, sondern ihn körperlich, aber auch psychisch durch Irritation aus dem Gleichgewicht zu bringen und damit die Gefahr abzuwenden. Aikido kennt keine Wettkämpfe, sondern nur Übungen, die durch große Eleganz auffallen. Dabei wehrt ein Verteidiger stehend oder kniend oft mehrere Angreifer nacheinander mit Würfen und Hebeltechniken ab und bringt sie ohne sonderliche Kraftanwendung zu Boden. Die Aikido-Methode wird im Deutschen Judo-Bund in einer eigenen Sektion gepflegt.

Judo

Judo ist kein alter japanischer Kampfsport, sondern entstand erst um 1900. Judo wurde zwar in Tokio aus der Taufe gehoben, aber Pate stand der deutsche Professor Dr. Erwin von Baelz, damaliger

Leibarzt des japanischen Kaisers. Baelz war es, der seinem Schüler Jigoro Kano die Idee zur Entwicklung der Judoregeln eingab. Dabei ging es dem Mediziner zunächst um einen Sport, der, anders als das gefährliche Jiu-Jitsu (siehe Seite 93), Körpertraining durch den »Weg des sanften Nachgebens« versprach. Erst viel später erkannte man, daß der Judosport gegenüber dem Jiu-Jitsu auch den Vorteil hat, in modernen Wettkämpfen besser bewertbar zu sein. Die ersten Judokämpfe in Europa wurden 1906 auf Londoner Zirkusbühnen vorgeführt. In Deutschland wird seit 1932 Judo gekämpft. Nach dem II. Weltkrieg verboten die westlichen Siegermächte (bis 1948) den Deutschen den Judosport als Kunst der Selbstverteidigung, weil den Deutschen nach damaligem Siegerverständnis Selbstverteidigung nicht zustand. Der Deutsche Judo-Bund wurde 1956 gegründet und hat inzwischen etwa 200 000 Mitglieder. Es gibt nationale, europäische und Weltmeisterschaften für Damen und Herren. Seit 1964 ist Judo olympische Disziplin, ab 1992 nehmen auch Damen an den olympischen Judokämpfen teil. Das sportliche Judo ist zugleich Kampfsport und Selbstverteidigungsart. Gefährliche Griffe, Schläge und Stöße sind verboten. Entsprechend der asiatischen Philosophie soll der Gegner nicht sein Gesicht verlieren und geschlagen werden. Vielmehr will der bessere Kämpfer durch Selbstbeherrschung, Abwarten, Nachgeben, Konzentration, innere Harmonie, schließlich durch blitzschnelle Aktionen die Absichten des Gegners zunichte machen. Judo gehört, zusammen mit anderen japanischen Kampfkünsten (vgl. Aikido, Jiu-Jitsu und Karate), zur Gruppe der Budo-Kämpfe. Budo heißt sinngemäß »ritterlicher Weg« und meint den gemäß der Zen-Philosophie richtigen Weg zur eigenen Stärke durch geistige und körperliche Selbstbeherrschung.

Die Kampffläche ist mindestens 6 mal 6 Meter, höchstens 10 mal 10 Meter groß, umgeben von einer 1 Meter breiten Gefahrenzone. Die Matte soll aus Reisstroh oder ähnlichem Material gefertigt und gepolstert sein.

Die Kämpfer heißen *Judoka.* Die weiße Judokleidung wird *Judogi* genannt und besteht aus einer weißen, aus reißfestem Stoff gearbei-

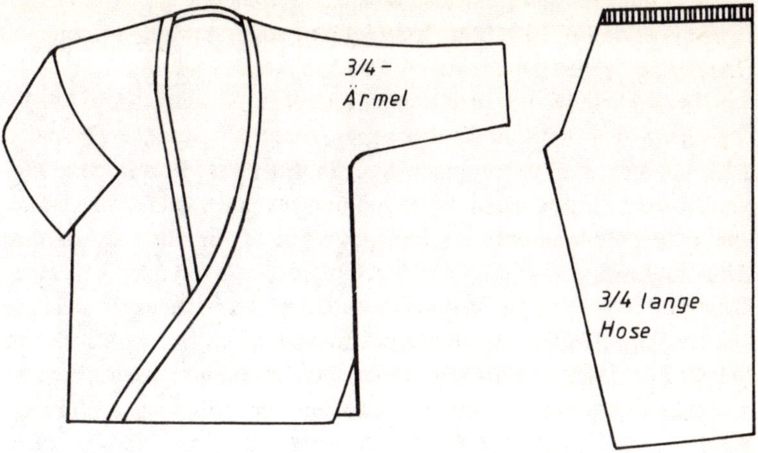

Judo – Kampfkleidung, genannt Judogi, mit Kimono und Zuban

teten, weiten Kimonojacke mit weiten Ärmeln bis zur Hälfte der Unterarme, aus einer weiten Hose bis zur Hälfte der Waden und dem *Obi,* einem Gürtel in der Rangfarbe des Kämpfers. Die Rangfarben werden nach Schüler- und Meisterfarben unterschieden. Nach fünf Schülergraden erwirbt man den ersten Meistergrad: *Dan.* Die Dan-Grade 1 bis 5 tragen einen schwarzen Gürtel, die Dan-Grade 6 bis 10 einen rosaroten. Den jeweils nächsthöheren Meistergrad kann man nach frühestens 1 Jahr durch Prüfung erwerben, für besondere sportliche Leistungen kann der Grad auch verliehen werden. Den 10. Dan haben bisher nur Japaner inne.

Es gibt Kampfklassen für Schüler (bis 14 Jahre), Jugend (bis 18), Junioren (bis 21). In den internationalen Wettkämpfen stellen sich überwiegend die Senioren (ab 21 Jahre), und zwar nach Gewichtsklassen:

(Herren)

Superleichtgewicht	bis	60 kg
Halbleichtgewicht	bis	65 kg
Leichtgewicht	bis	71 kg

Halbmittelgewicht	bis	78 kg
Mittelgewicht	bis	86 kg
Halbschwergewicht	bis	95 kg
Schwergewicht	über	95 kg

Die Allkategorie ist eine weitere, offene Klasse, in der ohne Gewichts- und Gradbeschränkung gekämpft werden darf. Für Damen gibt es die Gewichtsklassen bis zu 48, 52, 56, 61, 66, 72 und über 72 Kilogramm.

Die Kampfregeln: Zu Beginn eines Kampfes verbeugen sich die Judoka voreinander und vor dem Mattenrichter; dann ruft letzterer »Hajime«, und der Kampf beginnt. Die Kämpfer fassen einander zunächst an den Jacken an und versuchen, den Gegner durch Platzwechsel, Ziehen, Drücken oder Anheben aus dem Gleichgewicht zu bringen. Wenn das gelingt, folgt ein Wurfversuch, dem der Verteidiger durch Ausweichen, Drehen, Pendeln, Abblocken mit den Händen und andere Maßnahmen zu entgehen versucht. Die Regeln sehen für jede der über 80 Wurftechniken eines Angreifers eine Gegenwurftechnik vor, die geeignet ist, den Angriff zunichte zu machen und zum eigenen Wurfangriff überzugehen.

Es gibt Würfe aus dem Stand und Würfe aus der eigenen seitlichen oder Rückenlage auf der Matte. Gelingt ein Wurf aus dem Stand, so daß der Verteidiger platt auf dem Rücken oder seitlich mit Schulter und Gesäß zu liegen kommt, so ist der Kampf mit einem *Ippon* beendet, der Sieger bekommt in der Kampfliste 10 Punkte. Ippon gibt es ebenfalls, wenn der Verteidiger durch Zuruf oder Abklopfen auf der Matte aufgibt, wenn der Mattenrichter den Erfolg eines Armhebels oder einer Würgetechnik klar erkennt oder der Angreifer seinen Gegner nach dem Ansagen (»Festhalte!«) 30 Sekunden auf der Matte festhalten kann. Wird kein Ippon erzielt, geht der Kampf über die volle Zeit von 5 Minuten. Dabei zählt ein gelungener Wurf aus der Bodenlage *(Waza-Ari)* 7 Punkte auf der Kampfliste. Eine Ermahnung wegen Regelverstoß heißt *Chui* und hat 5 Punkte für den Gegner zur Folge. Endet ein Kampf nur mit leichter Überlegenheit, gibt es 3 Punkte.

Bei Regelwidrigkeiten kann es der Mattenrichter bei einer Belehrung bewenden lassen, er kann sie aber auch mit Ermahnung beziehungsweise Verwarnung ahnden. In schweren Fällen kann ein Kämpfer disqualifiziert werden. Entscheidungen des Mattenrichters sind unwiderruflich. Zu den Regelverstößen gehören Aktionen, die den Gegner verletzen können, zum Beispiel Beinscheren, Hebelaktionen an anderen Gelenken als dem Ellenbogengelenk, Wegfegen des Standbeines von der Innenseite her, Angriffe gegen Nacken und Wirbelsäule, Abwehr von Griffen durch Tritt, Stoß oder Schlag, absichtliches Auf-den-Gegner-werfen.
Kampfsprache ist Japanisch. Alle Techniken, die während des Kampfes angewendet werden, alle Regeln und Verstöße haben japanische Namen. Außerhalb Japans dürfen jedoch Übersetzungen angewendet werden. Zuschauer können dem Kampfverlauf aber durchaus auch ohne Kenntnis der Fachausdrücke folgen.

Jiu-Jitsu

Die japanischen Samurai übten diese Kriegskunst bereits in der Antike. Ziel des Jiu-Jitsu war es, Feinde kampfunfähig zu machen und gegebenenfalls zu töten. An Techniken war dabei ursprünglich fast alles erlaubt, wie das kulturgeschichtlich auch bei den Ringkämpfen einmal der Fall war.
Als Methode zur Selbstverteidigung und erst recht als sportlicher Wettkampf bedurfte Jiu-Jitsu einer gründlichen Reform, um die teils lebensgefährlichen Techniken zu eliminieren und sportlich-kämpferische Elemente in ein gewisses Regelwerk einzubinden. Der Deutsche Judobund hat in seiner Jiu-Jitsu-Sektion eine Mischform von Judo, Karate und Aikido entwickelt, die deshalb auch »Jukaraido« genannt wird. Bei dieser Sportart entfallen harte Techniken wie Schläge, Tritte und Stöße gegen schmerzempfindliche und leicht verletzbare Körperteile. Wurf-, Hebel-, Würgetechniken wurden – dem Judo entsprechend – weitgehend entschärft und dienen dem Verteidiger, den Angreifer abzuwehren und unter Kontrolle zu bringen, ohne ihn jedoch ernsthaft zu verletzen. Aktionen

sollen regelmäßig mit Halte- und Abwehrgriffen beendet werden. Allerdings gibt es nach wie vor Finger-, Hand-, Nacken-, Fuß- und Beinschläge beziehungsweise -tritte. Deshalb ist modernes Jiu-Jitsu auch eine harte Form der Selbstverteidigung, die sich als Wettkampfsport wenig eignet. Spezialeinheiten von Polizei und Militär werden im Jiu-Jitsu geschult, wobei die »Verhältnismäßigkeit der Mittel« gewahrt werden soll.

Karate

Karate heißt, frei übersetzt, »mit leerer Hand«, also ohne Waffe kämpfen. Die über 2 000 Jahre alte chinesische Boxkunst findet im modernen japanischen Karate ihre Fortsetzung. Karate kann man auch eher als Freistilboxen, nicht aber als Ringkampfart bezeichnen. Karate setzt Schnelligkeit, Konzentration und Kraft voraus. Gelegentlich demonstrieren Karatekämpfer, daß sie durch Bündelung psychischer und physischer Kräfte in der Lage sind, mit einem einzigen Schlag Holzbretter oder Ziegel mit der Handkante oder sogar mit dem Ellbogen, Kopf oder Fuß zu zerschlagen. Im Karatesport werden diese Demonstrationen nicht geschätzt.

Karatesport ist vor allem in Japan verbreitet. Es gibt aber auch einen Deutschen Karate-Verband mit zirka 60 000 Mitgliedern sowie deutsche und internationale Meisterschaften (Damen und Herren). Unterschieden werden traditionelles, Leichtkontakt- und Vollkontakt-Karate. Am verbreitesten ist das traditionelle Karate, bei dem die Angriffs- und Abwehraktionen nur angedeutet und nicht als tatsächliche Treffer angebracht werden. Beim Leichtkontakt-Karate sind gezielte Treffer erlaubt, sie dürfen jedoch niemals mit voller Wucht geschlagen oder getreten werden. Zu ihrer Sicherheit tragen die Sportler Unterleibs-, Hand- und Fußschutz. Im Vollkontakt-Karate wird die volle Kraft eingesetzt. Da diese Kampfform nicht ungefährlich ist, tragen die Kämpfer Kopf-, Hand-, Fuß-, Schienbein-, Unterleibs- und Mundschutz.

Im traditionellen und Leichtkontakt-Karate wird nach Gewichtsklassen bis 60, 65, 75, 80 und über 80 Kilogramm gekämpft, außerdem gibt es eine offene Klasse ohne Gewichtsbegrenzung. Die Kampfzeit beträgt, nach Vereinbarung, 2 bis 3 Minuten, sie kann verlängert werden. Vollkontakt-Kämpfe werden in 7 Gewichtsklassen über 2, 3 oder 5 Runden von je 2 Minuten Dauer ausgetragen. *Die Kampfregeln* lassen Schläge und Stöße mit Hand, Handkante, Handballen, Faust, Ellbogen sowie Tritte und »Stiche« mit Fuß und Knie auf alle empfindlichen Stellen zu. Ziel des Kampfes ist ein Treffer, der bei voller Wucht am ungeschützten Körper den Gegner unschädlich machen, womöglich sogar töten könnte. Ein so genannter *Chi-Mei* beendet den Kampf vorzeitig. Bei einem »Beinahe-Chi-Mei« wird der Kampf kurz unterbrochen. Kommt es zu einem zweiten Treffer dieser Art, ist der Kampf ebenfalls aus. Ansonsten wird die vereinbarte Zeit durchgekämpft; gewertet wird nach Punkten, die im wesentlichen der Judowertung entsprechen. Der Kampfschrei »Kiai« ist bei Angriffshandlungen erlaubt. Er ergibt sich sinnvoll aus der Atemtechnik und wird aus dem Zwerchfell heraus entwickelt – als hörbarer Ausdruck höchster, sich entladender, psychischer und physischer Anspannung (auch bei anderen Budo-Sportarten üblich). Ansonsten darf im Kampf nicht gesprochen werden. Verboten sind ebenfalls unkontrollierte Treffer, Kopftreffer, Fingerstöße zum Kopf, gefährliche Niederwürfe, Beißen, Kratzen, Angriffe mit der offenen Hand, Klammern oder Halten des Gegners, absichtliche Herbeiführung von Verletzungen, Mattenflucht oder Passivität während des Kampfes. Regelverstöße werden mit Ermahnung, Verwarnung oder Disqualifizierung geahndet.

LEICHTATHLETIK

Leichtathletik ist einer der Hauptbestandteile Olympischer Sommerspiele. Die Sportarten finden grundsätzlich unter freiem Himmel in großen Sportstadien statt, für die es international genormte Abmessungen gibt. So soll ein Leichtathletikstadion Kampfflächen von mindestens 177,47 Metern Länge und 93,08 Metern Breite haben. In einem solchen Stadion müssen vorhanden sein:

- eine 400-Meter-Rundlaufstrecke mit 8 Bahnen à 1,22 Meter Breite; daneben, in einer Bahnkurve, ein Wassergraben für den 3 000-Meter-Hindernislauf;
- eine gerade 100-Meter-Laufstrecke, ebenfalls achtbahnig;
- eine Weit- und Dreisprungstrecke von 45 Metern (plus 13 Meter für Dreisprung) und eine 8 Meter lange Sprunggrube;
- eine Stabhochsprungstrecke von 55 Metern Länge;
- zwei halbkreisförmige Hochsprunganlagen jeweils mit einem Radius von 18 Metern und am Kreismittelpunkt angrenzendem 5 mal 4 Meter großem Sprungkissen;
- eine 4 Meter breite, über das ganze Spielfeld reichende Speerwurfanlage mit einem Sicherheitswinkel von 29 Grad;
- eine Hammerwurf- und eine Diskuswurfanlage von je 80 Metern Länge und mit einem Sicherheitswinkel von 40 Grad;
- zwei Kugelstoßanlagen von je 20 Metern Länge und mit einem Sicherheitswinkel von 40 Grad;
- ein Rasenspielfeld mit den Abmessungen 105 mal 68 Meter.

Leichtathletik hat ihren Ursprung an englischen Hochschulen und stammt aus der Zeit um 1800. Die berühmten Schulen von Eton, Oxford und Cambridge waren die Trendsetter, die auch bald Wettkämpfe untereinander austrugen. In kurzer Folge kamen Laufwettbewerbe über Kurz-, Mittel- und Langstrecken, Hürdenlauf, Weit- und Dreisprung, Hoch- und Stabhochsprung, Kugelstoßen und Diskuswerfen auf. In der zweiten Hälfte des 19. Jahrhunderts wurden zuerst in England, dann in den Vereinigten Staaten, Leichtathletik-Disziplinen zu Vereinssportarten. Die ersten englischen Meisterschaften gab es 1866 in London, zehn Jahre später fanden US-Meisterschaften in New York statt. Erst danach setzte sich die Leichtathletik auch auf dem europäischen Kontinent durch. Dabei spielte die Arbeiter-Sportbewegung in Deutschland, Österreich und der Schweiz eine bedeutende Rolle. 1896 wurden die ersten modernen Olympischen Spiele in Athen veranstaltet, es nahmen 13 Ländermannschaften mit insgesamt 295 Sportlern in 9 Sportarten teil. Die Leichtathletik war Kernstück der Olympischen Spiele. Als Wettkämpfer traten ausschließlich Männer auf.

Damen durften bei den Olympischen Spielen von 1900 in Paris (21 Länder, 1 077 Sportler, 14 Sportarten) zum ersten Mal antreten, allerdings gegen den Willen des berühmten Barons Pierre de Coubertin, des Gründers der modernen Olympischen Spiele und langjährigen ersten Präsidenten des Olympischen Komitees. Erst bei den Spielen von 1928 in Amsterdam nahmen die Damen offiziell an leichtathletischen Wettbewerben teil. Seit 1914 werden die ersten Weltrekordlisten geführt. Der Deutsche Leichtathletik-Verband ist mit über 900 000 Mitgliedern eine der größten Sportorganisationen und Veranstalter leichtathletischer Wettkämpfe in Deutschland.

Laufsport

Kurzstreckenlauf

Kurzstreckenläufe gehörten schon zu den sportlichen Wettbewerben des Altertums. Im Stadion von Olympia war die Strecke 192,25 Meter lang, in Delphi 178 Meter. Dabei wurde keine Zeit gemessen; gewertet wurde lediglich, wer als erster durchs Ziel lief. Zeitmessung wurde erst möglich, nachdem 1862 in der Schweiz die Stoppuhr erfunden worden war und der Hersteller eine Ganggenauigkeit von $\frac{1}{2}$ Sekunde garantierte. Heute sind Meßgenauigkeiten bis zu $\frac{1}{1000}$ Sekunde möglich. Elektronische Messungen sind

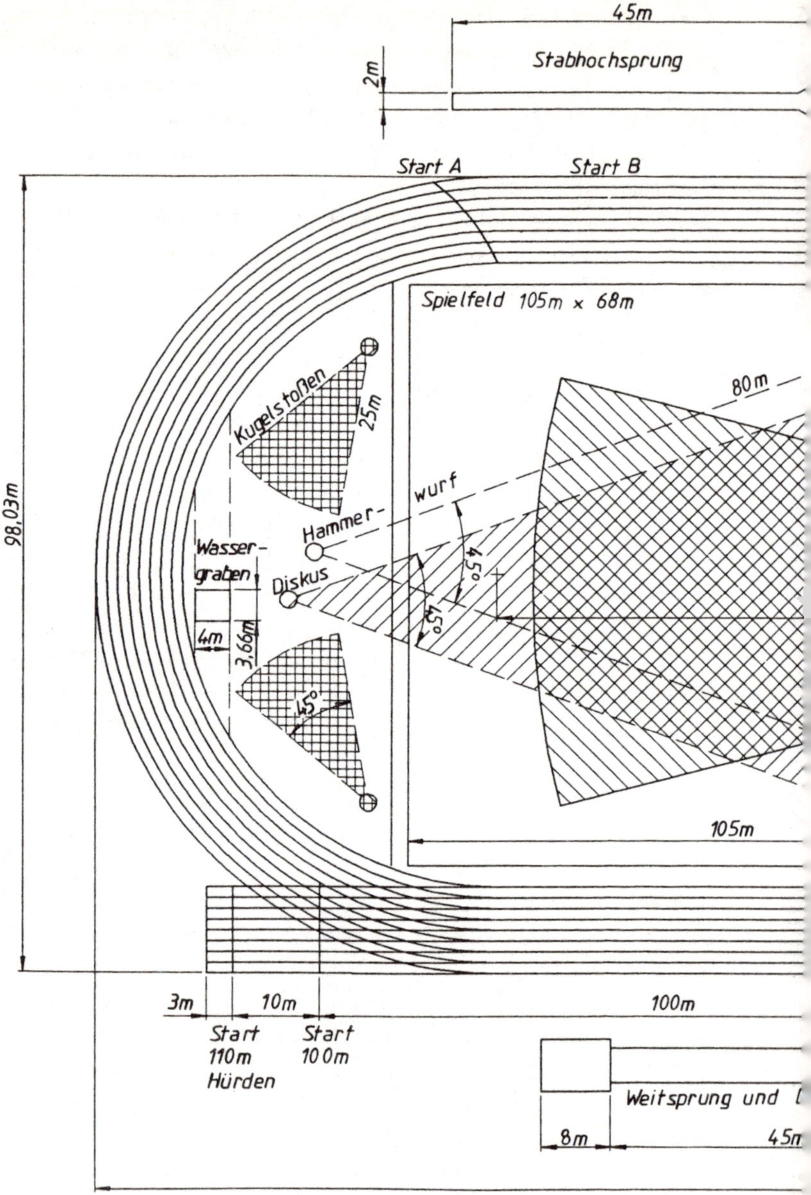
45m
Stabhochsprung
2m
Start A
Start B
Spielfeld 105m × 68m
Kugelstoßen
25m
80m
Hammer-
wurf
45°
Wasser-
graben
Diskus
4m
3,66m
45°
105m
98,03m
3m
10m
100m
Start
110m
Hürden
Start
100m
Weitsprung und
8m
45m

Leichtathletik: komplettes Stadion mit allen Anlagen für leichtathletische Wettbewerbe

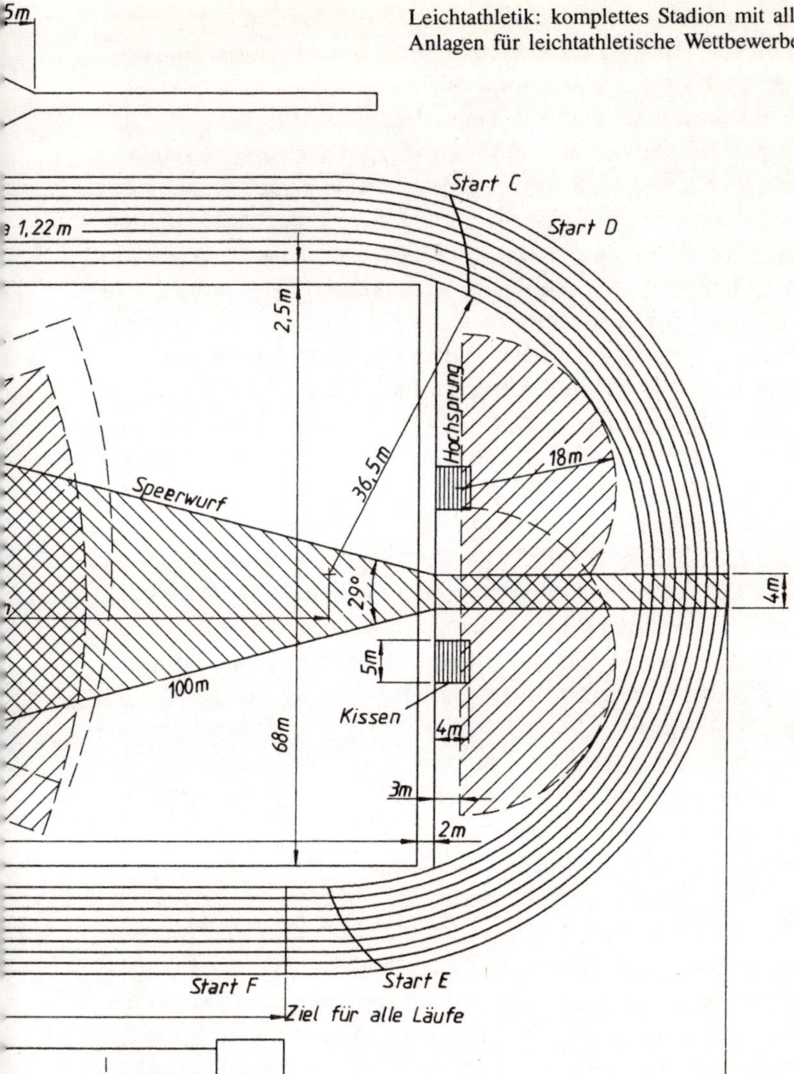

bei internationalen Wettbewerben vorgeschrieben. Zur Anerkennung eines neuen Rekordes ist es erforderlich, die bis dahin geltende Rekordzeit um mindestens $\frac{2}{100}$ Sekunden zu unterbieten.

Der Kurzstreckenlauf, auch Sprint genannt, wurde vor allem in den USA weiterentwickelt: 1868 wurden zum ersten Mal Laufschuhe mit »Nagelspitzen« *(Spikes)* getragen, um kräftiger abtreten zu können und dabei nicht zu rutschen. Ein amerikanischer Läufer grub sich als erster zwei Startlöcher und erfand damit 1888 den Tiefstart, der mehr Schnelligkeit ermöglicht. 1929 führte ein US-Läufer den ersten Startblock vor und lief dabei Weltrekord über 100 Yards (91,44 Meter) in 9,4 Sekunden. Weil die »Startmaschine« nicht zugelassen war, wurde der Rekord allerdings nicht anerkannt. Startblöcke wurden erst ab 1938 üblich.

Bei internationalen Läufen setzten sich die nach Metern gemessenen Strecken ab 1912 immer mehr durch. Dabei verbesserten auf der 100-Meter-Strecke überwiegend Amerikaner die Zeiten von 10,6 Sekunden (1912) auf 9,83 (1987). Nur zweimal in 80 Jahren gelang es Deutschen, einen Weltrekord zu laufen (1954 Heinz Fütterer mit 10,2 und 1960 Armin Hary mit 10,0 Sekunden).

Über Kurzstrecken werden bei Olympischen Spielen Wettbewerbe für Damen und Herren auf folgenden Distanzen ausgetragen: *100, 200* und *400 Meter.*

Dabei wird der 100-Meter-Lauf auf der (zum Start hin) verlängerten Zielgeraden der achtbahnigen 400-Meter-Bahn des Leichtathletik-Stadions (siehe Seite 98 f.) gelaufen. Der Start zum 200-Meter-Lauf befindet sich am Anfang des Kreisbogens vor der Zielgeraden. Die Startlinie ist keine Gerade, sondern so versetzt, daß die Außenbahnläufer nicht aufgrund des größeren Kreisbogens eine weitere Strecke zurücklegen müssen als die Innenbahnläufer. Bei der 400-Meter-Strecke geht der Lauf über genau eine Runde. Wesentliches Merkmal der Kurzstreckenläufe ist, daß jeder Läufer während des gesamten Laufes auf seiner Bahn bleiben muß und ausscheidet, wenn er die Begrenzungslinien aus Unachtsamkeit verläßt.

Die Startbahnen werden, von innen nach außen zählend, ausgelost. Die Bahnen haben Kunststoffbelag (früher Schüttung aus zermah-

lener Schlacke, daher »Aschenbahn« genannt). Startblöcke und Tiefstart sind für Kurzstrecken vorgeschrieben.
Im Zehnkampf der Herren (siehe Seite 117) werden Kurzstreckenläufe über 100 und 400 Meter gefordert. Im Siebenkampf der Damen (siehe Seite 118) werden 100 und 200 Meter gelaufen. Außerdem gibt es Staffelwettbewerbe (siehe Seite 107) über 100 und 400 Meter.
Nichtolympische Kurzstrecken über 50, 60 und 75 Meter werden im Kinder-, Jugend- und Alterssport gelaufen. Nicht olympisch, aber bei Europa- und Weltmeisterschaften üblich, sind zusätzlich Kurzstrecken über 200 Meter für Damen und Herren.

Mittelstreckenlauf

Als Mittelstrecken gelten die Distanzen zwischen 800 und 3 000 Metern (bei Damen zählen 3 000 Meter bereits als Langstrecke). Olympische Disziplinen sind 800- und 1 500-Meter-Lauf, beide für Damen und Herren. Als »goldene Regeln« für Erfolge auf Mittelstrecken gelten: Laufe möglichst auf der Innenbahn (sie ist am kürzesten). Überhole nicht in der Kurve (das kostet die meiste Kraft). Halte dich an den Ersten (der könnte nachlassen). Sieh dich nicht um (das macht langsam und unsicher). Gib dich im Spurt nie verloren (Schnelleren geht vor dem Ziel oft die Puste aus).
Der 800-Meter-Lauf braucht im Gegensatz zu den Kurzstreckenläufen nur noch auf den ersten hundert Metern auf der ausgelosten Bahn gelaufen zu werden, das jedoch ist notwendig, um in der unmittelbar dem Start folgenden Kurve Ballungen, Behinderungen und Stürze zu vermeiden. Danach können alle Läufer auf die Innenbahn gehen.
Auf die Strecke von 800 Metern einigte man sich im internationalen Sport in Anlehnung an die in englisch beeinflußten Ländern ursprünglich gelaufene 880-Yards-Distanz (= 804,65 Meter). Nur einmal in der seit 1912 geführten Weltrekordliste brach ein Deutscher den bestehenden Rekord: 1939 Rudolf Harbig mit 1:46,6 Minuten. Damen liefen über 800 Meter bei einer Olympiade erstmals 1928 in Amsterdam. Gleich bei diesem ersten Start gewann

die Deutsche Lina Radke-Batschauer in Weltrekordzeit von 2:16,8 Minuten. Erst 1971 gelang Hildegard Falck ein zweiter deutscher Weltrekord mit 1:58,5 Minuten. Überwiegend haben bisher sowjetische Läuferinnen die Weltrekorde und die Siege bei Olympischen Spielen errungen.

Der 1 500-Meter-Lauf setzte sich international gegen die viel früher gelaufene englische Meile (1609,30 Meter) durch, um im Sport das metrische Maßsystem einheitlich für alle Wettkämpfe gebrauchen zu können. Für diese Distanz ist auf der Weltrekordliste im Jahr 1912 die Zeit von 3:55,8 Minuten notiert; seit 1985 liegt der Rekord bei 3:29,46 Minuten, gelaufen von einem marokkanischen Läufer. Weltrekorde wurden 1926 und 1952 von deutschen Läufern errungen. Beim 1 500-Meter-Lauf der Damen gibt es erst seit 1967 eine Weltrekordliste, die fast ausschließlich von sowjetischen Läuferinnen beherrscht wird. Erst seit 1972 (München) laufen auch die Damen bei Olympischen Spielen über 1 500 Meter.

Langstreckenlauf

Als Langstrecken der Männer zählen die Distanzen von 5 000 und 10 000 Metern und der Marathonlauf (Männer). Langstrecken der Damen sind 3 000 Meter, 10 000 Meter und Marathon. Diese Disziplinen gehören alle ins olympische Programm. Nichtolympisch, aber in anderen internationalen Wettbewerben laufen Damen ebenfalls 5 000 Meter. Seit 1983 gibt es für Männer eine Weltmeisterschaft im 10 000-Meter-Straßenlauf. Außer den olympischen Wettbewerben finden auch deutsche, europäische und Weltmeisterschaften in den Langlaufdisziplinen statt.

5 000 Meter und 10 000 Meter werden sehr häufig von denselben Sportlern erfolgreich gelaufen. Stilistisch gibt es keine Unterschiede in der Bewältigung der beiden Strecken. Langlauf, früher auch Dauerlauf genannt, erfordert hohe Dauerleistung, sehr gleichmäßiges Lauftempo und Kraftreserven für einen oft über den Sieg entscheidenden Endspurt. Bei den Langlaufdisziplinen gibt es keine Startblöcke, keinen Tiefstart und keine Vorschrift zur Einhaltung einer Bahn. Die Sportler laufen hart am inneren Bahnrand, um möglichst keinen Meter zu verschenken. Allerdings müssen sie nach außen ausweichen, wenn sie einen Konkurrenten überholen wollen. Solche Aktionen kosten enorme Kräfte. Langläufer sind am Ende ihrer Strecken oft so ausgepumpt, daß sie von ihren Betreuern aufgefangen werden müssen oder sogar ins Ziel stürzen. Der Finne Paavo Nurmi stellte zwischen 1921 und 1924 im Langstreckenlauf über 5 000 Meter (14:28,2 Minuten) und 10 000 Meter (30:06,2 Minuten) Weltrekorde auf, gewann zwischen 1920 und 1928 neunmal olympisches Gold und gilt als der überragende Langstreckenläufer in der Zeit vor dem II. Weltkrieg. Die Finnen beherrschten von 1912 bis 1941 die Weltrekordliste im 5 000-Meter-Lauf exklusiv.

Ab 1949 setzte der Tscheche Emil Zatopek neue Maßstäbe. Er unterbot als erster die 29-Minuten-Grenze beim 10 000-Meter-Lauf und führte seine Erfolge auf das von ihm bevorzugte Intervalltraining zurück. 1952 errang Zatopek Olympisches Gold über 5 000 Meter, 10 000 Meter und auf der Marathonstrecke. Er brachte die an sich nicht neue, um 1935 in Deutschland entwickelte Übungsform wieder in Mode. Beim Intervalltraining werden sehr lange Strecken mit wechselndem Tempo gelaufen, so daß Teilstrecken höchster Anstrengung mit relativ »erholsamen« Abschnitten wechseln. Die Anhänger dieser Methode sind überzeugt, ihre Körperkräfte damit zu optimieren. In den letzten Jahren bevorzugen Langstreckenläufer wieder das Dauerlauftraining ohne häufig wiederholte Spitzenbelastungen, weil es dem australischen Ausnahmeathlet Ron Clarke mit dieser Übungsform gelungen ist, bis in die siebziger Jahre hinein 18 Weltrekorde auf diversen Langstrecken aufzustellen. Die Bestzeiten liegen inzwischen bei 13 Minuten (5 000 Meter) und 27 Minuten (10 000 Meter).

Der Marathonlauf ist mit 42,195 Kilometer der längste olympische Laufwettbewerb für Damen und Herren. Er geht auf ein Ereignis in der griechischen Antike zurück, das zwar überliefert, aber nicht verbürgt ist. Danach soll im Jahre 490 vor unserer Zeitrechnung nach der Schlacht bei Marathon zwischen Athenern und Persern ein Bote die etwa 40 Kilometer vom Kampfplatz zum Athener

Marktplatz gelaufen und nach Verkündung der Siegesbotschaft tot zusammengebrochen sein. Ein französischer Sprachforscher entdeckte um 1890 die Geschichte in der Literatur und schlug vor, bei den ersten modernen Olympischen Spielen 1896 in Athen diesen Lauf zu wiederholen. So geschah es auch, und seitdem gibt es den Marathonlauf als sportliche Disziplin.

Ein Grieche gewann den Marathonlauf von 1896 über 40000 Meter in knapp 3 Stunden. Auf die heute international festgelegte Distanz von genau 42 195 Metern einigte man sich nach dem Marathonlauf von 1908 in London. Dort machten die Läufer zu Ehren der königlichen Familie einen Umweg vom Windsor Park am Schloß vorbei zum White City Stadion. Der Italiener Pietri lief als erster ins Stadion ein, brach aber wenige Meter vor der Ziellinie zusammen und wurde von zwei Polizisten durchs Ziel geführt. Die Kampfrichter mußten Pietri disqualifizieren und den Amerikaner Hayes, der als Zweiter eingelaufen war, zum Sieger erklären.

Der Marathonlauf wird immer auf Straßen ausgetragen. Es gibt drei Varianten: Start und Ziel an gleicher Stelle mit Wendepunkt auf halber Strecke; Start und Ziel an gleicher Stelle, aber ein- oder mehrmals durchlaufener Rundkurs; Start und Ziel an entgegengesetzten Endpunkten und Lauf in einer Richtung; letztere Variante wird bei internationalen Wettkämpfen nicht gern gewählt, weil bei der Streckenführung in nur einer Richtung Manipulationen durch ehrgeizige Veranstalter (zum Beispiel Gefälle oder vorherrschende Windrichtungen) eher möglich sind als bei Rundkurs oder Strecke mit Wendepunkt. In Abständen von 5 Kilometern gibt es Wasser, vitamin- und traubenzuckerreiche Getränke sowie Flüssignahrung, die von den Sportlern während des Laufes eingenommen werden. Vor dem Start stärken sich die Marathonläufer mit leichter, vor allem aber eiweiß- und kohlenhydratreicher Kost, die während des Laufes vollkommen »verbrannt« wird.

Die international wichtigsten Marathonläufe außerhalb der Olympischen Spiele finden in Berlin, London, Manchester, Boston, New York und Fukuoko (Japan) statt. Die Weltbestzeiten liegen seit 1984 bei 2:09:21 Stunden (Herren) und 2:24:52 Stunden (Damen).

Hürdenläufe

Hürdenläufe gibt es seit etwa 150 Jahren. Sie wurden zuerst in England über 109,78 Meter, etwas später in Frankreich über 400 Meter als Wettbewerbe für Männer ausgetragen. Die Damen kamen erst nach 1918 dazu. Seit 1900 ist der Hürdenlauf über 110 Meter im olympischen Programm, seit 1904 auch über 400 Meter. Die Damen laufen seit 1969 (100 Meter) und 1984 (400 Meter) um olympische Medaillen.

Bei allen Hürdenläufen sind jeweils 10 Hürden zu überlaufen (nicht zu überspringen). Hürdenhöhe und Abstand von Hürde zu Hürde sind je nach Wettkampfart verschieden:

	Höhe	Abstand
100 m Damen	0,84 m	8,50 m
400 m Damen	0,76.2 m	35,00 m
110 m Herren	1,06 m	9,14 m
400 m Herren	0,91.4 m	35,00 m

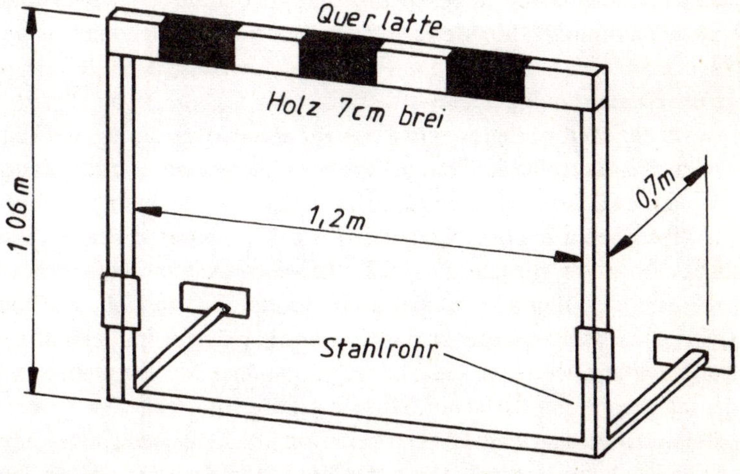

Hürdenlauf – Stahlrohrhürde für den 110-Meter-Hürdenlauf der Herren; andere Hürdenhöhen: 76,2 Zentimeter für 200 Meter (Herren) sowie 80 und 200 Meter (Damen); 84 Zentimeter für 100 Meter (Damen)

Hinzu kommt jeweils eine Anlaufstrecke vor der ersten und eine Auslaufstrecke nach der letzten Hürde bis zum Ziel. Die Hürden wurden früher aus Holz gebaut; heute bestehen sie aus Stahlrohrrahmen mit einer 7 Zentimeter breiten, schwarz-weißen hölzernen Querlatte. Sie stehen lose auf den Laufbahnen und werden mit Gewichten so ausgewogen, daß sie bei leichter Fußberührung umkippen. Früher wurden Läufer disqualifiziert, wenn sie mehr als 2 Hürden rissen. Heute ist das Reißen der Hürden für die Wertung unerheblich, es führt jedoch stets zu schlechteren Zeiten. Während Hürdenläufer ursprünglich das Führungsbein hochrissen und möglichst gerade nach vorn oder zur Körperseite hin streckten, wird heute der kompliziertere, aber kräftesparende Überlauf mit Doppelarmeinsatz bevorzugt. Die Technik erkennt man daran, daß zugleich mit dem Ansatz des Führungsbeines der gegenüberliegende Arm nach vorn-oben geführt und der andere leicht gebeugt möglichst tief gehalten wird. Während bei den Herren in beiden Distanzen überwiegend amerikanische Läufer die Weltrekorde und Siege bei internationalen Wettkämpfen für sich verbuchten, waren bei den Damen Läuferinnen der ehemaligen DDR (100 Meter) und der Sowjetunion (400 Meter) außerordentlich erfolgreich.

Hindernislauf

Der *3 000-Meter-Hindernislauf* ist im Prinzip die Langstreckenvariante zu den Hürdenläufen. In erster Linie sind es auch Langstreckenläufer, die über diese Distanz laufen. Der Lauf geht über 7,5 Runden der Stadionbahn, dabei sind 28 hölzerne Hindernisse mit einer Höhe von zirka 91,5 Zentimetern zu überlaufen. Es ist erlaubt, mit den Füßen auf die Hindernisse zu steigen oder die Hände aufzustützen. Außer den Hindernissen muß im Verlauf der Runden noch siebenmal ein Wassergraben überwunden werden, an dessen Absprung-Ufer ebenfalls ein Hindernis steht. Der Graben hat am Hindernis eine Wassertiefe von 76 Zentimetern, ist 3,66 Meter breit und schließt flach zur Laufstrecke ab. Die Überwindung des Grabens kostet viel Kraft und um so mehr Zeit, je tiefer man in das Wasser hineinspringt. Die Läufer steigern deshalb

einige Schritte vor dem Graben-Hindernis ihr Tempo, um möglichst weit zu springen.
Die Idee zum 3 000-Meter-Hindernislauf wurde den Hindernisrennen im Pferdesport abgeschaut. Der erste Lauf fand am berühmten Oxford-College unter Studenten statt und ging über 2 Meilen und 24 Hindernisse. Im olympischen Programm, bisher nur für Herren, steht der Lauf seit 1920. Finnen, Schweden, Russen und Polen errangen die meisten Siege bei internationalen Wettbewerben. Seit 1978 hält der Kenianer Henry Rono den Weltrekord mit 8:05,4 Sekunden, und bei den Olympischen Spielen von 1984 und 1988 errangen Kenianer Olympisches Gold.

Staffeln

Staffelläufe, früher auch Stafettenläufe genannt, gibt es erst seit Beginn dieses Jahrhunderts. Eine Laufstaffel besteht meist aus 4 Läufern, die – einander abwechselnd – jeder eine gleich lange Strecke zurücklegen. Dabei tragen sie einen Staffelstab (aus Holz oder Metall, zirka 30 Zentimeter lang, 12 Zentimeter Umfang, 50 Gramm Gewicht). Jeder Läufer übergibt diesen Stab am Ende seiner Laufstrecke, noch während des Laufens, an den nachfolgenden Läufer seiner Staffel. Der letzte Läufer muß mit dem Stab durchs Ziel gehen. Verliert ein Läufer den Stab, so darf nur er ihn wieder aufheben; wenn das passiert, hat eine Staffel jedoch wegen des Zeitverlustes praktisch keine Gewinnchance mehr.
Da in einer Staffel nicht alle Läufer gleich gute Konditionen haben können, läuft aus taktischen Gründen meist ein sehr starker Läufer als erster, der stärkste jedoch als letzter. Die Stabübergabe ohne Zeitverlust ist oft entscheidend und wird hundertfach geübt. Sie muß in einem Raum von 20 Metern stattfinden, auf den 10 letzten Metern der einen Strecke und den 10 ersten Metern der nächsten. Der schnellste Stabwechsel ist am Ende des 20-Meter-Übergaberaumes möglich, wenn der auslaufende Läufer noch und der anlaufende Läufer schon volles Lauftempo haben. Eine derart späte Übergabe birgt jedoch zugleich das Risiko, daß der Wechselraum vor der Stabübergabe übertreten und die Staffel damit disqualifi-

ziert wird. Bei der 4 mal 100-Meter-Sprintstaffel wird den Läufern ein Anlaufraum von weiteren 10 Metern gegeben, in dem der antretende Läufer bereits Tempo machen, aber den Stab noch nicht übernehmen darf.
In internationalen Wettbewerben werden von Herrenstaffeln 4 mal 100, 200, 400, 800, 1 500 Meter und 1 Meile gelaufen, von Damenstaffeln 4 mal 100, 200, 400, 800 und 3 mal 800 Meter. Interessant sind wegen der verschiedenen Laufstile die Schwedenstaffel der Männer, in der der erste Läufer über 400 Meter läuft, die drei folgenden dann über 300, 200 und 100 Meter (oder in umgekehrter Reihenfolge: 100, 200, 300 und 400 Meter) und die sogenannte

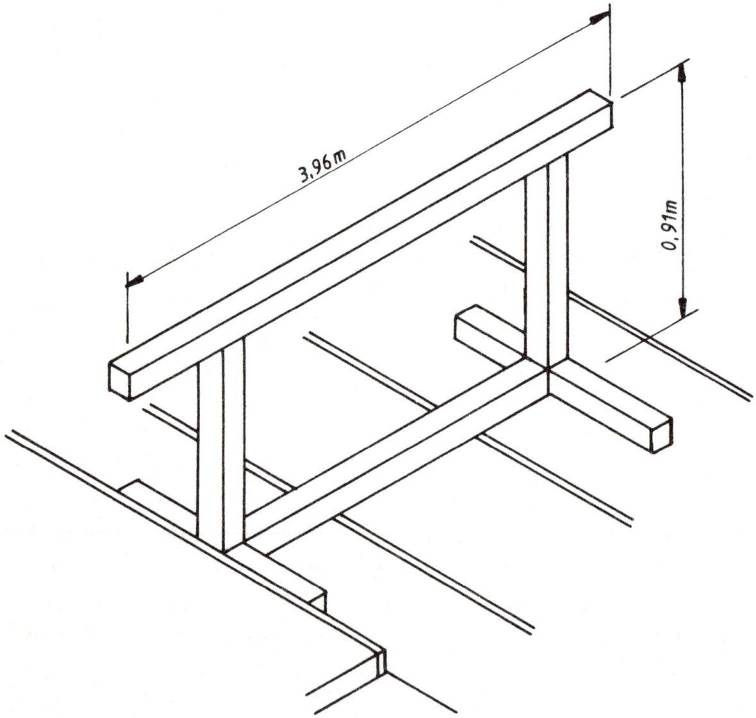

Hindernislauf – die hölzernen Hindernisse dürfen überlaufen, müssen nicht übersprungen werden

Olympische Staffel (die nicht olympische Disziplin ist!) für Herren über 400, 200, 200, 800 Meter (oder in umgekehrter Reihenfolge: 800, 200, 200 und 400 Meter). In der Bundesrepublik gibt es außerdem noch eine 3 mal 1 000-Meter-Staffel.
Olympische Distanzen sind jedoch nur, für Damen und Herren gleichermaßen, die Staffeln über 4 mal 100 und 4 mal 400 Meter. Auf beiden Herrenstrecken sind traditionell die Amerikaner sehr erfolgreich, auf Damenstrecken waren es bis vor wenigen Jahren Läuferinnen der ehemaligen DDR.

Gehen

Gehen ist, etwas vereinfacht gesagt, sportliches Marschieren im Eiltempo. Gegangen wird grundsätzlich nur auf langen Strecken, überwiegend auf Straßen und Wegen, aber auch auf Stadionbahnen. Das sportliche Gehen kam erst in der zweiten Hälfte des vorigen Jahrhunderts auf, die erste deutsche Meisterschaft fand 1906 auf einer Strecke von 100 Kilometern statt.
Das Gehen unterscheidet sich vom Laufen ganz wesentlich: Das vorwärtsschwingende Bein muß mit der Ferse aufgesetzt werden, bevor der abdrückende, nachsetzende Fuß den Boden verläßt. Ein Regelverstoß führt zur Verwarnung, ein zweiter zur Disqualifizierung des Gehers durch einen der Gehrichter. Die Sportler benutzen Spezialschuhe mit einer keilförmigen Erhöhung der Sohle zum Absatz hin, um den Fuß von der Ferse bis zur Fußspitze besser abrollen zu können. Die Schuhsohle ist dick und federnd, damit Bänder und Gelenke geschont werden.
Inzwischen sind zahlreiche Strecken von 3 500 Meter bis zu 50 Kilometer üblich geworden. Internationale Rekordlisten werden für Herren über 20, 30 und 50 Kilometer geführt sowie über ein 2-Stunden-Gehen, bei dem die zurückgelegte Strecke gemessen wird. Damenrekorde werden über 5 und 10 Kilometer registriert (alle auf Stadionbahnen). Bei Olympischen Spielen gehen nur die Herren Strecken von 20 und 50 Kilometern (seit 1956 in Melbourne beide Distanzen auf Straßen).

Sprungdisziplinen

In der Menschheitsgeschichte spielte das Springen über Bäche oder Klüfte eine wichtige Rolle, wenn es galt, Wild zu verfolgen, Feinden zu entkommen oder Wege abzukürzen. Springspiele waren bei Kindern schon in frühester Zeit sehr beliebt. Umgangssprachlich sagt man noch heute im übertragenen Sinne, daß jemand »große Sprünge machen« kann – oder auch nicht. Bei den Festspielen der griechischen Antike gab es bereits sportliche Sprungwettbewerbe. Germanische Volksstämme veranstalteten Wettbewerbe mit Weithochsprüngen über bis zu 9 Pferde hinweg. Ähnliches ist von amerikanischen Indianern überliefert.

Weitsprung

Der Weitsprung war schon Bestandteil des ersten großen verbürgten Leichtathletik-Wettbewerbes der Neuzeit, der im März 1864 zwischen Mannschaften der Universitäten Oxford und Cambridge ausgetragen wurde; der Sieger sprang nur 5,80 Meter weit, aber schon zehn Jahre später übersprang ein Ire die 7-Meter-Marke. Der legendäre US-Sportler Jesse Owens und vierfache Olympiasieger von 1936 in Berlin (100 Meter, 200 Meter, Weitsprung und 4 mal 100-Meter-Staffel) setzte mit 8,13 Meter einen Weltrekord. 1991 liegt der Weltrekord im Weitsprung bei sensationellen 8,95 Meter. Er wurde von Mike Powell/USA bei den Weltmeisterschaften in Tokio erreicht. Olympische Disziplin ist der Weitsprung für Herren seit der ersten Olympiade (1896), für Damen erst seit 1948.
Die Anlaufbahn für den Weitsprung ist 45 Meter lang, der Springer kann jedoch die Länge seiner Anlaufstrecke selbst bestimmen und sich eine entsprechende Markierung machen. Im Absprungbereich gibt es einen Absprungbalken, dessen zur Sprunggrube gelegene Kante als Absprunglinie bezeichnet wird und nicht übertreten werden darf. Übertretene Sprünge sind ungültig. Bei Wettkämpfen wird hinter der Absprunglinie eine Plastilinschicht aufgetragen, die bei Übertreten ganz deutlich den Abdruck der Fußspitze (oder des ganzen Fußes) erkennen läßt. Der Sprung endet in der mit Sand gefüllten, mindestens 2,75 Meter breiten und 8 Meter langen

Sprunggrube. Ihr vorderer Rand ist 1,80 Meter von der Absprunglinie entfernt, so daß alle nach menschlichem Ermessen erreichbaren Weitsprünge zuverlässig in der Sandgrube landen. Als Sprungweite wird stets die Entfernung zwischen Absprunglinie und erstem (also rückwärtigem) Sprungeindruck im Sand gemessen.

Dreisprung

Der Dreisprung hat sich aus Mehrsprungwettbewerben entwickelt, die seit Jahrhunderten von den Kelten in Irland und Schottland veranstaltet wurden. Im vorigen Jahrhundert kam der Dreisprung in verschiedenen technischen Varianten sowohl in Europa als auch in Amerika auf. Bei internationalen Wettbewerben hat sich die amerikanische Sprungtechnik durchgesetzt, mit der die weitesten Sprünge erreicht werden können. Bereits seit 1896 ist der Dreisprung olympische Disziplin (nur Herren).

Zum Dreisprung werden ebenfalls die Weitsprungbahnen der Leichtathletikstadien benutzt. Die Absprunglinie ist jedoch bei internationalen Wettbewerben 13 Meter (sonst 11 Meter) von der Sandgrube entfernt, da Weiten bis zu knapp 18 Metern erzielt werden können. Der Dreisprung besteht aus einem Hüpfer, einem Schritt und einem Sprung, in der Fachsprache *Hop, Step* und *Jump* genannt.

Der Hüpfer erfolgt aus dem Anlauf heraus mit vorgebeugtem Oberkörper. Das Absprungbein wird zuerst nach hinten geworfen, dann angewinkelt vorgezogen und beim Aufsetzen wieder gestreckt. Der Dreispringer kommt also bei der ersten Sprungaktion mit dem gleichen Bein auf, mit dem er abgesprungen ist. Das andere Bein verstärkt den Schwung des Sprunges, indem es sozusagen einen Laufschritt in der Luft macht, ohne den Boden zu berühren.

In der zweiten Sprungphase, beim Schritt, wird das bis jetzt als Schwungbein benutzte Bein kräftig nach vorn gerissen und kommt gestreckt auf den Boden auf, um gleich zur dritten Sprungphase abzuspringen, während das andere Bein nach vorn gerissen und dann angewinkelt nach hinten gestoßen wird, um Schwung zu machen. Für Schwung sorgen vor allem auch die hochgestreckten

Arme, die während des Sprunges von oben nach unten geschlagen werden. Diese dritte Aktion endet in einem Schlußsprung, bei dem beide Beine zugleich angewinkelt nach vorn gezogen werden und in der Sprunggrube landen. Dabei nehmen die Springer in Kauf, daß sie auf den Po zurückfallen und so die gemessene Sprungweite verkürzen. Alle alternativen Versuche, mit weniger Schwung vorgebeugt auf den Füßen zu landen, führten bisher zu deutlich schlechteren Ergebnissen.

Hochsprung

Der Hochsprung ist eine Disziplin internationaler und olympischer Wettbewerbe. Bei den Herren liegt der Weltrekord seit 1984 bei 2,39 Meter, mit Spannung wird die 2,40-Meter-Marke erwartet. Die Weltbestleistung der Damen liegt, ebenfalls seit 1984, bei 2,07 Meter. Erfolgreichste deutsche Hochspringerin war Ulrike Meyfarth, die 1982 und 1983 mit 2,02 und 2,03 Meter zweimal Weltrekord sprang, zweimal Olympiasiegerin wurde und mehrfach deutsche, europäische und Weltmeisterschaften gewann. Hochsprung gehört zu den attraktivsten leichtathletischen Disziplinen für die Zuschauer, weil das Wettkampfgeschehen Tempo hat.

Der Springer kann innerhalb eines Halbkreises auf einer Strecke von 25 Metern einen beliebig langen Anlauf nehmen; er kann mehr schräg oder mehr gerade anlaufen und ist an keine Absprunglinie gebunden. In welcher Stilart er die Latte überspringt, bleibt ihm überlassen. Für einen gültigen Sprung gibt es nur drei Bedingungen: Die Schuhsohlen des Springers dürfen nicht stärker sein als 1,27 Zentimeter (stark federnde, dickere »Katapultsohlen« sind verboten); der Springer muß mit einem Bein abspringen; und er muß die Latte überspringen, ohne sie abzuwerfen. Wenn die Latte nach einer leichten Berührung zwar wackelt, aber nicht fällt, bleibt der Sprung gültig.

Der Springer hat das Recht, die Höhe selbst zu bestimmen, bei der er in den Wettbewerb eintreten will. Er hat 3 Versuche, um die Höhe zu überspringen. Wenn er die Latte reißt, so ist das ein Fehlversuch. Hat er eine Höhe dreimal gerissen, so scheidet er aus dem

Wettbewerb aus. Er kann aber nach einem Fehlversuch eine höhere Marke wählen und die verbleibenden zwei Sprungversuche in dieser Höhe machen. Haben bei einer Abschlußwertung mehrere Springer dieselbe Höhe erreicht und will oder kann keiner mehr Versuche an einer höheren Marke unternehmen, so wird die Reihenfolge nach der Zahl der Fehlversuche festgelegt, beispielsweise so: 1. Sieger 2,02 Meter, kein Fehlversuch; 2. Sieger 2,02 Meter, ein Fehlversuch.

Die Sprunglatte aus Metall oder Kunststoff ist meist schwarz-weiß oder gelb-rot lackiert. Sie liegt lose auf zwei höhenverstellbaren Pfosten, die etwa 4 Meter voneinander entfernt stehen. Die Aufsprungmatte ist 5 mal 4 Meter groß, mindestens 80 Zentimeter hoch und mit weichem Schaumstoff gefüllt, um Verletzungen der Springer auszuschließen. Große, langbeinige Springer sind in der Regel im Vorteil, obwohl in der Geschichte des Hochsprungs immer wieder auch kleinere Sportler durch gute Techniken erstaunliche Erfolge erzielten.

Die Sprungtechnik hat sich seit der Jahrhundertwende oft geändert, und es spricht alles dafür, daß immer wieder neue Techniken erfunden und, zum Beispiel mit dem Computer, errechnet werden. Ursprünglich nahmen die Springer möglichst schnell Anlauf und gingen im Hochsprung über die Latte. Damit wurden aber nur Höhen um 1,70 Meter erreicht. Schon um 1900 war die Erfahrung verbreitet, daß ein langsamerer Anlauf mit Temposteigerung bei den letzten paar Schritten mehr senkrechte Auftriebskräfte freigibt und daß ein vorgestrecktes sowie ein seitlich angewinkelt nachgezogenes Bein höhere Sprünge möglich machen. Mit diesen sogenannten *Schersprüngen* wurden knapp 2 Meter Höhe erreicht.

Eine neue Hochsprungära brach an, als 1912 ein Amerikaner die Rollsprungtechnik erfand und mit einer Rückenrolle parallel zur Latte 2,01 Meter schaffte. Die Technik wurde auch *Western-Roller* genannt, weil eine ganze Serie kalifornischer Springer in dieser und ähnlicher Manier immer neue Rekorde erzielte. Bei der *Tauchrolle* ging der Springer ebenfalls rücklings, aber mit dem Kopf zuerst über die Latte und zog das Hohlkreuz schräg zur Latte nach. Ein anderer US-Athlet erzielte 1941 die Höhe von 2,11 Meter mit einem *Bauchwälzer* über die Latte. Sowjetsportler verbesserten in den fünfziger Jahren die Rolltechnik mit dem *Tauchwälzer*, der als »Straddel« (englisch: Spreizer) bezeichnet wird und auch heute noch gesprungen wird: Beide Arme und das gestreckte Schwungbein werden beim Absprung hochgerissen. Letzte Neuerung der Sprungtechnik ist der von Dick Fosbury/USA erfundene *Flop* mit bogenförmigem Anlauf, leicht seitlichem Absprung und einer Rückwärtsdrehung, so daß der Körper in Rückenlage, Kopf und Schulter zuerst, über die Latte geht und mit Katzenbuckel, die Beine nach oben, auf der Matte landet. Ulrike Meyfarth sprang so, und diese Technik wird bis heute überwiegend angewendet.

Stabhochsprung

Lange Stöcke und Stangen benutzten schon die Urvölker, um Bäche, Klüfte, Wände oder Mauern zu überspringen. Krieger sollen sich auf Lanzen gestützt auf ihre Pferde geschwungen haben. Sporthistoriker sagen, der Stabhochsprung habe sich in Anlehnung an diese Gebräuche entwickelt. Seit 1896 ist er olympische Disziplin. Gesprungen wurde mit Bambusstäben, und die Höhen lagen bei 3,50 Meter. Das galt als gewaltiger Fortschritt, denn als 30 Jahre zuvor der Stabhochsprung als sportliche Disziplin aufkam, benutzte man weniger elastische Eschen- oder Hickory-Stäbe; und der erste britische Meister kam nicht über 3,05 Meter hinaus. Die größte Höhe mit dem Bambusstab erreichte 1942 ein amerikanischer Athlet mit 4,77 Meter. Dann wurden Stahlstäbe entwickelt, die aber den Weltrekord bis 1960 nur um 3 Zentimeter verbessern halfen. Eine neue Ära brach erst mit der Erfindung des Glasfiberstabes an: 1963 wurden zum erstenmal 5 Meter übersprungen, derzeit hält ein sowjetischer Springer den Weltrekord mit 5,90 Meter. Während die USA bis 1970 fast ausschließlich die Wettbewerbe gewannen, sind seit zehn Jahren die sowjetischen Springer führend. Gesprungen wird nur von Männern.
Länge und Stärke des Stabes sind nicht reglementiert. Der Stab darf mit 2 Lagen Klebeband glatt umwickelt sein. Spezialanfertigungen sind unzulässig, bei Meisterschaften verwendete Stäbe

müssen »übliche Handelsware« sein. In beliebig langem und möglichst schnellem Anlauf zum Sprung wird der Stab lanzenähnlich getragen und zum Absprung in den 1 Meter langen und 20 Zentimeter tiefen Einstichkasten gesteckt. Während des Sprunges wird das Gewicht des Springers vom Stab übernommen, der sich bei dieser Aktion durchbiegt und zurückfedernd den Springer nach oben katapultiert. Der Springer muß in dieser Phase zu einer Art Handstand am Stab übergehen, aus einer schräg nach oben verlaufenden »Schußbahn« heraus die Latte mit den Beinen zuerst über-

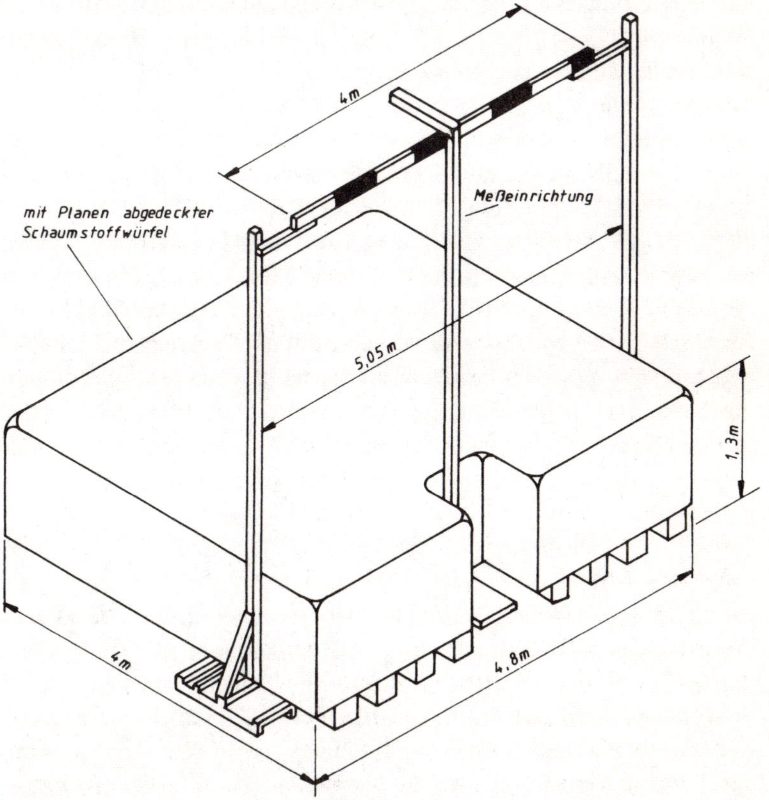

Stabhochsprung-Sprunganlage mit aufgelegter Latte und Sicherheitsmatte

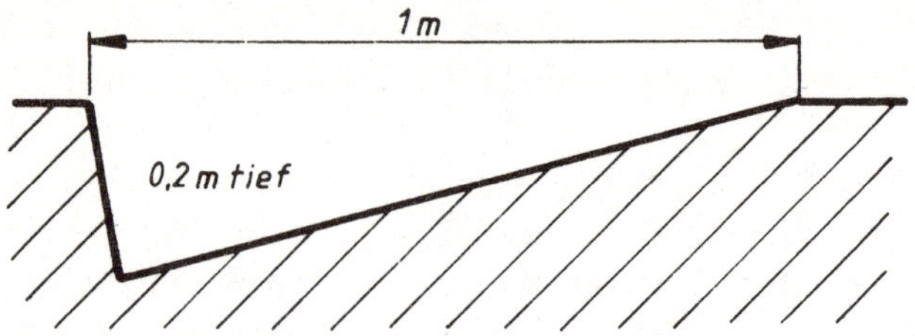

Stabhochsprung – Einstichkasten für den Sprungstab

queren und im Fall noch den Stab zurückstoßen, damit er die Latte nicht reißt. Danach landet der Springer weich auf mit Planen abgedeckten Schaumstoffmatten von 1,30 Meter Dicke.
Stabhochsprung gilt als schwierigste Disziplin der Leichtathletik und verlangt gewaltige Körperbeherrschung. Bei Wettbewerben wird die Reihenfolge der Springer ausgelost. Auf seiner Anlaufstrecke darf der Springer Markierungen anbringen. Der Stab wird so hoch wie möglich und mit weit auseinanderliegenden Armen gegriffen, um Stemmkräfte für den »Handstand« während des Sprunges entwickeln zu können. Nachgreifen mit den Händen ist aus Sicherheitsgründen verboten und gilt als Fehlversuch. Wettbewerbsmäßig gewertet wird der höchste der insgesamt gültigen Sprünge eines Athleten. Bricht beim Sprung ein Stab, so darf der Sprung mit einem neuen Stab wiederholt werden. Im übrigen gelten die gleichen Regeln wie beim Hochsprung (siehe Seite 112).

Mehrkämpfe

Mehrkämpfe sind Vielseitigkeitswettbewerbe. Ein »einseitiger« Sportler, der in nur einer Disziplin Höchstleistungen erbringt und andere Sportarten gar nicht ausübt oder in ihnen nur durchschnittlich ist, kann Mehrkämpfe nicht bestehen. Natürlich hat ein Mehrkämpfer seine besonderen Stärken und Schwächen in den verschiedenen Sportarten. Am Ende zählt aber seine Qualität der Vielseitigkeit.
Gewertet werden Mehrkämpfe nach Punkten, die in den einzelnen

Disziplinen von Punktrichtergremien vergeben und am Schluß zusammengezählt werden. Sieger ist der Mehrkämpfer mit der höchsten Punktzahl (Ausnahmen: Im Kraftsport erfolgt die Wertung in Kilogramm).
Schon bei den klassischen Olympischen Spielen gab es ab 708 vor unserer Zeitrechnung einen Fünfkampf, *Pentathlon* genannt. Er bestand aus Laufen, Ringen, Weitsprung, Diskus- und Speerwurf. Damals kannte man noch keine Punktwertung. Jeder kämpfte in jeder Disziplin gegen jeden. Wer gegen den gleichen Gegner dreimal schlechter abschnitt (also zum Beispiel schlechterer Lauf, kürzerer Sprung, kürzerer Speerwurf), mußte ausscheiden. Wer letztlich übrigblieb, wurde Sieger. Griechische Vasenmalereien, Reliefs und Statuen zeigen Sportler bei den verschiedenen Kampfarten.
Mehrkämpfe nach historischen Vorbildern in das Programm der modernen Olympischen Spiele aufzunehmen regte der erste Präsident des Internationalen Olympischen Komitees, Pierre de Coubertin an. Bei den Spielen von 1912 in Stockholm fanden erstmals Zehnkampf und Fünfkampf als olympische Wettbewerbe statt. Jedoch wurden schon Jahrzehnte vorher Mehrkampfmeisterschaften in Amerika (All-Around-Championships), Irland, Deutschland und Schweden ausgetragen.
Die wichtigsten Mehrkämpfe finden in leichtathletischen Disziplinen statt. Zur besseren Übersicht werden jedoch in den folgenden Abschnitten auch die Mehrkämpfe der Turner, Schwerathleten und anderer, nichtolympischer Disziplinen dargestellt. Die winterlichen Mehrkämpfe *Alpine Kombination, Nordische Kombination, Biathlon, Eisschnellauf-Vierkampf* finden Sie unter den entsprechenden Stichworten im Abschnitt über Wintersportarten ab Seite 251.

Zehnkampf

Der Zehnkampf ist eine Männerdisziplin. Außer bei Olympischen Spielen werden Zehnkämpfe in Europa- und Weltmeisterschaften ausgetragen. Erfolgreichster deutscher Zehnkämpfer war Jürgen Hingsen; er überbot von 1982 bis 1984 dreimal den bestehenden (zweimal den eigenen) Weltrekord und erreichte 8 798 von 10 000

möglichen Wettbewerbspunkten. Deutsche Zehnkämpfer sind bei internationalen Wettbewerben stets siegverdächtig. Stärkste Konkurrenten sind die Sportler aus der Sowjetunion und den USA. Da es auch in der ehemaligen DDR im letzten Jahrzehnt starke Zehnkämpfer gab (bei der Olympiade von 1988 Gold für Schenk, Silber für Voß), darf man auf die Wettbewerbe der neunziger Jahre gespannt sein.
Die Punktwertung ist ein Rechenexempel: Für ein vorgegebenes Idealergebnis gibt es in jeder Sportart jeweils 1 000 Punkte. In einer Feinabstufung (Näherungswerte in folgender Tabelle, zum überschlägigen Mitrechnen) werden Punktabzüge vorgenommen. Der Zehnkampf umfaßt die folgenden leichtathletischen Sportarten, die in zwei Tagen absolviert werden müssen:

	Sportart	1 000 Punkte bei	je 1 Punkt weniger bei
1. Tag	100-Meter-Lauf	10,2 sec	+ 0,004 sec*
	Weitsprung	7,90 m	— 0,5 cm*
	Kugelstoßen	18,75 m	— 1,5 cm*
	Hochsprung	2,17 m	— 0,12 cm*
	400-Meter-Lauf	46,0 sec	+ 0,02 sec*
2. Tag	110 Meter Hürden	13,7 sec	+ 0,01 sec*
	Diskuswerfen	57,5 m	— 5,4 cm*
	Stabhochsprung	4,78 m	— 0,4 cm*
	Speerwerfen	81,0 m	— 8,5 cm*
	1500-Meter-Lauf	3:40,2 min	+ 0,12 sec*

(Erklärungen zu den einzelnen Sportarten finden Sie unter den entsprechenden Stichworten – siehe Register.)

Siebenkampf

Der Siebenkampf ist die dem Zehnkampf der Männer entsprechende leichtathletische Mehrkampfdisziplin der Damen. Der Siebenkampf löste 1981 den bis dahin üblichen Fünfkampf ab; 1982 gab es erste Europameisterschaften, 1983 Weltmeisterschaften, 1984 kämpften die Damen erstmals um olympische Medaillen. Die Wertung sieht für vorgegebene Idealergebnisse in jeder der sieben

Sportarten 1 000 Punkte vor, für Minderleistungen erfolgt Punktabzug. Sowohl in der ehemaligen DDR als auch in der alten Bundesrepublik gab es von Anfang an starke Siebenkämpferinnen und entsprechende Trainingstraditionen. Nach der deutschen Vereinigung könnten künftige deutsche Mannschaften wieder zur internationalen Spitze gehören. Der Siebenkampf wird an 2 Tagen ausgetragen:

1. Tag: 100-Meter-Hürdenlauf, Hochsprung, Kugelstoßen, 200-Meter-Lauf;

2. Tag: Weitsprung, Speerwerfen, 800-Meter-Lauf.

(Erklärungen zu den einzelnen Sportarten finden Sie unter den entsprechenden Stichworten – siehe Register)

Moderner Fünfkampf

Der Moderne Fünfkampf ist bereits seit 1912 olympische Disziplin für Herren; es gibt eine Einzel- und eine Mannschaftswertung. Für Damen und Herren finden Deutsche, Europa- und Weltmeisterschaften statt, für Damen jedoch keine olympischen Wettbewerbe. Der Moderne Fünfkampf ist ein Vielseitigkeitswettbewerb, der nicht zur Leichtathletik gehört. Die dazugehörigen Sportarten sind Springreiten, Degenfechten, Schwimmen, Schießen und Geländelauf; die Wettkämpfe dauern 4 oder 5 Tage. Diese Zusammenstellung geht auf die mittelalterliche Kriegskunst zurück, in der ein Krieger zum Überleben diese fünf Disziplinen beherrschen mußte. Die Reihenfolge der einzelnen Wettbewerbe ist vorgeschrieben: Am 1. Tag findet das Springreiten statt. Der Veranstalter stellt die Pferde, die erst eine Stunde vor Wettbewerbsbeginn ausgelost werden. Jedes Pferd geht mit zwei verschiedenen Reitern, jeder Reiter hat nur einen Ritt. Kein Mehrkämpfer kennt also das Pferd, auf dem er zu reiten hat. Erst 20 Minuten vor seinem Ritt darf der Reiter aufsitzen. Auf 600 Metern sind 15 Hindernisse und 18 Sprünge in der Idealzeit von 103 Sekunden zu absolvieren. Für einen fehlerfreien Ritt innerhalb der Zeit gibt es 1 100 Punkte. Für Reitfehler (zum Beispiel falschen Weg, Verweigern von Hindernissen), Springfehler (Reißen von Hindernissen, Absturz vom Pferd) und

Zeitverzug werden Punkte abgezogen (siehe auch Stichwort Springreiten, Seite 173).
Am 2. Tag findet das Degenfechten statt. Jeder Kämpfer kämpft gegen jeden. Sieger ist, wer einen Treffer innerhalb von 3 Minuten erzielt. Verlängerung bis zum nächsten Treffer gibt es, wenn beide Fechter gleichzeitig treffen (Doppeltreffer). Bei einem Siegtreffer in der Zeit gibt es 1 000 Punkte, Punktabzüge werden nach einer Tabelle berechnet (siehe auch Stichwort Fechten, Seite 80).
Am 3. Tag wird der Schwimmwettbewerb über 300 Meter (Herren) beziehungsweise 200 Meter (Damen) ausgetragen. Der Schwimmstil ist freigestellt und kann sogar während des Schwimmens gewechselt werden. Nur die Zeit ist maßgebend: Bei 3:54 Minuten (Herren) gibt es 1 000 Punkte, für jede Sekunde mehr oder weniger 8 Minus- oder Pluspunkte (siehe auch Stichwort Sportschwimmen, Seite 207).
Am 4. Tag findet das Pistolenschießen statt (für Herren als erster Wettbewerb vor dem Geländelauf, für Damen als einziger Wettbewerb des Tages). Als Waffen sind Pistole und Revolver, Kaliber 5,6 Millimeter, zugelassen. Geschossen wird auf 25 Meter entfernte, 1,6 Meter hohe, 45 Zentimeter breite, schwarze Silhouettenscheiben mit weißen Ringen und einer Treffereinteilung von 1 bis 10. Die Scheiben sind beweglich, erscheinen nach der Feuerfreigabe für nur 3 Sekunden und verschwinden dann für 7 Sekunden aus dem Blickfeld. Die Scheibe erscheint für jeden Schützen 20mal, dabei sollen 20 Schüsse in 4 Serien abgegeben werden. Die Waffe muß vor jedem Schuß nach unten gehalten und darf erst angehoben werden, wenn die Scheibe auftaucht. Versäumte Schüsse und »Fahrkarten« genannte Fehlschüsse gelten als Fehler. 1 000 Punkte werden bei erreichten 194 von 200 in dieser Teildisziplin möglichen Punkten vergeben, für jeden Punkt mehr oder weniger werden 22 Punkte zugezählt oder abgezogen (siehe auch Stichwort Pistolenschießen, Seite 196).
Am 4. Tag findet außerdem für Herren der 4 000-Meter-Geländelauf statt. 1 000 Punkte gibt es für die Zeit von 14:15 Minuten, für jede Sekunde mehr oder weniger 3 Minus- beziehungsweise Plus-

punkte. Die Damen laufen an einem 5. Wettbewerbstag eine Strecke von 2000 Metern. Gelaufen wird, bei Damen und Herren, in ausgeloster Startfolge, einzeln, mit einem Startabstand von je 60 Sekunden. Die Strecke führt über offenes Gelände mit Sand, Gras, Steigung und Gefälle.
Die Punkte aus den einzelnen Wettbewerben werden zusammengezählt. Bisher weltbestes Ergebnis waren: 5680 Punkte (1982, Masala/Italien). In der Mannschaftswertung werden die Punkte von drei Fünfkämpfern eines Landes zusammengezählt.

Zweikampf im Gewichtheben

Das Gewichtheben findet bei Olympischen Spielen und Meisterschaften grundsätzlich in zwei Disziplinen statt, nämlich im *Reißen* und im *Stoßen*. Die offizielle Bezeichnung des Wettbewerbes heißt daher auch Olympischer Zweikampf. Bei der Wertung werden die Gewichte beider Methoden des Gewichthebens zusammengezählt (siehe auch Stichwort Gewichtheben, Seite 203).

Bogenschießen-Vierkampf

Die sogenannte FITA-Runde ist ein vorgeschriebener Wettbewerb der Internationalen Bogenschützen-Vereinigung FITA für Damen und Herren. Geschossen werden
je 36 Pfeile auf 90, 70, 50 und 30 Meter Distanz (Herren)
beziehungsweise auf 70, 60, 50 und 30 Meter Distanz (Damen)
auf verschieden große Scheiben. Die FITA-Runde ist olympische Disziplin, außerdem werden Weltmeisterschaften ausgetragen (siehe auch Stichwort Bogenschießen, Seite 200).

Achtkampf im Kunstturnen

der Damen ist ein olympischer Mehrkampf mit den Disziplinen Pferdsprung, Stufenbarren, Schwebebalken und Bodenturnen, jeweils mit einer Pflichtübung und einer Kür (mehr über die einzelnen Sportarten unter den entsprechenden Stichworten, siehe Register).

Zwölfkampf im Kunstturnen

der Herren ist ein olympischer Mehrkampf mit den Disziplinen Pferdsprung, Seitpferd, Stufenbarren, Reck, Ringe und Bodenturnen, jeweils mit einer Pflichtübung und einer Kür (mehr über die einzelnen Sportarten unter den entsprechenden Stichworten, siehe Register).

Nichtolympische Mehrkämpfe

Leichtathletischer Dreikampf

Das ist ein Wettbewerb mit den Disziplinen 100-Meter-Lauf, Weitsprung und Kugelstoßen, der bei Volkssportfesten durchgeführt wird. Offizielle Wettbewerbe und Meisterschaften in dieser Dreikampfart gibt es nicht.

Kraftdreikampf (Powerlifting)

Die Disziplinen sind Kniebeugen mit einer Hantel über den Schultern, Gewichtdrücken aus der Rückenlage auf einer Bank *(Bankdrücken)* und Hantelheben aus dem Kreuz *(Kreuzheben)*. Bei letzterem müssen die Hanteln bis über Kniehöhe hochgezogen und die Wirbelsäule gestreckt werden. Der Dreikampf ist aus dem Bodybuilding hervorgegangen und findet für Damen und Herren nach Gewichtsklassen in Europa- und Weltmeisterschaften statt. Kraftdreikämpfer gehören dem Bundesverband Deutscher Gewichtheber an.

Rasenkraftsport-Dreikampf

Dieser Dreikampf besteht aus den Disziplinen Hammerwerfen, Gewichtwerfen und Steinstoßen und wird nach Gewichtsklassen von männlicher Jugend und Herren ausgetragen. Damen führen nur Steinstoßen und Gewichtwerfen (als Zweikampf) durch. Jeder Sportler hat je Disziplin 4 Versuche, von denen der beste nach Punkten gewertet wird: Je 1 000 Punkte gibt es für 64 Meter Hammerwurf, 25 Meter Gewichtwurf und 12 Meter Steinstoß. Offizielle Wettbewerbe gibt es nicht (mehr über die drei Sportarten unter den entsprechenden Stichworten, siehe Register).

Triathlon

Triathlon (griechisch: Dreikampf) besteht aus 30-Kilometer-Langlauf, 100 Kilometer Radfahren und 2 500 Meter Schwimmen, Kurz-Triathlon aus 8 bis 10-Kilometer-Langlauf, 25 bis 30 Kilometer Radfahren, 300 bis 800 Meter Schwimmen. Alle drei Sportarten müssen an einem Tag absolviert werden. Es gibt Europa und Weltmeisterschaften.

Die Zeiten der drei Disziplinen werden zusammengezählt, Sieger ist der Sportler mit der besten Gesamtzeit. Der Wettbewerb entstand erst 1977 auf Hawaii, wo noch längere Strecken bewältigt wurden.

Skisport-Triathlon: ist ein reiner Militärsport-Wettbewerb, zu dem 15-Kilometer-Skilanglauf, Riesenslalom und Karabinerschießen gehören.

Eisschnellauf-Vierkampf

Dieser Vierkampf wird über verschiedene Distanzen ausgetragen:

Großer Vierkampf (Herren): 500, 1 500, 5 000, 10 000 Meter.

Kleiner Vierkampf (Herren): 500, 1 500, 3 000, 5 000 Meter.

Sprinter-Vierkampf (Herren): an 2 Tagen zweimal die gleichen Strecken über 500 und 1 000 Meter.

Damen-Vierkampf: 1. Tag 500 und 3 000 Meter, 2. Tag 1 500 und 5 000 Meter.

In den Mehrkampfarten werden Europa- und Weltmeisterschaften ausgetragen. Bei Olympischen Spielen werden die Distanzen über 500, 1 000, 1 500, 3 000, 5 000 Meter (Damen und Herren) und die 10 000-Meter-Distanz (nur Herren) einzeln gewertet (siehe auch Stichwort Eisschnellauf, Seite 281).

Leichtathletik-Fünfkampf

Dieser Fünfkampf für Herren ist, abweichend von der olympischen Disziplin Moderner Fünfkampf (siehe Seite 119), ein bei Sportfesten üblicher Wettbewerb im 200-Meter-Lauf, in Diskuswurf, Weitsprung, Speerwurf und 1 500-Meter-Lauf (mehr über die einzelnen Sportarten finden Sie unter den entsprechenden Stichworten im Register).

Militärischer Fünfkampf

Dazu gehören je 10 Schuß Genauigkeits- und Schnellschießen auf 200 Meter Entfernung, 50 Meter Hindernisschwimmen, 500 Meter Hindernislaufen mit 20 Hindernissen, Handgranaten-Weitwurf/ Zielwurf, 8 000 Meter Geländelauf. Dieser Wettbewerb wird bei Militärsportfesten vorgeführt (mehr über die einzelnen Sportarten unter den entsprechenden Stichworten, siehe Register).

Polizei-Fünfkampf

Dazu gehören Kugelstoßen, Weitsprung, Pistolenschießen, 300-Meter-Schwimmen und 3 000-Meter-Lauf. Dieser Wettbewerb wird bei Polizeisportfesten vorgeführt (mehr über die einzelnen Sportarten unter den entsprechenden Stichworten, siehe Register).

Wurf- und Stoßsportarten

Diskuswerfen

Mit der Diskusscheibe wurden schon in der griechischen Antike sportliche Wettbewerbe ausgetragen. Homer berichtet in seiner um 900 vor unserer Zeitrechnung entstandenen »Ilias« über Diskuswerfer. Auch in seiner »Odyssee« kommt der Diskussport vor. Statuen und Fresken von Diskuswerfern belegen, daß Diskuswurf in hohem Ansehen stand. Über 2 000 Jahre alte, 1 bis 7 Kilogramm schwere Scheiben aus Holz, Stein, Bronze und Kupfer sind bei Ausgrabungen gefunden worden. Ob es für das Werfen bereits feste Regeln gab, ist nicht bekannt. Jedenfalls hat es Diskuswerfer bei den antiken Spielen von 241 unserer Zeitrechnung in Olympia gegeben.

Heute werden international einheitliche Holzscheiben mit Metallkern und Metallumrandung benutzt, die im Zentrum 44,5 bis 37 Millimeter dick und zum Rand hin verjüngt sind, und zwar für

- Herren: 2 000 Gramm, 22 Zentimeter Durchmesser,
- Damen: 1 000 Gramm, 18 Zentimeter Durchmesser.

Die Scheibe kann, ähnlich wie ein Segelflugzeug, gegen den Wind weiter fliegen. Natürlich hängt die Weite in erster Linie von der Abwurfgeschwindigkeit ab, die wiederum von modernen Abwurftechniken und der trainierten Kraft der Werfer bestimmt wird: Je schneller das Flugtempo, desto stärker der Luftwiderstand, desto weiter der »Segelflug«.

Der Wurf erfolgt aus einem Wurfkreis mit 2,50 Meter Durchmesser und einer 7 bis 8 Zentimeter hohen Metallumrandung heraus. Im Abstand von zirka 1,50 Meter wird der Wurfkreis von einem Schutzgitter umzäunt, das zum Wurffeld hin auf der Breite von 6 Metern offen bleibt. Das Wurffeld öffnet sich vom Wurfkreis aus in einem Winkel von 40 Grad. Die Wurfweite wird von der Auftreffstelle bis zur Innenkante der Wurfkreisumrandung gemessen. Der Diskuswerfer stellt sich zunächst, mit dem Rücken zur Wurfrichtung, am hinteren Rand innerhalb des Wurfkreises auf, die Beine leicht gegrätscht. Arme und Oberkörper wendet er um etwa

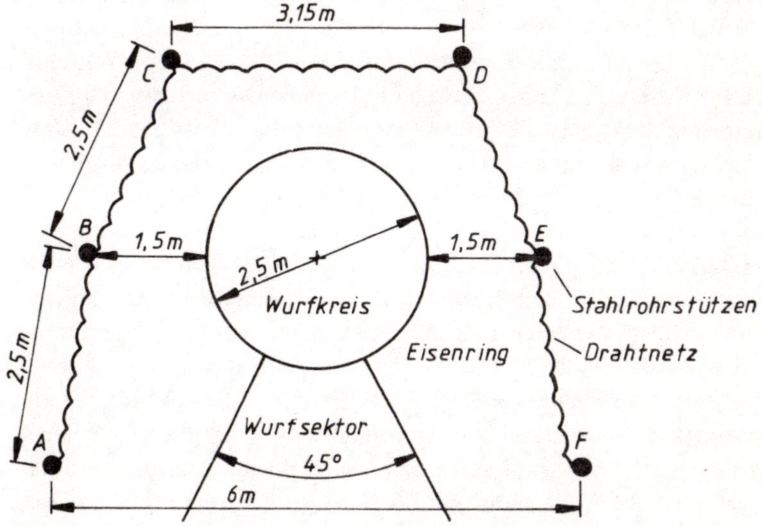

Diskuswerfen – Wurfanlage mit Sicherheitsdrahtkäfig

90 Grad entgegen seiner Drehschwungrichtung. Diese erste Phase zur Vorbereitung des Wurfes wird Anschwung genannt. Insgesamt folgt nun eine eindreiviertelfache schnelle und kraftvolle Drehung (zweite Phase), bei der die federnd leicht gebeugten Beine in mehreren Schritten zur Kreismitte gehen und der Arm mit der Scheibe zurückbleibt. Beim Abwurf (dritte Phase) werden Beine und Körper gestreckt, die gesamte Muskelkraft wird auf den kreisförmig aufschwingenden Wurfarm verlegt, der von Gürtel- und Schulterhöhe emporschnellt. Auf Schulterhöhe gibt die Hand den Diskus frei. Danach kommt es darauf an, den Körper abzufangen, der sich nahezu in einer Schleuderbewegung befindet. Beim Abfangen (vierte Phase) machen deshalb die Beine mehrere kurze Sprungtritte, um das Gleichgewicht innerhalb des Wurfkreises zu stabilisieren. Wird der Kreis übertreten, ist der Wurf ungültig.
Diskuswerfen ist olympische Disziplin als Einzelwettbewerb für Damen und Herren sowie als Teil des Zehnkampfes (vgl. Seite 117) für Männer. Die Rekordmarken der Männer wurden von 1912 bis 1976 überwiegend von US-Sportlern gesetzt; danach übernahmen Sowjetathleten und Sportler der ehemaligen DDR eine Führungsrolle. Letzte Weltrekordmarke 1986: 74,08 Meter (J. Schult, DDR). Bei den Damen hielten überwiegend sowjetische Werferinnen die Rekorde, die letzte Weltrekordweite warf jedoch Gisela Reimsch (ehemalige DDR) mit 76,80 Meter (größere Weiten der Damen werden durch die leichteren Scheiben erreicht).

Hammerwerfen

Erfunden wurde das Hammerwerfen von schottischen Schmieden im vorigen Jahrhundert als Wettbewerb, der bei Volksfesten ausgetragen wurde. Geschleudert wurde eine 7,26 Kilogramm (16 englische Pfund) schwere Kugel, die an einem Holzstiel befestigt war. Amerikaner hängten die Kugel dann an ein Drahtseil mit Handgriff. Um 1900 wurden Weiten von zirka 50 Metern geworfen. 1986 lag der Weltrekord bei 86,74 Meter (Sedych, Sowjetunion). Sowjetische Athleten führen seit 1969 die Weltelite an. Hammerwerfen ist olympische Disziplin, jedoch nur für Herren.

Der Wurfhammer besteht aus einer Eisenkugel von zirka 12 Zentimeter Durchmesser, 7,26 Kilogramm Gewicht; die Weltklasse benutzt Messing- oder Wolframkugeln. Die Kugel hat ein Kugellager, an dem der gut 3 Millimeter starke, etwa 1 Meter lange Stahldraht angebracht ist. Am Drahtende befindet sich der abgerundete Handgriff. Die Gesamtlänge des Gerätes beträgt 120 Zentimeter.

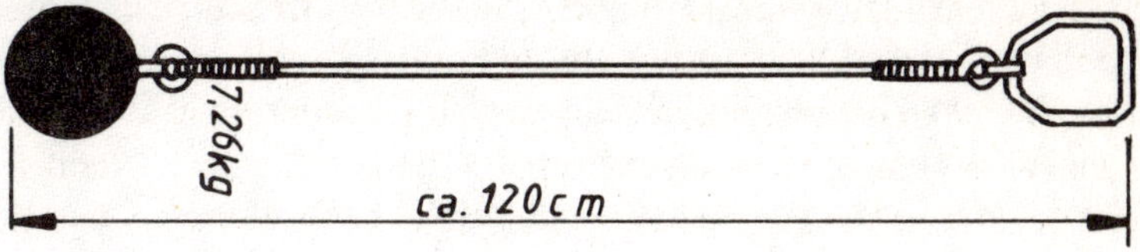

Hammerwerfen – Wurfhammer mit Kugellagergelenk zwischen Gewicht und Verbindungsdraht

Der betonierte Wurfkreis hat (wie beim Diskuswerfen) einen Durchmesser von 2,50 Meter und wird durch ein Schutzgitter gesichert, das nur zum Wurffeld hin geöffnet ist. Das Wurffeld geht vom Wurfkreis aus in einem Winkel von 40 Grad auseinander. Zum Messen der Wurfweite wird das Maßband mit seinem Nullpunkt an der Einschlagstelle der Kugel (Hinterkante) angelegt und zur Wurfkreismitte geführt. Die Weite des Wurfes wird an der Innenkante der Wurfkreisbegrenzung abgelesen.
Ziel des Werfers ist es, dem Wurfhammer eine möglichst große Beschleunigung zu geben. Nach dem physikalischen Gesetz der Fliehkraft ist die Beschleunigung um so größer, je größer der Umlaufradius der Kugel und die Umlaufgeschwindigkeit sind. Den größtmöglichen Umlaufradius erzielt der Werfer, wenn er den Schwung während einer jeden Drehung mit gestreckten Armen von Bodennähe bis über den Kopf hinweg führt. Während der ersten beiden Drehungen des Wurfhammers bleibt der Werfer noch in seiner Ausgangsstellung mit gegrätschten Beinen stehen. Von der dritten Drehung an dreht sich der Werfer mit schnellen, sprungähnlichen Schritten mit, um sowohl den Umlaufradius als auch das Tempo der Kugel weiter zu vergrößern. Dabei ist keine bestimmte

Körperhaltung vorgeschrieben, der Werfer muß lediglich der immer größeren Fliehkraft der Kugel immer mehr Haltekraft entgegensetzen, um sich nicht aus dem Wurfkreis zu katapultieren oder zu stolpern. Die Fliehkraft erhöht sich bis zu 5 Zentnern (250 Kilopond), die der Werfer in diesen Sekunden beherrschen muß. Nach 4 bis 5 Drehungen der Kugel gibt der Werfer nach dem Abschwung während des folgenden Aufschwunges mit gestreckten Armen das Wurfgeschoß etwa in Kopfhöhe frei. Er selbst lehnt sich bei dieser Aktion weit zurück und stemmt sich mit dem vorderen Bein der Flugrichtung entgegen, um sein Gleichgewicht innerhalb des Wurfkreises wiederzuerlangen.
Wenn er das Gleichgewicht verliert und die Kreisbegrenzung übertritt oder wenn die Kugel seitlich über die mit 40 Winkelgraden auseinanderstrebenden Seitenlinien hinausfliegt, so ist das ein Fehlwurf. Die weitaus meisten Siege in der Geschichte des Hammerwerfens errangen amerikanische und sowjetische Sportler, aber auch deutsche Athleten (Edwin Klein, Uwe Beyer) erzielten immer wieder internationale Erfolge, zuletzt bei den Olympischen Spielen von 1984 (Silber und Bronze).

Kugelstoßen

Das Werfen und Stoßen von Steinen oder Kugeln aus dem Anlauf oder aus einer Drehung heraus ist eine sehr alte Wettkampfart, die sich ursprünglich aus der Jagd nach Wild und aus der Abwehr gegen angreifende Tiere oder Menschen entwickelte. In England gab es in der Mitte des 19. Jahrhunderts bereits Stoßwettbewerbe für Männer mit einer 7,257 Kilogramm (16 englische Pfund) schweren Eisenkugel. Gleich bei den ersten Olympischen Spielen von 1896 gehörte Kugelstoßen zu den Wettkämpfen. Für Damen ist die Disziplin seit 1948 olympische Disziplin. Außerdem ist Kugelstoßen Teil des Olympischen Zehnkampfes der Männer und des Olympischen Siebenkampfes der Damen. Bei den Herren errangen US-Sportler die weitaus meisten Siege und Weltrekorde, seit Mitte der siebziger Jahre hatten Athleten der ehemaligen DDR einen kometenhaften Aufstieg und halten noch immer den Weltrekord mit

23,06 Meter. Bei den Damen dominierten Sowjetsportlerinnen, aber auch Damen der ehemaligen DDR waren immer wieder ganz vorn. Die Rekordmarke geht der 23-Meter-Grenze entgegen. Man darf gespannt sein, wie die deutschen Sportler künftig abschneiden werden.

Die Kugel der Männer ist 7,257 Kilogramm schwer und hat zirka 12 Zentimeter Durchmesser. Die Kugel der Damen wiegt 4 Kilogramm und hat etwa 10 Zentimeter Durchmesser. Der Kugelstoß findet aus einem Kreis mit 2,135 Meter Durchmesser statt. Der Kreis hat einen Metallring und einen erhöhten Abstoßbalken, der nicht übertreten werden darf. Die Weite wird mit einem Maßband von der Aufschlagstelle der Kugel (Hinterkante) zur Stoßkreismitte hin gemessen und an der Innenkante des Abstoßbalkens abgelesen. Zum Stoß wird die Kugel mit einer Hand gegriffen und in Nähe des Kinns in die Schulterbeuge gelegt. Für die Stoßtechnik gibt es keine festen Vorschriften. Allerdings übernahmen in der Geschichte des Kugelstoßens die Sportler stets die Methoden besonders erfolgreicher Konkurrenten. Bis in die dreißiger Jahre wurde aus einem Ansprung heraus gestoßen (Weiten um 16 Meter). Dann lernte man, die Kugel durch einen längeren Beschleunigungsweg vor dem Abstoß schneller zu machen; dazu beugte sich der Stoßer tief ab und zeichnete, nach vorn gleitend, die Flugbahn der Kugel gewissermaßen vor (Weiten bis 17,95 Meter). Die heute dominierende Technik führte der Amerikaner Parry O'Brian Anfang der fünfziger Jahre ein: Er stellte sich als erster mit dem Rücken zur Stoßrichtung, ging dann in einer tiefen Beuge zu zwei Gleitsprüngen auf dem gleichen Fuß über, wechselte anschließend, sich aufrichtend, den Fuß und drehte sich erst dabei zur Stoßrichtung. Damit erreichte er eine deutliche Verlängerung der Anschwungstrecke (mehr Schwung, höhere Abwurfgeschwindigkeit) und überwand auf Anhieb die 18-Meter-Marke, später auch noch die 19-Meter-Marke.

Speerwerfen

Angespitzte Stangen gehören seit Urzeiten zu den Jagd- und Kriegswaffen aller Völker. Griechen, Römer, Germanen, aber auch asiatische und afrikanische Völkerschaften benutzten Lanzen, Spieße und Speere als Wurf-, Hieb- und Stichwaffen. Übungen und Spiele mit den Geräten ergaben sich ganz von selbst, weil man im Ernstfall besser sein wollte als der Gegner oder weil man Tiere auf möglichst große Entfernungen sicher treffen wollte. Sportliche Speerwurfwettbewerbe sind seit dem 18. Jahrhundert aus Skandinavien, Griechenland und Ungarn bekannt.

Speerwerfen gehört zu den olympischen Disziplinen für Damen und Herren und ist außerdem Teil des Olympischen Siebenkampfes der Damen und des Olympischen Zehnkampfes der Herren. Die Weltrekordmarken wurden seit 1912 (Beginn der offiziellen Notierungen) von 62 auf 105 Meter bei den Herren gesteigert; die Damenrekorde stiegen seit 1932 von knapp 46 auf 80 Meter. Um übergroße (und damit gefährliche) Weiten im Stadion zu unterbinden, wurde 1986 für Männer ein Speer mit um 4 Zentimeter zur Spitze hin verlagertem Schwerpunkt eingeführt. Die mit diesem Gerät erzielten Weltrekordweiten liegen bei zirka 90 Meter. Bis in die fünfziger Jahre hinein stellten finnische Männer überwiegend die Weltspitze, danach gab es keine eindeutigen Favoriten mehr. Auch deutsche Sportler (alte Bundesrepublik und ehemalige DDR) errangen olympische Medaillen und Weltrekordweiten. Bei den Damen waren seit den siebziger Jahren Werferinnen der ehemaligen DDR sehr erfolgreich, und man darf gespannt sein, ob die Sportlerinnen der neuen Bundesländer unter veränderten Bedingungen an die Tradition anknüpfen können.

Der Speer kann aus Holz mit Metallspitze oder ganz aus Metall gefertigt sein. Der Herrenspeer ist mindestens 2,6 Meter lang und 800 Gramm schwer; der Damenspeer ist mindestens 2,2 Meter lang und wiegt 600 Gramm. Der Speerdurchmesser beträgt etwa 3 Zentimeter am Schwerpunkt und verjüngt sich nach beiden Enden. Speere werden zum Wurf am Schwerpunkt gegriffen und sind an dieser Stelle mit rutschfester Kordel umwickelt.

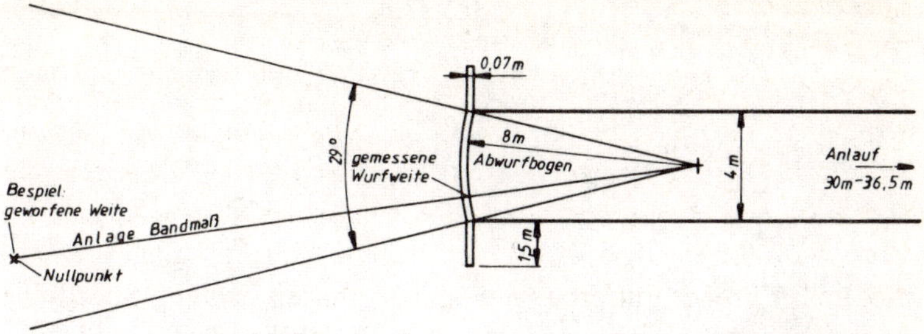

Speerwerfen – Wurfanlage; die Weite wird von der Aufschlagstelle zum Abwurfbogen (Innenkante) gemessen, das Bandmaß 8 Meter weiter (Mittelpunkt des Abwurfbogens) gezogen

Der Wurf erfolgt den Regeln entsprechend aus einem Anlauf von mindestens 30 und höchstens 36,5 Metern. Die Anlaufbahn ist 4 Meter breit und von zwei weißen Linien begrenzt. Sobald der Werfer die Anlaufbahn betreten hat, darf er sich bis nach dem Abwurf nicht mehr umdrehen, beim Abwurf darf der weiße Abwurfbogen, der aus Holz oder Metall ebenerdig eingelassen ist, nicht berührt oder übertreten werden. Der Speer muß innerhalb eines markierten Winkels von 28 Grad mit der Spitze zuerst auftreffen, braucht jedoch nicht in der Erde stecken zu bleiben.
Der Körper übernimmt für den Speerwurf die gleiche Rolle wie der Bogen für den Pfeilschuß. Der Bogensehne entspricht der Arm. Je stärker Körper- und Armspannung, je schneller Anlauf und Abwurf, desto weiter kann der Speer fliegen. Speerwerfen verlangt viel Training, um Kraft, Tempo und optimale Wurftechnik auf den Sekundenbruchteil des Abwurfes zu konzentrieren.

Nichtolympische Wurf- und Stoßdisziplinen

Gewichtwerfen

Das Gewichtwerfen ist eine Disziplin des Rasenkraftsports, wird aber auch in der Leichtathletik durchgeführt. Das Gewicht ist eine 12,5 Kilogramm schwere Kugel, an der sich unmittelbar der drei-

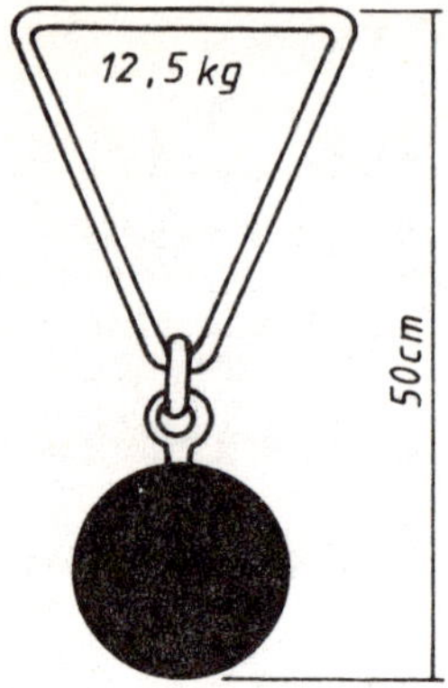

Gewichtwerfen – Teil des Dreikampfes im Rasenkraftsport (mit Hammerwerfen und Steinstoßen), gelegentlich auch Disziplin der Leichtathletik

eckige Griff befindet. Im Vergleich zum Hammerwurfgerät fehlt hier also der zirka 1 Meter lange Draht, entsprechend geringer ist die Schleuderkraft. Die Wurftechnik ist ähnlich wie beim Hammerwerfen (siehe Seite 126), allerdings macht der Gewichtwerfer meist nur 2 Drehungen vor dem Abwurf.
1904 und 1920 gehörte Gewichtwerfen zum olympischen Programm und bis zu dieser Zeit auch zu den meisten leichtathletischen Wettkämpfen. Bei den Hallenleichtathletikmeisterschaften der USA findet Gewichtwerfen mit einem leichteren Gerät (15,87 Kilogramm) bis heute statt. Außerdem ist die Sportart Teil des Rasenkraftsport-Dreikampfes (siehe Seite 122). Erstklassige Weiten liegen bei 31 Meter und darüber. Daß insgesamt Hammerwerfen populärer wurde und das Gewichtwerfen in den Hintergrund drängte, hat drei Gründe: Eine der beiden ähnlichen Sportarten mußte zurücktreten; beim Hammerwerfen werden größere Weiten erzielt, die mehr Aufmerksamkeit erregen; und Hammerwerfen paßt mit leichterem Gerät besser in die Leichtathletik als Gewichtwerfen.

Schlagballweitwurf

Das war in den zwanziger Jahren leichtathletische Disziplin für Damen und Herren mit deutschen Meisterschaften. Der Schlagballwurf mit Anlauf ist heute beim Erwerb des Jugendsportabzeichens zu absolvieren. Der Vollball hat Gummikern, Tierhaarfüllung und Lederhülle, etwa Tennisballgröße (6,5 Zentimeter Durchmesser) und wiegt etwa 80 Gramm.

Schleuderballweitwurf

Dieser Wettbewerb findet oft bei Volkssportfesten statt. In den dreißiger Jahren gab es deutsche Meisterschaften in dieser Disziplin. Der Schleuderball ist ein tierhaargefüllter Vollball mit Lederhülle und einer zirka 50 Zentimeter langen Schlaufe, die als Wurfgriff dient. Ballgrößen sind: zirka 22 Zentimeter Durchmesser, 1,5 Kilogramm Gewicht (Männer); 20 Zentimeter Durchmesser, 1 Kilogramm (Frauen, Jugend). Der Wurf erfolgt nach Drehung oder/und Anlauf.

Steinstoßen

Steinstoßen ist ein nur noch in Deutschland geübter Stadion- oder Hallenwettbewerb im Vereinssport (Kraftsportart). Ein rechteckiger »Stein« (Metallklotz) wird nach einem Anlauf von bis zu 20 Metern einarmig aus Schulterhöhe gestoßen. Stoßsteine haben verschiedene Gewichte: 5 Kilogramm für Schüler, 10 Kilogramm für Jugend und Altersklasse III, 15 Kilogramm für Junioren, Herren sowie Altersklassen I und II. Die Altersklassen werden von Vereinen unterschiedlich festgesetzt.

Rollschuhsport

Der Sport auf Rollschuhen gehört grundsätzlich nicht zur Leichtathletik und wird nur aus Ordnungsgründen an dieser Stelle eingeführt. Dachverband ist der Deutsche Rollsport-Bund, er betreut die Disziplinen Rollkunstlauf, Rollschnellauf, Rollhockey und Skateboardfahren. Gewöhnliche Rollschuhe für Freizeitsportler können an hohen Straßenschuhen befestigt werden. Für den Leistungssport gibt es Spezialrollschuhe, die mit knöchelhohen Stiefeln fest verschraubt sind. Die Rollen sind aus Kunststoff und laufen auf Kugellagern. Die Rollschuhe haben vorn einen Hartgummistopper, der auch zum Absprung benutzt wird. Solche Geräte setzten sich auch im Hobbybereich ihrer größeren Sicherheit wegen immer mehr durch. Die Rollschuh-Sportarten sind grundsätzlich denen des Eissportes sehr ähnlich.

Rollschuhsport – Rollschuhe für das Rollhockey; das Laufgerät für den Rollschuhkunstlauf ist ähnlich, die Schuhe sind wesentlich höher

Rollkunstlauf

Der Rollkunstlauf ist dem Eiskunstlauf (siehe Seite 274) verwandt und findet auf Flächen von 60 mal 30 Meter, mindestens aber 40 mal 20 Meter statt. Der Boden ist aus Beton, Terrazzo, Holz oder (überwiegend) aus schalldämpfendem Kunststoff. Es finden deutsche, europäische und Weltmeisterschaften für Damen und Herren (Einzel) und für Paare statt, jedoch keine olympischen Wettbewerbe. Internationale Wettbewerbe bestehen, ebenfalls wie beim Eiskunstlauf, aus Pflicht, Originalprogramm und Kür. Auch die Wertung ist entsprechend.
Im Rollkunstlauf werden Schrittkombinationen, Pirouetten, Sprünge, Heber und Figuren bis zur Todesspirale gezeigt. Obwohl Rollschuhe schwerfälliger sind und schlechter gleiten als Schlittschuhe, absolvieren Spitzenläufer gelegentlich Sprünge mit drei Drehungen. Weil Eiskunstlauf die elegantere Sportart ist, kamen Rollkunstläufer bisher nicht zu olympischen Ehren.

Rolltanz

Dabei werden wie beim Eistanz Schrittfolgen zu Walzer, Tango, Foxtrott, Rumba oder Blues gelaufen; in der Pflicht sind die Figuren vorgeschrieben, während in der Kür dem Paar die Gestaltung freigestellt ist.

Rollschnellauf

Rollschnellauf wird als Bahn- oder Straßenrennen durchgeführt. Es gibt Deutsche und Weltmeisterschaften. Damen und Herren laufen über 300, 500, 3 000, 5 000 und 10 000 Meter, Herren zusätzlich über 1 000 und 20 000 Meter.

Rollhockey

Rollhockey ist dem Eishockey ähnlich; es wird auf einem 40 mal 20 Meter großen Spielfeld gespielt. Die Tore sind 1,55 Meter breit und 1,05 Meter hoch. Der Rollhockeyball hat etwas mehr als 7 Zentimeter Durchmesser und wiegt 155 Gramm. Die speziellen Rollhockeyschläger wiegen zirka 500 Gramm. Gespielt werden zwei Halbzeiten zu je 25 Minuten, bei Spielunterbrechung wird die Uhr angehalten. Jede Mannschaft besteht aus 5 Spielern: 2 Stürmer, 2 Verteidiger und Torwart. 2 Ersatzspieler und 1 Ersatztorwart können zu beliebiger Zeit beliebig oft ausgewechselt werden. Der Torhüter wird durch Bein- und Armpolster, dicke Handschuhe und Gesichtsmaske geschützt, die Spieler tragen Knieschutz und Handschuhe. Bei passiver Spielweise wird der Mannschaftskapitän verwarnt und kann auf Zeit aus dem Spiel gestellt werden. Die übrigen Spiel- und Strafregeln entsprechen weitgehend denen im Eishockey (siehe Seite 290).

MOTORSPORT

Automobilsport

Der Automobilsport, kurz Autosport genannt, ist fast so alt wie das »Auto-mobil« (aus dem Griechischen und Lateinischen abgeleitet: selbst-beweglich). Während Wilhelm Maybach 1883, Carl Benz 1885 und Gottlieb Daimler 1886 die ersten, unabhängig voneinander erfundenen benzingetriebenen Kraftwagen der Welt ausprobierten, fand 1887 das erste »Auto«-Rennen auf der Strecke Paris–Versailles über 32 Kilometer statt: mit Dampfwagen. Dampfbetriebene Fahrzeuge waren zu dem Zeitpunkt bereits 100 Jahre alt, galten als »ausgereift« und wurden als Transportfahrzeuge in London und Paris eingesetzt (Dampfwalzen für den Straßenbau gab es bis in die fünfziger Jahre unseres Jahrhunderts).
1894 siegten Fahrzeuge der Franzosen Panhard und Peugeot im ersten Rennen kraftstoffgetriebener Automobile auf der Strecke Paris–Rouen (120 Kilometer) mit einem Stundendurchschnitt von 17 Kilometern. Im Jahr darauf fand das Langstreckenrennen Paris–Bordeaux–Paris über 1178 Kilometer statt. Dieser als Großer Preis von Frankreich ausgeschriebene Wettbewerb wird als »erstes Grand-Prix-Rennen« der Welt bezeichnet. Dabei schwankten die auf die Straße gebrachten »Pferdestärken« zwischen 0,75 und 2 PS. Das erste deutsche Autorennen wurde 1898 auf der Strecke Berlin–Potsdam–Berlin veranstaltet.
Bis 1900 wurden elektrische Zündung, Spritzdüsenvergaser, luftgefüllte Reifen und Zündkerze erfunden, ein Internationaler Verband für Auto-Touristik gegründet, die ersten technischen Rennvorschriften ausgearbeitet, und Maybach baute bei Daimler den ersten modernen Kraftwagen (4 Zylinder, 35 PS, 72 Stundenkilometer Höchstgeschwindigkeit). Seinen Namen erhielt der Wagen nach Daimlers Tochter: Mercedes.

Weitere Meilensteine auf dem Weg zum Autosport waren:
1904 die Klasseneinteilung nach Maßen und Gewichten;
1906 das erste Autorennen auf der Targa Florio (Rundkurs auf den engen Bergstraßen Siziliens);
1911 die Einführung der Hubraumgröße, in Kubikzentimetern gemessen, als internationale Klasseneinteilung;
1911 das erste moderne Langstreckenrennen – 500 Meilen von Indianapolis;
1921 die Eröffnung der Berliner AVUS, die bis 1968 mit 19,656 Kilometer Länge als schnellste Rennstrecke der Welt galt; das Kunstwort AVUS ist eine Abkürzung für Automobil-Verkehrs- und Übungs-Straße.
1923 das erste Langzeitfahren, das 24-Stunden-Rennen von Le Mans.
Ab 1924 finanzierten fast alle europäischen Autofirmen und einige Amerikaner den Autorennsport. Führend waren vor allem deutsche und italienische Unternehmen, gefolgt von Franzosen und Engländern. Die Firmen sahen in dieser Zeit im Autorennsport vor allem Möglichkeiten, technische Neuerungen unter extremen Bedingungen zu erproben. 1926 gewann Rudolf Caracciola auf der Berliner AVUS den ersten Großen Preis von Deutschland für Mercedes. Berühmt wurden die Silberpfeile von Mercedes, stets hart bedrängt von Auto-Union. Fahrer wie Hans Herrmann (Mercedes), Manuel Fangio (Mercedes, Alfa, Ferrari, Maserati, erfolgreichster Fahrer aller Zeiten), Bernd Rosemeyer (Auto-Union) oder Hans Stuck (Auto-Union) haben auf deutschen Fahrzeugen Rennsportgeschichte gemacht.
1935 wurden Europameisterschaften für Rennwagen mit 750 Kilogramm Höchstgewicht eingeführt; diese Klasse darf man als einen Vorläufer der heutigen Formel-1-Rennwagen bezeichnen. Der II. Weltkrieg bedeutete eine Unterbrechung für den internationalen Autosport; seit 1950 werden Weltmeisterschaften in der Formel 1 durchgeführt (siehe Formel-1-Rennen, Seite 138).
Außer der Formel 1 gibt es Rennen für Formel 3 (siehe Seite 146) und Formel 3 000 (siehe Seite 146) sowie für Tourenwagen

(Gruppe A, siehe Seite 147) und Rennsport-Prototypen (Gruppe C, siehe Seite 148), in denen deutsche oder/und internationale Meisterschaften auf Rundstrecken ausgetragen werden. Ferner gibt es Langstreckenrennen wie das 24-Stunden-Rennen von Le Mans/Frankreich für Gruppe A und Gruppe C sowie das 500-Meilen-Rennen von Indianapolis/USA für Fahrzeuge der Gruppe C.
In Deutschland wird der Autorennsport von der Obersten Nationalen Sportkommission für den Automobilsport (Kürzel: ONS) betreut, der der ADAC (Allgemeiner Deutscher Automobilclub) und der AvD (Automobilclub von Deutschland) angehören. Vor der deutschen Wiedervereinigung gab es im Alt-Bundesgebiet über 50 000 gemeldete Sportfahrer (einschließlich Motorradsport, Amateure und Berufsfahrer). Die Zusammenführung mit den Sportfahrern der ehemaligen DDR ist zahlenmäßig noch nicht erfaßt (Stand 1991).

Formel-1

Die Formel 1 ist die interessanteste Renngattung, die jährlich als Weltmeisterschaft in den Grand-Prix-Rennen ausgetragen wird. Die Formel-1-Piloten sind ausschließlich Berufsfahrer, die mit Zeitverträgen an sogenannte »Rennställe« gebunden sind. Die Rennställe sind gleichermaßen Interessenverbindungen zwischen Herstellern von Motoren, Fahrzeugteilen, Reifen und so weiter und Finanziers des Formelrennsports. Spitzenpiloten, die durch viele Rennsiege populär geworden sind, erhalten von ihnen Gagen in Millionenhöhe. Der Weltmeistertitel wird jeweils dem erfolgreichsten Fahrer zuerkannt, der bei den Grand-Prix-Rennen einer Jahres-Saison die höchste Punktzahl erreicht hat.
Deutsche Autofirmen unterhalten selbst keine Formel-1-Teams, stellen keine Formel-1-Rennwagen her und nehmen an Rennen dieser Art nicht mehr teil. Die einzige Ausnahme macht Porsche; das Unternehmen war von 1984 bis 1986 an Entwicklung und Herstellung der Motoren von McLaren-Rennwagen, auf denen Lauda und Prost Weltmeister wurden, maßgebend beteiligt. In der Rennsaison 1991 baute Porsche Motoren für den Footwork-Rennwagen FA 12,

war jedoch nicht erfolgreich und stieg vorerst aus dem Formel-1-Geschäft wieder aus. Besonders erfolgreiche Rennteams: Brabham, Williams, Ferrari. Tyrrell experimentierte einige Jahre mit einem sechsrädrigen Rennwagen, der jedoch seine Erwartungen (mehr Sicherheit bei höherem Tempo) nicht erfüllte.

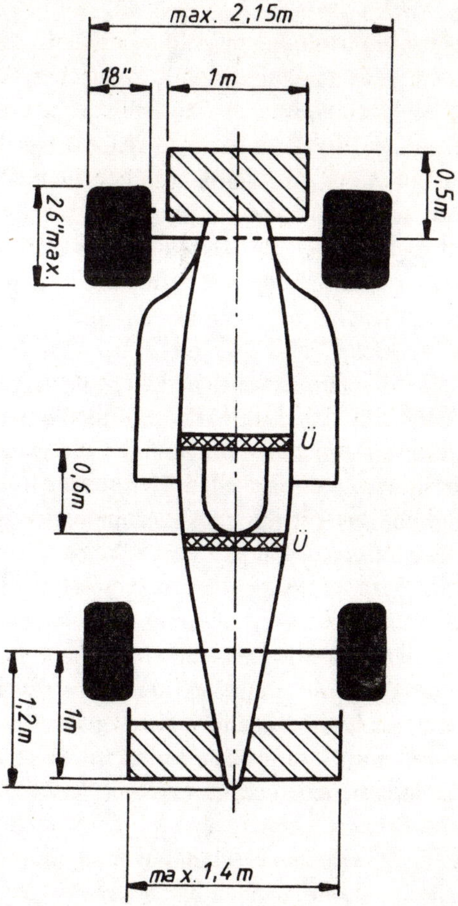

Automobilsport – Formel-1-Rennwagen mit zulässigen Abmessungen (Ü = Überrollbügel vor und hinter dem Cockpit)

Die Punktwertung bei den Formel-1-Rennen ist sehr einfach: Weltmeisterschaftspunkte erhalten diejenigen Fahrer jedes Grand-Prix-Rennens, die auf den ersten 6 Plätzen durchs Ziel fahren, und zwar:

1. Platz – 9 WM-Punkte,
2. Platz – 6 WM-Punkte,
3. Platz – 4 WM-Punkte,
4. Platz – 3 WM-Punkte,
5. Platz – 2 WM-Punkte,
6. Platz – 1 WM-Punkt.

Die bei den Grand-Prix-Rennen einer Weltmeisterschafts-Saison erreichten Punkte werden zusammengezählt, höchstens jedoch die Punkte aus der Hälfte aller Rennen plus drei. Die Zahl der Rennen pro Saison ist nicht immer gleich; die Rennen einer Saison finden immer in verschiedenen Ländern statt und nicht immer an den gleichen Orten; sie werden so ausgewählt, daß die Rennstrecken möglichst unterschiedliche Schwierigkeiten ausweisen: Strecken, auf denen sehr schnell gefahren werden kann, sehr kurvenreiche oder sehr bergige Strecken, Strecken auf unterschiedlichen Fahrbahnbelägen, in wärmeren und kühleren Regionen. Um Weltmeister zu werden, braucht man nicht an jedem Rennen teilzunehmen. Es ist durchaus möglich, daß Fahrer solche Rennen auslassen, die ihnen nicht liegen. Das tun insbesondere starke Fahrer, die sich genügend Punkte für einen Gesamtsieg oder wenigstens einen der ersten Plätze auf den ihnen genehmen Strecken »ausrechnen« oder die bereits ihre für den Sieg erforderlichen Rennpunkte erreicht haben. Wenn sehr starke Fahrer einzelne Rennen nicht fahren, haben schwächere größere Gewinnchancen und können Punkte erreichen, die zwar niemals zum Gesamtsieg oder einem vorderen Platz in der Weltmeisterschaft reichen, aber doch ihren Bekanntheitsgrad und damit ihren Marktwert steigern.

Den Risiken der Strecke entsprechend werden aus Sicherheitsgründen für jedes Rennen nur zirka 22 bis 28 Fahrer zum Start zugelassen. Die Zulassung zum Start und die Startposition sind von der Geschwindigkeit abhängig, die bei den Trainingsrunden am Vortag des Rennens gefahren wird. Bei den Proberunden sind die Wagen einzeln auf der Rennpiste, fahren also keine Rennen gegeneinander aus. In den Trainingsrunden dürfen andere (»schnellere«) Reifen gefahren werden als beim eigentlichen Rennen. Diese etwas umstrittene Regel wird damit begründet, daß die endgültige Wahl der Reifen witterungsbedingt (Temperatur, Regen) ohnehin oft erst kurz vor dem Start getroffen werden kann.

Der Fahrer mit der schnellsten Trainingszeit erhält zum Start die *Pole-Position* (Pfahl-Position) an der Innenseite vor der ersten Kurve. Die nächstplazierten Fahrer stehen neben ihm in der ersten Reihe; in der Reihenfolge der Trainingszeiten folgen alle übrigen Fahrer des Feldes. Diese Maßnahme basiert auf der Erwartung, daß die stärksten Fahrer auch am schnellsten vom Start wegkommen werden und nicht gleich dort, wo Gedränge und Unfallgefahr am größten sind, die langsameren überholen müssen.

Zu den berühmtesten Grand-Prix-Strecken gehören

in Belgien: Francorchamps bei Spa in den Ardennen, seit 1984 auf 6,95 Kilometer verkürzter, modernisierter Rundkurs; war aus Sicherheitsgründen zwischen 1970 und 1983 für Formel-1-Rennen gesperrt;

in England: Silverstone-Circuit, 1948 gebaute, um einen Flugplatz führende 4,72 Kilometer lange Strecke mit relativ wenigen und weiten Kurven, die hohes Tempo zulassen;

in Monaco: 3,312 Kilometer, kürzeste Grand-Prix-Strecke der Welt, enger Straßenrundkurs durch Monte Carlo, die Neustadt von Monaco, am Hafenufer entlang, mit mehreren Haarnadelkurven; bei der Passage eines Tunnels tauchen die Piloten aus dem hellen Mittelmeerlicht in relative Dunkelheit; kein schneller, aber ein sehr spannender Kurs;

in den Niederlanden: Circuit van Zandvoort, 4,252 Kilometer langer, welliger Rundkurs in den Dünen der Nordsee, dessen Haarnadelkurve so eng ist, daß sie nur mit zirka 60 Stundenkilometern durchfahren werden kann; schwierige Bremsmanöver nach zirka 270 Stundenkilometern in der Zielgeraden;

in Italien: Straßenkurs von Monza, 5,8 Kilometer lang, hat mit dem

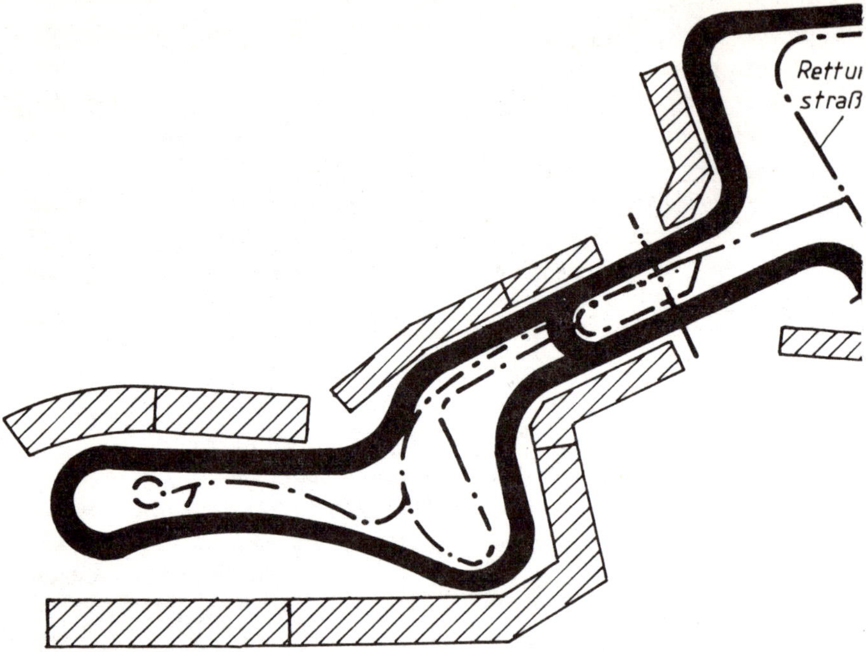

Autodromo Nazionale nur die Start- und Zielgerade gemeinsam, auf der bis zu 260 Stundenkilometer gefahren werden; das Autodromo in Form eines langgestreckten Stadions (4,25 Kilometer Streckenlänge) mit zwei völlig gleichen Halbkreis-Steilkurven dient unter anderem, zusammen mit dem Straßenkurs, dem Langstreckenrennen »1 000 Kilometer von Monza«;
in Deutschland: Hockenheim-Grand-Prix-Strecke, 6,788 Kilometer lang, hat zwei Geraden für hohe Geschwindigkeiten, aber auch Schikanen (eingebaute S-Kurven); mehrere Kurven vor den Tribünen für 100 000 Zuschauer machen die Rennen besonders spannend; das Hockenheim-Motodrom wurde erst 1980 umgebaut und gehört zu den modernsten und sichersten Rennstrecken der Welt. Die nach schweren Unfällen (unter anderem Niki Lauda 1976)

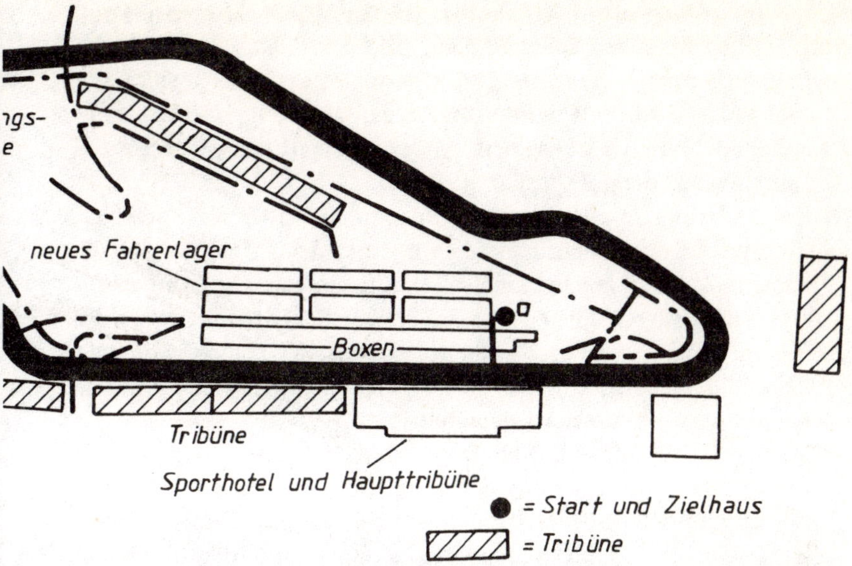

Auto- und Motorradrennsport – Nürburgring, wichtigste deutsche Rennstrecke

wegen hoher Risiken von den Formel-1-Piloten zweimal boykottierte und deshalb zwischen 1981 und 1984 neu gebaute Piste des Nürburgringes ist 4,542 Kilometer lang, hat 8 Rechts- und 6 Linkskurven und läßt Spitzengeschwindigkeiten bis über 280 Stundenkilometer zu. Trotz der aufwendigen Neugestaltung der Strecke haben bisher jedoch dort keine Grand-Prix-Rennen mehr stattgefunden. Allerdings werden dort und am Nürburgring Welt- und Europameisterschaften in verschiedenen Rennklassen ausgetragen, 1991 zum Beispiel die Weltmeisterschaft für Sportprototypen oder die Europameisterschaft für historische Rennfahrzeuge.
Weitere Austragungsorte für Grand-Prix-Rennen der Formel 1 sind: Phoenix/Arizona, Interlagos/Brasilien, Magny Cours/Frankreich, Montreal/Kanada, Mexiko, Hungaroring/Ungarn, Imola/Ita-

lien (Austragungsort für Grand Prix von San Marino), Estoril/Portugal, Jerez/Spanien, Suzuka/Japan, Adelaide/Australien.
Die Zahl der jährlichen Grand-Prix-Rennen steht nicht genau fest. In der Rennsaison 1991 wurden 16 Rennen gefahren. Überwiegend werden sie immer in denselben Ländern und auf denselben Pisten gefahren, aber es gibt Ausnahmen.
Die Standardlänge aller Formel-1-Rennen beträgt 305 Kilometer; diese Strecke wird näherungsweise in einer der Länge des Rundkurses entsprechenden Anzahl voller Runden erreicht (Aufwärmrunde nicht mitgerechnet). Pro Fahrzeug und Kilometer werden dabei ungefähr 0,7 Liter Benzin verbraucht. Es kommt vor, daß einem Fahrer das Benzin kurz vor dem Ziel ausgeht, weil er über längere Strecken zu scharf gefahren ist.
Die Rennformel, das sind bestimmte Kriterien, denen die Rennfahrzeuge unterworfen werden, legt die Internationale Föderation des Automobilsports (FIA) mit Sitz in Paris fest. Das soll dem Zweck dienen, daß nur etwa gleichstarke Wagen fahren und auch grundlegende Sicherheitsvorschriften eingehalten werden. Da jedoch ständig neue technische Raffinessen eingebaut werden, um Fahrzeuge schneller zu machen, werden jährlich im Oktober durch die FISA (Unterorganisation der FIA) Änderungen bekanntgegeben. Bei Redaktionsschluß dieses Buches (Dezember 1991) gelten für Monoposto (Fachausdruck für einsitzige Fahrzeuge) der Formel 1 folgende Vorschriften: Mindestgewicht des Wagens 505 Kilogramm, Ballastgewichte sind erlaubt; Hubraum maximal 3,5 Liter, 4-Takt-Saugmotor, Turbolader nicht mehr erlaubt. Es muß mit handelsüblichem Treibstoff (höchstens 101 Oktan) gefahren werden. Nachtanken ist verboten. Die Beschränkung des Tankinhaltes auf 220 Liter wurde wieder aufgehoben.
Die auf Leichtmetallfelgen gezogenen, extrem flachen und rutschfesten Rennreifen dürfen bis zu 26 Zoll groß (Durchmesser der Hinterräder, die Vorderräder sind immer etwas kleiner) und 18 Zoll breit sein. Der Reifendruck beträgt, abhängig von Strecke und Fahrzeugtyp, zwischen 1,5 und 3 bar. Auf trockenen Strecken werden profillose Reifen, sogenannte Slicks aus einer klebrigen Gum-

mimischung mit optimaler Straßenhaftung benutzt. Da sich diese Reifen sehr schnell abreiben, werden sie oft schon gewechselt, bevor die Hälfte der Rennkilometer gefahren ist (in der ersten Hälfte, mit vollen Tanks, sind die Wagen schwerer). Bei nasser Strecke werden Reifen mit tiefen und breiten Profilen benutzt, damit das Wasser abfließen kann und das Fahrzeug nicht schwimmt. Bei Wechselwetter während des Rennens entscheiden die Rennleiter der einzelnen Rennställe, ob ihre Fahrer zum Reifenwechsel an die Boxen gerufen werden.

Die heutigen Saugmotoren im Heck der Rennwagen haben bei 3 500 Kubikzentimeter Hubraum 12 Zylinder und erreichen mehr als 600 PS bei 12 000 Umdrehungen. Die Karosserie ist niedrig und schmal, nach vorn keilförmig ausgebildet, um den Bodenandruck zu erhöhen. Die flügelartigen Flächen vorn und hinten dienen dem gleichen Zweck.

Die Fahrzeuglänge ist nicht vorgeschrieben. Aber kein Karosserieteil darf nach vorn mehr als 120 Zentimeter über die Vorderachse und nach hinten mehr als 50 Zentimeter über die Hinterachse hinausragen. Die Fahrzeugbreite ist inklusive der Räder auf maximal 2,15 Meter begrenzt. Die Fahrzeughöhe ist auf maximal 1 Meter begrenzt, höher hinausragen dürfen lediglich die Überrollvorrichtungen (siehe Abbildung, Seite 139).

Der Pilot nimmt eine nahezu liegende Haltung in einem maßgeschneiderten Cockpit ein, für das zahlreiche Sicherheitsvorschriften gelten: So dürfen keine Benzin-, Öl- oder Kühlleitungen durch diesen Raum führen. Der Benzintank muß sich in bestimmter Entfernung zum Cockpit befinden, das Lenkrad muß abnehmbar sein. Der Fahrer bedient eine Fünf- oder Sechsgangschaltung, die bei manchen Fahrzeugen halbautomatisch ist und dann durch Knopfdruck am Lenkrad betätigt werden kann. Die Fahrzeuge haben Hinterradantrieb, ein Rückwärtsgang ist vorgeschrieben, Vierradantrieb ist verboten. Die Rennkleidung der Fahrer: Vollvisierhelm mit splitterfreiem Durchsichtteil, vor Feuer schützender Asbestanzug, nichtbrennbare Unterwäsche, Handschuhe und ungenagelte Schuhe.

Vor dem Start fahren die Formel-1-Wagen eine Aufwärmrunde; danach nehmen sie ihre Plätze ein, die ihnen entsprechend den Zeiten aus den Trainingsrunden zugewiesen wurden. Der Start mit laufendem Motor erfolgt, sobald die Startampel nach 60 Sekunden von Rot auf Grün gesprungen ist.

Nationale und europäische Autorennen mit Meisterschaften finden auch in zahlreichen anderen Rennklassen statt. Im folgenden werden nur diejenigen erwähnt, über die in Fernsehen und Rundfunk öfter berichtet wird.

Formel 3

Hier wird mit Monoposto-(Einsitzer-)Rennfahrzeugen gefahren, für die die Konstruktion des Fahrwerks freigestellt ist. Die Motoren werden auf der Basis von Serienmotoren für Rennwagen »frisiert«, der Hubraum darf höchstens 2 000 Kubikzentimeter haben, Turbolader sind verboten. Das Mindestgewicht der Wagen beträgt 455 Kilogramm. In der Formel 3 werden jährlich Deutsche Meisterschaften in 10 Rennen ausgetragen. Wichtigste Austragungsorte: Hockenheimring, Nürburgring, AVUS Berlin sowie die Flugplätze von Mainz-Finthen, Wunstorf und Diepholz. Außerdem gibt es ein Rennen um den Formel-3-Europa-Cup, das 1991 in Donington/England gefahren wurde. Formel 3 gilt als Einstiegsklasse in die Formel 1.
Im Jahr 1990 sorgte die VW-Werkspilotin Ellen Lohr mit ihrem Golfmotor (170 PS) in Monaco für eine Sensation, als sie den 2. Platz holte. Zu den Favoriten, die als mögliche Aufsteiger in die Formel 1 gelten, zählen Michael Schumacher und Jörg Müller.

Formel 3000

Hier wird mit einsitzigen Rennfahrzeugen gefahren; Konstruktionen von Motor und Fahrwerk sind freigestellt. Zugelassen sind höchstens 8 Zylinder, 3 000 Kubikzentimeter Hubraum; Turbolader sind verboten; das Mindestgewicht der Wagen beträgt 515 Kilogramm. Die europäische Formel-3000-Meisterschaft wird jährlich in 6 Rennen gefahren, 1991 an den Austragungsorten Silverstone und Brands Hatch (Großbritannien), Pau und Dijon (Frankreich), Jerez (Spanien) und Mugello (Italien).

Gruppe A

Zur Gruppe A gehören Tourenwagen, die auf einer Serienproduktion von mindestens 5 000 Stück in 12 Monaten basieren. Die Karosserie bleibt serienmäßig, Bearbeitung des Motors sowie anderer mechanischer Teile und Gewichtserleichterung sind erlaubt. Es gibt Deutsche Tourenwagen-Meisterschaften, die in 10 Rennen auf Rundstrecken gefahren werden. Grundsätzlich finden die Rennen während derselben Veranstaltungen statt wie die Formel-3-Meisterschaften.

An den Deutschen Tourenwagen-Meisterschaften nehmen immer mehr internationale Rennteams und Top-Piloten teil. Ab 1992 gibt es zusätzliche Vorschriften, die die Chancengleichheit verschiedener Modellreihen verbessern sollen. So muß der Audi V8-quattro mit 3,6-Liter-Motor und 420 PS jetzt 1 350 Kilogramm (ohne Fahrer) wiegen und gegebenenfalls mit Bleigewichten auf der Fahrerseite beschwert werden. Die Hauptgegner, BMW mit der neuen 3er-Reihe und Mercedes mit den 190er-2,5-16-Evolution 2, brauchen mit ihren 2,5-Liter-Modellen nur 980 Kilogramm auf die Waage zu bringen. Opel liegt mit seinem Omega 3000 24V, was die Größe angeht, dazwischen. Die Firmen gehen jeweils mit mehreren Wagen ins Rennen und haben prominente Fahrer verpflichtet, so zum Beispiel Hans-Joachim Stuck, Klaus Niedzwiedz, Klaus Ludwig, Johnny Cecotto (ehemaliger Motorradweltmeister).

Tourenwagen werden (ebenso wie Prototypen der Gruppe C) auch bei Langstreckenrennen gefahren; am berühmtesten ist das 24-Stunden-Rennen von Le Mans. Gefahren wird, mit Fahrerwechsel, Tag und Nacht auf dem 13,626 Kilometer langen Rundkurs. Auf der Geraden gegenüber von Start und Ziel können Geschwindigkeiten bis zu 350 Kilometern pro Stunde erreicht werden. 1955 ereignete sich auf dieser Strecke der schwerste Unfall der Autorennsportgeschichte: Durch die Explosion eines Wagens wurden 82 Menschen

getötet und mehr als 100 verletzt. Das Rennen wurde trotzdem fortgesetzt. Le Mans gehört zu den über 1 000 Kilometer langen Rennen, die für die *Endurance*-(englisch: Dauer, Ausdauer)Meisterschaften der Hersteller von Rennsportwagen gewertet werden.
Das 500-Meilen-Rennen von Indianapolis/USA wird seit 1911 auf einem Rechteckkurs von nur etwas mehr als 4 Kilometer Länge gefahren und führt über 200 Runden (804,67 Kilometer). Spitzengeschwindigkeiten liegen bei 280 Kilometern pro Stunde. Beim Indianapolis-Rennen erfolgt der Rennstart nach einer Aufwärmrunde, sobald der vorausfahrende Wagen der Rennleitung die Rennpiste verläßt.

Gruppe B
Zur Gruppe B gehören straßentaugliche Rennautos, von denen jeweils mindestens 200 Stück gebaut sein müssen.

Gruppe C
Zur Gruppe C gehören Rennsport-Prototypen mit 2 Sitzplätzen und einem Tankinhalt von maximal 100 Litern. In dieser Gruppe gibt es Weltmeisterschaften, die in 11 Rennen alternierend auf internationalen Pisten gefahren werden. 1991 gehörte der Nürburgring zu den Austragungsorten.

Rallyesport
Rallyes sind Dauerwettbewerbe über meist mehrere Etappen, gefahren mit Serienfahrzeugen der Gruppe A (siehe Seite 147); die Wagen haben höchstens 300 PS und 2,4 Liter Hubraum; ihr Mindestgewicht ist auf 1 000 Kilogramm festgesetzt. Um diesen Vorschriften zu genügen, werden die Fahrzeuge *homologiert*, das heißt angepaßt, also zum Beispiel mit Bleiballast ausgestattet oder leichter gemacht. Rallyes werden auf Straßen unterschiedlicher Güte gefahren, also auf Asphalt, Schotter, Kopfsteinpflaster oder Bergstraßen. Es gibt spezielle Fahrten bei Schnee und Eisglätte, andere durch Sandwüsten oder Schlammgebiete. Gefahren wird Tag und Nacht, jeweils 2 Fahrer sitzen im Wagen und wechseln sich ab.

Jährlich finden Europameisterschaften statt. Dazu wurden 1991 insgesamt 45 Rallyes gefahren. Die einzelnen Fahrten finden in fast allen europäischen Ländern statt und führen oft über Ländergrenzen hinweg. Außerdem gibt es eine Weltmeisterschaft für Automobilhersteller (1991: 10 Rallyes) und eine Weltmeisterschaft für Fahrer (1991: 13 Rallyes). Sie werden großenteils gleichzeitig gefahren. Mit der »Doppelweltmeisterschaft« bezwecken die großen Autofirmen, die Güte und die besonderen Qualitäten ihrer Fahrzeuge herauszustellen. Schließlich gibt es Internationale Deutsche Rallye-Meisterschaften für Fahrer und Marken (9 Veranstaltungen), die teils zugleich Europameisterschaftsläufe sind (hieran nehmen vereinzelt auch Amateure teil). Die jährlich vom ADAC durchgeführte »Rallye Deutschland« ist der wichtigste deutsche Wettbewerb und zählt als Lauf zur Europameisterschaft. Bisher hat die FISA dem Wunsch des Veranstalters nicht entsprochen, die Deutschland-Rallye in die Weltmeisterschaften einzubeziehen; jedoch bestehen Aussichten, daß ihr 1992 oder 1993 das wichtige WM-Prädikat zuerkannt wird.
Schon anhand der großen Zahl von Rallyes wird verständlich, daß die Wagen in internationalen Wettbewerben von Berufsfahrern gefahren werden. Aber auch die Schwierigkeiten in der internationalen Klasse können nur von Profis gemeistert werden. Und die im Rahmen des Erlaubten von den Autofirmen frisierten Fahrzeuge kosten so viel Geld, daß man sie keinem Amateur an die Hand geben würde. Die Hersteller besetzen die Fahrzeuge teils direkt mit eigenen Werksmannschaften oder finanzieren indirekt professionelle Privatteams.
Die Rallye-Meisterschaften sind so beliebt wie nie zuvor. Die in Bestzeit zurückzulegenden Wertungsprüfungen werden nach Gesichtspunkten der sportlichen Qualität, der Sicherheit und des Umweltschutzes entwickelt, mit den Genehmigungsbehörden abgestimmt und erst dann von der FIA freigegeben. Diese Strecken sind während der Rallye für den gewöhnlichen Straßenverkehr gesperrt. Die verschiedenen Wertungsprüfungen sind durch Verbindungs-Etappen miteinander verknüpft, während derer sich die Fah-

rer strikt an die Vorschriften der Straßenverkehrsordnung halten müssen. Wenn die Polizei auf diesen Strecken Verstöße von Rallyefahrern feststellt, erteilt sie Strafmandate und meldet die Vergehen dem Veranstalter. Dieser kann zusätzliche Geldstrafen oder die sofortige Disqualifizierung des Fahrers durch die Sportgerichtsbarkeit verhängen. Die auf Hochleistung getrimmten Rallye-Fahrzeuge müssen der Straßenverkehrs-Zulassungsordnung entsprechen und werden daraufhin streng überprüft. Erst dann erhalten sie die Starterlaubnis. Auch während der Fahrt werden technische Kontrollen durchgeführt. Die meisten Wagen sind inzwischen – freiwillig – mit Katalysatoren ausgestattet, obwohl es dazu noch keine internationale Vorschrift gibt.

Die älteste (seit 1911) und berühmteste Sternfahrt ist die Rallye Monte Carlo. Die Fahrstrecke wird von Jahr zu Jahr geändert, ist etwa 3 000 bis 3 400 Kilometer lang und muß mit einer Durchschnittsgeschwindigkeit von 50 bis 60 Kilometern pro Stunde gefahren werden. Die teils am Tage, teils nachts zu fahrenden Etappen werden innerhalb einer Woche zurückgelegt. Die Rallye Monte Carlo ist Teil der Weltmeisterschaft und findet regelmäßig im Winter statt, so daß in den Bergen Schnee, Glatteis, Nebel herrschen und die oft schmalen Straßen mit Haarnadelkurven höchste Anforderungen an das Können der Fahrer und an die Qualität der Fahrzeuge stellen. Ziel der Rallye ist stets Monte Carlo.

Die Rallye Akropolis führt von immer verschiedenen Startorten nach Athen; sie zählt ebenso als Weltmeisterschaftslauf wie die Rallye Elfenbeinküste mit Start und Ziel in Abidjan, die unter glühender Äquatorsonne über 5 000 Kilometer Urwaldstraßen und Wüstenpisten führt. Durch Wüste, Savanne und bei Regen auch durch Schlamm geht es auf der Safari-Ralley durch Kenia. Weitere Rallyes zur Weltmeisterschaft werden in Portugal, Frankreich, Argentinien, Finnland, Australien, Italien und Großbritannien gefahren.

Die erfolgreichsten Automarken der letzten 10 Jahre (Sieger der Weltmeisterschaften) waren Audi, Lancia und Peugeot. Erfolgreichster deutscher Fahrer war Walter Röhrl (Weltmeister 1980 auf Fiat, 1982 auf Audi).

Auto-Cross

Mit diesem Namen werden Geländerennen auf abgesteckten Rundbahnen im offenen Gelände bezeichnet. Die Rundkurse sind bis zu 1 000 Meter lang. Gefahren wird mit umgebauten, serienmäßigen Tourenwagen oder Spezial-Auto-Cross-Fahrzeugen. Grundsätzlich sind die Karosserien entfernt, manchmal werden sie durch Eigenbau-Blechverkleidungen ersetzt. Ein Überrollkäfig ist vorgeschrieben. Gefahren werden 4 bis 6 Runden. Für die Deutsche Auto-Cross-Trophäe werden jährlich 12 Wertungsläufe gefahren. Zu jedem Durchgang gehören freies Training, Pflichttraining, die verschiedenen Läufe zur Klassenwertung und die Finalläufe für die Gesamtwertung. Bis zu 150 Wagen nehmen an den Veranstaltungen teil. Außerdem gibt es Auto-Cross-Europameisterschaften.
Die Fahrzeuge sind in Divisionen unterteilt und innerhalb jeder Division wiederum in 3 Klassen: bis 1 300, bis 1 600 und über 1 600 Kubikzentimeter. In der 1. Division fahren umgebaute serienmäßige Tourenwagen. In der 2. Division fahren sogenannte Prototypen, also Einzelkonstruktionen mit Fantasie-Karossen. Außerhalb der Meisterschaften fahren als 3. Division weitgehend serienmäßige »2-CV-Cross-Enten« in Süddeutschland um den Schwaben-Pokal. Die besondere Spannung aller Auto-Cross-Rennen für die Zuschauer besteht darin, daß sie fast immer den gesamten Kurs überblicken, den Mechanikern zuschauen und die Gesichter der Fahrer in ihren Rennkäfigen während des Rennens sehen können.

Rallye-Cross

Diese Sportart hat wenig mit Auto-Cross gemeinsam. Hier handelt es sich um ein Autorennen im Sprintstil, das auf Rundstrecken mit wechselndem Belag gefahren wird. In den Vorläufen bemühen sich die Fahrer um möglichst gute Zeiten, um die Qualifikation für die Finalläufe zu erreichen. In den Finalen werden die Plazierungen der 16 schnellsten Fahrer aus den Vorläufen ermittelt.
In der 1. Division fahren umgebaute Serienwagen der Gruppe A ohne PS-Begrenzung, und die zwischen 450 und 520 PS starken Ford Sierra Cosworth RS 500 machen derzeit fast alle Rennen um

die Europameisterschaft unter sich aus. Bei nationalen Wettbewerben kommen der VW Golf GTI 16V, der Opel Kadett GSi 16V, der Saab 900 Turbo 16 und der BMW M3 gut an. Allradantrieb ist in der 1. Division nicht zugelassen.
In der 2. Division starten vor allem die in der Rallye-Weltmeisterschaft nicht mehr zugelassenen Fahrzeuge der Gruppe B (prinzipiell straßentaugliche Rennwagen, von denen mindestens 200 Stück gebaut werden); das sind Peugeot 205 Turbo 16 E2, Ford RS 200 E2, Audi Sport Quattro S1, MG Metro 6R4, Lancia Delta S4 und andere. Die Motorenleistungen reichen bis zu mehr als 700 PS.
Am Nürburgring wurde in die Müllerbach-Schleife ein Rallye-Cross-Kurs eingebaut, in dem 2 der insgesamt 7 Läufe zur Deutschen Meisterschaft gefahren werden. Weitere Rennen, die ausschließlich vom ADAC veranstaltet werden, finden in Buxtehude (Estering), auf dem Aue-Ring bei Liebenau und auf dem Gründautalring bei Frankfurt statt. Künftig wird es in den nordostdeutschen Bundesländern weitere Rallye-Cross-Wettbewerbe geben.

Go-Kart-Sport

Dieser Sport, auch Kartsport genannt (als Kart bezeichnen die Amerikaner ein Laufställchen für Babys), wird in Kleinstrennwagen gefahren: maximale Länge 182 Zentimeter, Breite zirka 125 Zentimeter, Reifen bis 44 Zentimeter Durchmesser (ohne Profil oder Regenreifen), ohne Federung, ohne Karosserie, ohne Überrollbügel. Hubraumklassen sind 100, 125, 135 Kubikzentimeter (Einzylinder), 250 Kubikzentimeter (Ein- oder Zweizylinder); die Fahrzeuge haben Zweitaktmotoren und Hinterradantrieb ohne Differential (das Differential gleicht bei Kraftfahrzeugen in Kurven den kürzeren Weg des Innenrades gehen den längeren Weg des Außenrades auf der Antriebsachse aus). Die 250er Klasse fährt überwiegend auf regulären Rennstrecken (zum Beispiel dem Nürburgring). Dabei werden Geschwindigkeiten bis zu 200 Kilometern pro Stunde erreicht (Weltrekord 264 Kilometer pro Stunde, gefahren von Pernigotti/Italien).
Die übrigen Kartrennen werden auf Beton- oder Asphaltbahnen

(500 bis 1 200 Meter Länge) gefahren. Die Geraden dürfen nicht länger als 170 Meter sein. Kartsport (»Formel K«) ist Vorbereitungssport für die Formel 3 und weiterhin für die Formel 1. Führend im Kartsport sind Frankreich und Italien – sie stellen auch die meisten Formel-Rennfahrer. Es werden Deutsche, Europa- und Weltmeisterschaften in den verschiedenen Klassen ausgetragen, an denen Profis und Amateure teilnehmen. Außerdem gibt es Junioren-, Europa- und Weltmeisterschaften. Kartrennen sind lizenzpflichtig. Eine erste Jugend-Kart-Lizenz für Pop-Karts mit 100 Kubikzentimetern kann ab dem 12. Lebensjahr über den ADAC erworben werden, der den deutschen Kartsport betreut.

Motorradsport

Das erste Motorrad ist genauso alt wie das erste Auto und wurde von denselben Leuten erfunden: von Gottlieb Daimler und Wilhelm Maybach im Jahr 1883. Auch die Karriere des Motorrades als Rennvehikel lief parallel zu der des Autos. Das erste Motorradrennen fand 1897 auf der 180-Kilometer-Strecke Paris–Dieppe statt (1894 erstes Autorennen Paris–Rouen). Die Maschinen hatten bereits luftgekühlte Benzinmotoren, Stahlrohrrahmen, Stahlspeichenräder und gummibereifte Stahlfelgen.

Das älteste Motorradrennen, das heute noch gefahren wird, ist die Tourist Trophy von 1907. Austragungsort ist die Insel Man, weil in England Rennen auf öffentlichen Straßen verboten sind. Start ist vor den Toren der kleinen Hauptstadt Douglas, der Kurs ist 60,725 Kilometer lang und führt über teils bergige, kurvenreiche, schmale Straßen und durch Teile der Stadt. Bei der Tourist Trophy hat es die meisten tödlichen Unfälle in der Geschichte des Motorradsports gegeben. Mehr als 130 Fahrer fanden seit 1907 den Tod.

Sei den zwanziger Jahren gibt es Grand-Prix-Rennen: 1921 in Belgien, 1922 in Italien, 1925 in Deutschland (erstes Eifelrennen schon 1922) und in den Niederlanden. Das Sechstagerennen hatte 1913 Premiere. Europameisterschaften werden seit 1938, Weltmeisterschaften seit 1949 gefahren. Geschwindigkeits-Weltrekorde

werden seit 1920 offiziell registriert. Die Rennmaschinen aller Klassen sind seit Jahren überwiegend japanische Fabrikate. Das war früher anders: DKW beherrschte die 125-Kubikzentimeter-Klasse, NSU die 250-Kubikzentimeter-Klasse und BMW die 500-Kubikzentimeter-Klasse.
Im Deutschen Motorsportverband sind rund 20000 Motorradsportler (Profis und Amateure) organisiert. Geleitet wird der Motorradsport von der Obersten Motorradsport-Kommission (OMK), der der ADAC und der AvD als Organisatoren angehören. Internationaler Dachverband ist die Fédération Internationale Motocycliste (FIM) in Genf. Ihr gehören 52 Nationen an. In der FIM werden auch die Reglements für den Motorradrennsport festgelegt.
Die Fahrzeuge sind in Rennklassen eingeteilt. Es gibt Solomaschinen bis 50, 75, 80, 100, 125, 175, 250, 350, 500, 750 und 1 000 Kubikzentimeter sowie Beiwagenmaschinen bis 350, 500, 750 und 1 000 Kubikzentimeter Hubraum. An bestimmten Rennen nehmen mehr oder weniger umgebaute Serienfahrzeuge (vergleichbar mit den Tourenwagen) teil. Spezialrennmaschinen gibt es für den Straßen-Rennsport (siehe Seite unten), den Trial-Sport (siehe Seite 160), den Bahnsport (siehe Seite 161), den Enduro-Sport (siehe Seite 157), für Moto-Cross- (siehe Seite 159), Speedway- beziehungsweise Sandbahnrennen (siehe Seite 161). Die verschiedenen Rennsportarten stellen sehr unterschiedliche Forderungen an Fahrzeuge und Fahrer.

Straßen-Rennsport

Grand-Prix-Rennen werden nur im Straßen-Rennsport auf Rundstrecken ausgetragen. Seit 1990 gibt es dafür nur noch 4 Klassen:
- 125 Kubikzentimeter, nur Einzylindermaschinen;
- 250 Kubikzentimeter, Ein- oder Zweizylindermaschinen;
- 500 Kubikzentimeter, Königsklasse, Änderungen in Vorbereitung;
- 750 Kubikzentimeter, Vierzylinder, seriennah, mindestens 165 Kilogramm und 1 000 Kubikzentimeter, Zweizylinder, mit min-

destens 140 Kilogramm. Von jedem Modell müssen wenigstens 1 000 Stück von den großen Motorradwerken gebaut sein, kleinere Firmen dürfen schon ab einer Serie von 200 Stück dabei sein. Bei den schweren Krädern spricht man auch von der Superbike-Klasse. Die Superbike-Weltmeisterschaft wird auf getrennten Veranstaltungen ausgetragen.

Die Oberste Motorradsport-Kommission (OMK) wollte schon bei der Deutschen Meisterschaft von 1991 die 500er Klasse ausscheiden lassen. In einer für die Motorrenngeschichte einmaligen Solidaritätsaktion schlossen sich jedoch die 500er-Fahrer zusammen, zahlten je 2 500 Mark in einen Fonds für Start- und Preisgelder und setzten ihre Rennen für 1991 durch. Sie begründeten ihr Engagement damit, daß sie sehr viel Geld in ihre Rennmaschinen gesteckt hätten – eine neue Honda RS 500 Dreizylinder kostet etwa 130 000 Mark – und daß man einer solchen Klasse nicht so kurzfristig das Lebenslicht ausblasen könne. Immerhin ist auch auf internationaler Ebene mit gravierenden Änderungen in dieser Klasse in nächster Zeit zu rechnen. Das Beispiel zeigt, daß Motorrad-Piloten im Vergleich zu den Formel-1-Fahrern der Rennwagen »arme Schlucker« sind, die oft mit großem Idealismus ihren Sport zu großen Teilen selbst finanzieren. Es gibt auch Firmenfahrer und freiberufliche Vertragsfahrer, aber die Hersteller sind vergleichsweise zurückhaltend mit dem großen Geld. Offiziell heißt es, daß damit den Idealisten, die ohne Werksvertrag fahren, bessere Chancen eingeräumt werden sollen. In Wirklichkeit liegt es wohl (auch) daran, daß die Motorradindustrie nicht annähernd soviel Geld verdient wie die Autokonzerne.

Jede Klasse fährt ihre eigenen Rennen aus. Jedoch finden die Läufe der einzelnen Klassen grundsätzlich nacheinander während derselben Veranstaltungen statt, was solche Renntage besonders interessant macht.

Eine neue Rennklasse beschloß die FIM mit der Supersport-400/600-Klasse. Das sind, wie die Superbikes, von der Serienproduktion abstammende, umgebaute und *homologierte* (das heißt nach FIM-Vorschriften klassenmäßig angepaßte) Viertaktmaschinen mit

vier Zylindern. In dieser Klasse werden Europameisterschaften gefahren. Seit 1989 gibt es im Straßenrennsport eine weitere Klasse, die (nur) deutsche Meisterschaftsklasse, die mit fast serienmäßigen 750er Maschinen gefahren wird.
Gestartet werden Grand-Prix-Weltmeisterschafts-Rennen, wenn die Startflagge gehoben wird oder durch Ampelsignale, mit laufenden Motoren (Kupplungsstart). Die Streckenlängen betragen bei den internationalen Wettbewerben, je nach Kubikzentimeter-Klasse, zwischen 100 und 220 Kilometer, letztere nur für Superbike, in 2 Läufen. Die Superbikes starten also an einem Renntag zweimal, vor- und nachmittags; jeder Lauf wird voll gewertet, ein Doppelsieger kann folglich an einem Tag 40 Weltmeisterschafts-Punkte einfahren. In Grand-Prix-Rennen fahren nur Berufsfahrer. Für eine Weltmeisterschaft werden 15 Rennen ausgefahren, einige Strecken sind mit den Kursen der Formel-1-Autorennen identisch, zum Beispiel Suzuka/Japan, Estoril/Portugal, Imola/Italien (für San Marino), Spa-Francorchamps/Belgien. Bevorzugter deutscher Kurs für Grand-Prix-Rennen ist der Nürburgring.
Wertungspunkte werden für die ersten 15 Plätze vergeben. Der Sieger erhält 20 Punkte; der 2. Platz 17 Punkte; der 3. Platz 15 Punkte; der 4. Platz 13 Punkte; der 5. Platz 11 Punkte; der 6. Platz 10 Punkte; die Plätze 7 bis 15 jeweils 1 Punkt weniger. Weltmeister wird, wer in den 15 Rennen einer Weltmeisterschaft die meisten Punkte erreicht. In den letzten Jahren waren bei Grand-Prix-Rennen in den Klassen ab 250 Kubikzentimeter überwiegend Amerikaner, Niederländer und Briten auf Honda- und Yamaha-Maschinen erfolgreich. Deutsche Fahrer sind im Motorrad-Rennsport (anders als im Formel-1-Autorennsport) stark vertreten und gehören oft zur Spitzengruppe.
Bei den Deutschen Serien-Meisterschaften müssen die an den Start geschobenen Maschinen im Kern unverändert bleiben. Es müssen sogar Drosseleinsätze für die bundesdeutsch maximal zulässigen 100 PS in den Maschinen verbleiben, obwohl etliche Typen im Ausland mit bis zu 20 Prozent höherer Leistung ausgeliefert werden. Verändert werden dürfen nur Reifenmarke und -breite, Ketten-

räder und -teilung. Blinker müssen entfernt, Stopplichter stillgelegt werden.
Bei den Europameisterschaftsrennen werden nur noch die Klassen 125, 250 und Supersport 400/600 Kubikzentimeter sowie Seitenwagen gefahren.
Die Klassen mit 50, 75, 80 und 100 Kubikzentimetern spielen im Straßenverkehr und somit auch in internationalen Rennen keine Rolle mehr; sie dienen der Motorsportjugend als Übungsfahrzeuge; vereinzelte regionale Wettbewerbe finden noch statt, aber das Ende dieser Klassen ist abzusehen. Interessante Rennen ohne Meisterschaften gibt es in der SoS-Klasse (Sound of Singles) für Einzylinder-Viertakter von 350 bis 1 000 Kubikzentimeter. Hier gehen vor allem Bastelmaschinen an den Start, teils mit Eigenbaufahrwerken und überwiegend mit japanischen Triebwerken der Marken Honda, Kawasaki, Yamaha ausgestattet. Natürlich muß jede der Maschinen technisch überprüft und der Fahrer im Besitz einer OMK- oder DM-Lizenz sein.
Als Straßenrennen sind auch die Endurance-(Englisch: Ausdauer)Weltmeisterschaften zu bezeichnen: Langstreckenrennen auf 750-Kubikzentimeter-Maschinen mit wechselnden Piloten über 24 Stunden. Diese Weltmeisterschaften werden meist in 6 Wettbewerben entschieden, die in verschiedenen Ländern stattfinden.

Enduro-Sport

Obwohl die Bezeichnungen einander sehr ähneln, ist der Enduro-Sport etwas völlig anderes als die Endurance-Meisterschaften (siehe oben). Enduro-Sport ist Motorrad-Geländesport. Schwierige Auf- und Abfahrten über Sand und Gras, durch Wasser und Schlamm sind auf geländegängigen Serienmotorrädern zu absolvieren. Die mit rotweißen Bändern markierten Strecken sind mehrere Kilometer lang und müssen mehrfach durchfahren werden. Die Gesamtlänge solcher Rennen schwankt zwischen 150 und 250 Kilometern. Etwas vereinfacht gesagt, kann man Enduro-Wettbewerbe mit dem Rallyesport der Automobile vergleichen (siehe Seite 148).

In den sechs Klassen sind Solo-Maschinen bis 80 Kubikzentimeter (Jugend), bis 125, 250, 350, 500 und bis 1 250 Kubikzentimeter zugelassen. Die Maschinen haben besonders leichte Rahmen und eine Spezialbereifung mit dicken Stollenprofilen, sind aber offiziell zugelassen und entsprechen der Straßenverkehrsordnung, denn gelegentlich werden als Kursteilstrecken auch öffentliche Straßen und Wege benutzt. Die Fahrer müssen neben der Fahrlizenz auch einen Führerschein besitzen. Werksfahrer nehmen nicht teil, die Motorradindustrie gibt auch keine Zuschüsse, so daß ausschließlich Privatfahrer diese Wettbewerbe bestreiten.
Es werden Deutsche, Europa- und Weltmeisterschaften veranstaltet. Die Weltmeisterschaften finden in 8 Läufen in jeweils 2 Tagen auf verschiedenen Kursen in Europa statt. Für die Strecken werden Sollzeiten vorgegeben. Allen Fahrern steht gleich viel Zeit zur Verfügung. Nur Sonderprüfungen, die von Zeitnehmern gestoppt werden, müssen auf Bestzeit gefahren werden. An der Strecke beobachten Kontrolleure die Einhaltung der Vorschriften. Nach einem Plus-Minus-Punktsystem werden die Sieger ermittelt.
Streckentraining vor dem Rennen ist nicht möglich; allerdings dürfen die Fahrer am Tag vorher die Sonderprüfungs-Teilstrecken zu Fuß erkunden. Gefordert sind hohes Fahrkönnen, Beherrschung der Maschine in schwierigstem Gelände und Reaktionsschnelligkeit. Das bedingt hervorragende körperliche Konzentration. Außerdem muß der Fahrer vor dem Start selbst tanken, Ölstand und Reifendruck prüfen und während des Wettbewerbs nötige Reparaturen selbst ausführen. Mechaniker dürfen während der Fahrt nicht eingreifen.
In Deutschland findet Enduro-Sport überwiegend nur noch auf Truppenübungsgelände statt. Denn dort, wo wochentags Panzer fahren, können ein- oder zweimal im Jahr am Wochenende die Motorräder keinen zusätzlichen Schaden anrichten. Leider ist das Umweltbewußtsein in anderen europäischen Ländern bisher weniger ausgeprägt.

Moto-Cross
Beim Moto-Cross handelt es sich ebenfalls um Geländerennen. Während jedoch der Enduro-Sport (siehe Seite 157) auf Strecken bis zu 250 Kilometern ausgetragen wird, ist Moto-Cross extremer Geländesport auf kürzeren Strecken, auf abgesteckten Rundkursen von etwa 2 000 Metern Länge. Ein Lauf dauert 40 Minuten plus 2 Runden (internationales Reglement) oder auch kürzere Zeiten. In einem Rennen werden 2 Läufe gefahren. Natürliche und künstliche Hindernisse wie Rinnen, Senken, Steilhänge, Kehren, Sand- und Schlammstrecken fordern Sprünge und andere artistische Leistungen von den Fahrern. Es gibt Deutsche, Europa- und Weltmeisterschaften. Zur Ermittlung des Weltmeisters werden 12 Läufe gefahren. Deutsche Fahrer gehören zur Weltspitzengruppe, haben jedoch noch keinen Weltmeisterschaftstitel gewonnen.
Moto-Cross wird in den Klassen bis 125 und bis 250 Kubikzentimeter sowie in einer Seitenwagenklasse gefahren. Die Fahrzeuge sind zwar den Enduro-Maschinen äußerlich ähnlich, aber dennoch in Fahrwerk, Motor und Getriebe sehr verschieden, nur auf extremes Gelände zugeschnitten und für den Straßenverkehr weder geeignet noch zugelassen. Als Moto-Cross-Hochburg gilt Gaildorf zwischen Schwäbisch-Hall und Schwäbisch-Gmünd; dort finden jährlich Entscheidungsläufe statt. Der ADAC betreut die Moto-Cross-Fahrer ebenso wie die Enduro-Fahrer.
Seit 1980 gibt es ein Hallen-»Moto-Cross« mit künstlichen Hindernissen. Ausgetragen werden die Wettbewerbe in der Zeit zwischen November und Februar in Berlin, Dortmund und Stuttgart. Die Mischung von Rockkonzert und Motorsport hat viele, insbesondere jüngere Fans gefunden. Da die Veranstaltungen den Fahrern gute Nebeneinnahmen bringen, nehmen längst auch internationale Crosser daran teil; vor allem Amerikaner heimsen die meisten Siege und auch den begehrten ADAC-Michelin-Hallen-Cup ein.
Seit 1990 findet schließlich das Stadion-Cross mit 6 jährlichen Läufen und einer eigenen Weltmeisterschaft nach Abschluß der Geländesaison statt. In den Freiluftstadien werden mit Hilfe von mehreren hundert Kubikmetern Erde Cross-Kurse aufgebaut, die

weitgehend natürlichen Strecken mit Sprunghügeln, Gräben, Schlamm und anderen Schikanen entsprechen. Gefahren wird auf 250-Kubikzentimeter-Maschinen und zirka 53 PS.

Trial-Sport

Trial-Sport ist ebenfalls eine Geländesportart für Motorräder und dem Moto-Cross verwandt. Beim Trial (englisch: Versuch) versucht der Fahrer, bis zu 50 Sektionen auf den Fußrasten seiner Maschine stehend zu durchfahren, ohne mit den Füßen den Boden zu berühren, steckenzubleiben oder umzukippen. Jede Sektion ist »nur« maximal 50 Meter lang, aber sie haben es alle in sich: Zu überwinden sind Steinbrüche, Sandkuhlen, Wasserdurchfahrten, Engpässe zwischen Felsspalten oder Bäumen, Steilhänge, die jedem Laien für Motorräder unüberwindbar erscheinen. Seitliche Begrenzungen machen das Ausweichen vor den Hindernissen unmöglich. Der mit Fähnchen und Bändern abgesteckte Rundkurs von meist weniger als 1 Kilometer Länge wird zwei- bis dreimal durchfahren.

Welche Zeit der Trial-Fahrer insgesamt benötigt, spielt eine untergeordnete Rolle. Die Zeitvorgaben sind großzügig, so daß sie überwiegend eingehalten werden können. Sie sollen in der Hauptsache einem geordneten Ablauf des Trials dienen. Für den Sieg oder einen guten Platz kommt es darauf an, daß mit den Spezialmaschinen ohne Hubraumbegrenzung (zirka 20 PS, 90 Kilogramm schwer, mit besonders langen Federwegen) der Kurs durch behutsames Gasgeben, ausgleichende Körperbewegungen, nahezu artistische Leistungen und blitzschnelle Reaktionen möglichst fehlerfrei absolviert wird. Für jeden Fehler gibt es Strafpunkte: 1 Strafpunkt für einmaliges Abstützen auf dem Boden, 2 Strafpunkte für zweimaliges Abstützen, 3 Strafpunkte für drei- und mehrmaliges Abstützen, 5 Strafpunkte bei Stillstand des Vorderrades, Absitzen, Sturz oder Abwürgen des Motors. Sieger wird der Fahrer mit den wenigsten Fehlerpunkten.

Der Trial-Sport wurde in England erfunden, kam 1950 zu uns und erfreut sich großer Beliebtheit bei den Zuschauern. Unter Fahrern gilt er als »Wiege« des Motorradsports, weil Beherrschtheit und Können obsiegen statt Tollkühnheit. Die Fahrerkleidung besteht aus Sturzhelm, Overall, Handschuhen und Stiefeln. Viele Nachwuchstalente beginnen mit dem Trial-Sport, denn gebrauchte Maschinen kann man schon für etwa 3 000 Mark bekommen; Jugendliche dürfen ab dem elften Lebensjahr an ADAC-Trainingsschulen auf leichten Maschinen die Sportart erlernen; die Risiken sind geringer als die beim Ponyreiten. Nach Erwerb einer OMK-Lizenz ist grundsätzlich die Teilnahme an Jugendmeisterschaften, Deutschen, Europäischen und Weltmeisterschaften möglich, Berufsfahrer gibt es nicht.

Bahnsport: Speedway/Sandbahn

Als Bahnsport werden Speedwayrennen auf Aschen- und Eisbahnen (Eis-Speedway) von 400 Meter Rundenlänge sowie Gras- und Sandbahnrennen auf bis zu 2 000 Meter langen Rundstrecken bezeichnet. Das Wort »Sandbahn« ist nicht zutreffend, denn es handelt sich um festgewalzte Schlackenbahnen. Die Motorräder für den Bahnsport ähneln einander. Speedway-Maschinen haben keine Bremsanlage und kein Getriebe, die Kraft wird direkt auf das Hinterrad übertragen. Auf den Geraden erreichen die Fahrzeuge bis zu 160 Kilometer pro Stunde, abgebremst wird lediglich mit den hochverdichteten Motoren, indem die Fahrer das Gas wegnehmen. Die Runden werden im Uhrzeigersinn gefahren, in den ausschließlich rechten Kurven der ovalen Bahnen wird die Maschine quergestellt und durch die Kurve hindurchgeschleudert. Was so halsbrecherisch aussieht, der sogenannte *Drift*, ist die sicherste Methode, die Kurve ohne Sturz in hohem Tempo zu durchqueren. Beim Drift stützt sich der Fahrer mit dem linken Bein auf dem Boden ab und hält so sein Gleichgewicht. Damit er besser rutscht, trägt er unter der Stiefelsohle einen Gleitschuh aus Metall.
Vier Runden werden pro Lauf bestritten, in jedem Wettbewerb starten 16 Fahrer in 20 Läufen jeweils zu viert. Jeder Fahrer bestreitet 5 Läufe gegen jeweils andere Konkurrenten. Der Erste jedes Laufes erhält 3 Punkte, der Zweite 2 Punkte, der Dritte

1 Punkt. Sieger wird derjenige Fahrer, der in seinen 5 Läufen die meisten Punkte sammeln konnte.
Nacheinander können sich Fahrer die Jugendlizenz, die B-, die A- und die internationale Lizenz erfahren. Es gibt eine Bundesliga, die in ihren nationalen Wettbewerben nur jeweils 2 Fahrer pro Lauf auf die Bahn läßt. International werden Europa- und Weltmeisterschaften gefahren. Karl Maier aus Neufinsing errang viermal den Weltmeistertitel im Speedwayfahren. Um die ersten Plätze wetteifern vor allem auch dänische und britische Fahrer. Einige Fahrer der Spitzenklasse sind Profis, die sich durch Startgelder und Sponsoren finanzieren können; insgesamt ist jedoch die Unterstützung durch die Fahrzeugindustrie gering. 1989 fand das Speedway-Weltfinale im Münchener Olympiastadion statt.
Eis-Speedway wird auf 400 Meter langen Eis-Ovalen gefahren. Die Reifen sind dafür mit 2,8 Zentimeter langen Spikes ausgestattet, die sich tief in das Eis krallen und in den Kurven unglaubliche Schräglagen ermöglichen (im Eis-Speedway wird nicht gedriftet). Mehr über Eis-Speedway siehe Seite 289.

Motoball

Motoball ist der schnellste Mannschaftssport – nicht etwa, wie vielfach angenommen, Eishockey. 1923 spielten erstmals zwei französische Mannschaften Motoball. In der Umgebung von Karlsruhe gibt es die besten Motoballklubs, 15 Vereine spielen in einer Bundesliga den deutschen Meistertitel aus. In der Sowjetunion gibt es mehr als 300 Vereine, unter denen auch fast immer der Europameister ist. Das Regelwerk der Motoballer liest sich wie eine Mischung aus Fußballvorschriften und Straßenverkehrsordnung. Der ballführende Spieler hat Vorfahrt. Gespielt wird auf Hartplätzen und Rasenplätzen. 4 Feldspieler und der Torwart gehören zu jeder Mannschaft, 4 Auswechselspieler sind zugelassen. Der Ball hat 35 Zentimeter Durchmesser. Die Maschinen dürfen maximal 250 Kubikzentimeter Hubraum haben. Bei Foul gibt es 11-Meter-Strafstoß. Der Ball darf mit den Füßen oder dem Motorrad geführt und gestoßen werden. Gespielt werden vier Spielviertel zu je 20 Minuten, eine Tortur für die Fahrer.

PFERDESPORT

Pferde waren als Fortbewegungs- und Transportmittel schon vor unserer Zeitrechnung bekannt. Vor 5 000 Jahren benutzten die Sumerer in Babylonien zwischen Euphrat und Tigris *Equiden* (pferdeartige Rassen) als Zugtiere. Bei Ausgrabungen in Ägypten wurden Hufbeschläge aus der Zeit um 1400 vor unserer Zeitrechnung gefunden. Eine erste Reitlehre stammt aus Griechenland (etwa 400 vor unserer Zeitrechnung). Die Römer benutzten Pferde für ihre Kriegszüge. Die Streitwagen der Römer und anderer, orientalischer Staaten waren bereits Kriegs- und Wettkampfgerät. Nomaden zwischen China und Rußland waren die ersten Reitervölker und betrieben Pferdezucht. Die Ritterorden führten ihre Kreuzzüge zu Pferde durch. Sie erfanden auch die Reiterkampfspiele, Turniere, die zu Höhepunkten höfischer Feste wurden.
Der *Buhurt* war ein mittelalterliches Kampfspiel, bei dem Gruppen ungerüsteter Reiter gegeneinander mit stumpfen Waffen anritten und die Gegner umzureiten oder zurückzudrängen suchten. Der *Tjost* war ein in ritterlicher Rüstung ausgetragener Zweikampf, bei dem die Gegner gegeneinander angaloppierten und mit stumpfen Waffen versuchten, den anderen aus dem Sattel zu werfen. Burghöfe und später mit Stroh abgedeckte Marktplätze waren Schauplätze der Turniere.
Erst nach 1500 wurden die Pferde von Europa nach Amerika verschifft. Die Einwanderer benutzten Pferde als Reit- und Zugtiere auf ihren großen Trecks. Viele Tiere wilderten dort aus und wurden im 17. Jahrhundert von den indianischen Ureinwohnern domestiziert. Sie ritten die Pferde lange Zeit ohne Sattel und Steigbügel. Im Kriegsgeschehen der Neuzeit gab es militärische Reiterei, Husaren und Ulanen, bis zum I. Weltkrieg (1914/18). Als Zugtiere für Kanonen dienten Pferde, und für Troß und Marketenderei wur-

den sie noch im II. Weltkrieg (1939/45) eingesetzt, vor allem von der sowjetischen Armee bis zum Kampf um Berlin.
Pferde sind Säugetiere und wiegen 10 Zentner (Warmblüter) oder mehr. Erwachsene Tiere haben zirka 20 Liter Blut, und ihr Herz wiegt bis zu 5 Kilogramm. Sie machen in Ruhe etwa 10–15, bei Belastung bis zu 70 Atemzüge in der Minute und erreichen eine Laufgeschwindigkeit von 50 Kilometern pro Stunde. Je Zentner Gewicht benötigen sie täglich 1 Kilogramm Futter, verteilt auf drei Rationen. Die tägliche Trinkmenge beträgt 20–30 Liter Wasser. Die Stute wird etwa alle 3 Wochen »rossig«, das heißt empfängnisbereit, ein trächtiges Tier gebiert nach einer Trächtigkeit von 11 Monaten meist ein Fohlen.
In der Pferdezucht unterscheidet man *Vollblüter* (Araber, Berber, englische Vollblüter); mit Vollblütern eingekreuzte *Warmblüter*, auch *Halbblüter* genannt (Holsteiner, Hannoveraner, Westfalen, Trakehner, Oldenburger, Ostfriesen, Lippizaner, Orlowtraber) und *Kaltblüter* (Rheinisch-deutsches, schleswiger und süddeutsches Kaltblut). *Haflinger* und *Ponys* gehören zu den Kleinpferden. Für den Rennsport werden überwiegend Vollblüter gezüchtet, Tiere arabischer Abstammung tragen als Kennung ein »ox« am Ende ihres Namens, Tiere englischer Abstammung ein »xx«. Die Traberrassen sind überwiegend Halbblüter. Für die Zucht dürfen ausschließlich gekörte, ausgewählte Hengste verwendet werden. Nicht für die Zucht geeignete Hengste werden nach 1 Jahr kastriert (dann werden sie *Wallach* genannt). Für den Wert eines Pferdes ist die Farbe unwesentlich. Es gibt *Schimmel* (weiß), *Füchse* (rotbraun), *Rappen* (schwarz), *Braune*, *Schecken*, *Falben* (gelblich). Viele Tiere haben *Abzeichen*, mehr oder weniger große weiße Fellzeichnungen oder Gliedmaßen.
In Sage, Geschichte und Religion gab es einige »berühmte« Pferde: Sleipnir war das Pferd Wotans, Bolivar das Geisterpferd der Mitternacht, Pegasus das geflügelte Dichterroß aus dem Blut der Medusa, Rosinante das Pferd des Don Quichote. In Erinnerung bleiben Condé, das Lieblingspferd Friedrichs des Großen, und Marengo, der Schimmel Napoleons. Als Schutzpatrone der Reiterei kennt das

Christentum die Heiligen St. Georg, St. Martin und St. Stephan, in Bayern wird St. Leonhard verehrt.
Die Deutsche Reiterliche Vereinigung mit Sitz in Warendorf ist Dachverband von rund 2 000 Reitervereinen in der Bundesrepublik. Angeschlossen sind das Deutsche Olympiade-Komitee für Reiterei, die Deutsche Richtervereinigung für Pferdeleistungsprüfung sowie der Deutsche Reiter- und Fahrerverband. Über 80 Ländervereinigungen sind in der Fédération Equestre Internationale (FEI) verbunden. Die Dachverbände sind Austräger nationaler und internationaler Wettbewerbe.

Dressurreiten

Dressurreiterei gilt als Grundlage des Pferdesports für Tier und Reiter. Ziel der Dressur ist es, daß das Pferd Takt und Schwung der Gangarten sowie die Lektionen innerhalb der natürlichen Bewegungsformen beherrscht. Es soll unverzüglich und willig den *Hilfen* (Kommandos) folgen, die der Reiter gibt; in der Fachsprache heißt das: an den Hilfen stehen. Zulässige Hilfen werden durch Schenkeldruck, Gewichtsverlagerung, Zügelzug, Reitgerte oder Zuruf erteilt. Als *Lektionen* werden Figuren (zum Beispiel *Volte, Acht, Kehrtwendung, Zirkel, Passage, Pirouette*), Gangarten (*Schritt, Trab, Galopp*), Gangwechsel (*versammelter Schritt, Schritt auf der Stelle, fliegender Gangwechsel, Seitengänge*) bezeichnet. In Dressurprüfungen werden die Lektionen einem Richterkollegium vorgeführt. Dazu gibt es die Klassen E = Eingangsstufe, A = Anfänger, L = Leichte Klasse, M = Mittelschwere Klasse, S = Schwere Klasse. Höchste Vollendung der Dressurreiterei bei internationalen Wettbewerben ist die *Hohe Schule*, wie sie von der Spanischen Reitschule in Wien begründet wurde. Das Mindestalter der Pferde muß für die E- und die A-Prüfung mindestens 4 Jahre betragen, für die L- und die M-Klasse 5 Jahre, für die S-Klasse 6 Jahre. In der Dressurprüfung werden für jede einzelne Lektion Leistungsnoten vergeben, die am Schluß der Prüfung zusammengezählt werden: 10 = ausgezeichnet, 9 = sehr

gut, 8 = gut, 7 = ziemlich gut, 6 = befriedigend, 5 = genügend, 4 = mangelhaft, 3 = ziemlich schlecht, 2 = schlecht, 1 = sehr schlecht, 0 = nicht ausgeführt. Die Wertnoten werden in Punkte umgerechnet. Weltklassereiter wie Nicole Uphoff oder Reiner Klimke erreichen mehr als 1 500 Punkte.
Das Pferd trägt einen speziellen Dressursattel mit flachem Vorder- und Rückteil (*Pauschen*) und langen seitlichen Sattelblättern. In den oberen Dressurklassen wird auf *Kandare* gezäumt; das ist ein Stangengebiß, das einen stärkeren Druck auf den Unterkiefer bewirkt und behutsame Zügelhilfen fordert. Die Reiterkleidung für internationale Wettbewerbe ist vorgeschrieben: tiefdunkler Reitfrack, Zylinder, Handschuhe, helle Stiefelhose, Stiefel.
Das internationale Dressurviereck ist 60 mal 20 Meter groß und wird durch eine Bande begrenzt. In der Feldmitte und an den Seiten sind Bahnpunkte markiert, an denen die jeweils geforderten Hufschlagfiguren durchzuführen sind.
Seit 1912 ist Dressurreiten olympische Disziplin, gefordert werden hierbei etwa 30 Lektionen. Seit 1965 gibt es Europameisterschaften, seit 1966 Weltmeisterschaften. Es wird jeweils eine Einzelwertung und eine Mannschaftswertung durchgeführt. In jeder Mannschaft reiten 4 Teilnehmer, von denen die drei besten durch Addition ihrer persönlichen Punktzahlen gewertet werden. Damen und Herren starten stets unter gleichen Bedingungen im gleichen Wettbewerb, auch innerhalb der Mannschaften. Deutsche Dressurreiter sind sehr erfolgreich: Weltmeisterschaften gewannen 1966 Josef Neckermann, 1974 und 1982 Reiner Klimke; olympisches Gold errangen 1972 Liselott Linsenhoff, 1984 Reiner Klimke, 1988 Nicole Uphoff. In der Mannschaftswertung holten deutsche Reiter 1984 und 1988 olympisches Gold.

Galopprennen

Im vereinigten Deutschland finden jährlich mehrmals 4 000 Galopprennen mit annähernd 5 000 Vollblutpferden statt. Auf den Tribünen finden sich dabei rund 4 Millionen Zuschauer ein. Viele

von ihnen schließen an Totalisatoren, den amtlichen Wettannahmestellen auf dem Rennplatz, Rennwetten ab und setzen wahlweise auf Sieg, Platz, Zweier-, Dreier- oder Finishwette. Die Wettumsätze an den Rennplätzen liegen jährlich bei 400 Millionen Mark, weitere 250 Millionen nehmen die deutschen Buchmacher ein. Über 100 Millionen Mark werden vom Rennquintett eingenommen, das von den deutschen Lotteriegesellschaften veranstaltet wird. Hierbei sind aus zwei ausgewählten Rennen eines Renntages die jeweils drei erstplazierten Pferde, die richtige Reihenfolge voraussagend, auf einem Tippschein anzukreuzen.
Die im Galoppsport an die Pferdebesitzer ausgeschütteten Rennpreise erreichen etwa 50 Millionen Mark. Die Geldpreishöhe ist im voraus pro Rennen festgelegt und wird bei Flachrennen auf die ersten vier Pferde, bei Hindernisrennen auf die ersten 5 Pferde verteilt. Von den Gewinnen gibt der Pferdebesitzer 10 Prozent an den Trainer, 5 Prozent an den Jockey und 1 Prozent an das Stallpersonal ab. Die Berufsreiter erhalten unabhängig von Sieg oder Niederlage ein Startgeld und sind entweder Angestellte oder Vertragsmitarbeiter der Rennställe. Sie müssen eine abgeschlossene Lehre als Berufsrennreiter nachweisen. Veranstalter der hochkarätigen Galopprennen, die, zumindest auszugsweise, oft auch im Fernsehen übertragen werden, sind ein gutes Dutzend großer Rennvereine, die, zusammen mit vielen kleineren, im Direktorium für Vollblutzucht und Rennen e.V. organisiert sind. Dort wird das Gestütbuch geführt, die Rennordnung wird erlassen, und das Renngeschehen wird kontrolliert. Die bedeutendsten Rennbahnen befinden sich in Bremen, Dortmund, Düsseldorf, Frankfurt/M., Hamburg, Hannover, Iffezheim bei Baden-Baden, Köln, Mannheim, Mülheim/Ruhr, München und Neuß. Die wichtigsten Rennen für dreijährige Stuten und Hengste (keine Wallache) sind das Schwarzgold-Rennen über 1 600 Meter in Düsseldorf, der Preis der Diana über 2 200 Meter in Mülheim, das Henckel-Rennen über 1 600 Meter in Gelsenkirchen, das Deutsche Derby über 2 400 Meter in Hamburg, das Deutsche Saint Leger über 2 800 Meter in Dortmund, der Große Preis von Baden-Baden während der Iffez-

heimer Rennwoche über 2 400 Meter und der Preis von Europa über 2 400 Meter in Köln.
Den Züchtern dienen Galopprennen nicht nur als Einnahmequelle, sondern auch als Prüfung der Leistungsfähigkeit und Entwicklung der Pferde. Daraus ziehen sie Schlüsse für die Zuchtauswahl und den Wert ihrer Tiere. So gibt es auch regelrechte Verkaufsrennen, nach denen die Pferde ersteigert werden können.
Die Rennbahnen haben Laufstrecken zwischen 1 600 und 2 000 Meter und bestehen aus zwei Geraden und zwei Halbkreisen. Auf der Zielgeraden befindet sich, gegenüber dem Richterhaus (für Rennleitung und Zielrichter), der Zielpfosten. Er ist mit Spiegel und Zielkamera für das Zielfoto ausgerüstet, da die Zieldurchgänge oft äußerst knapp und mit bloßem Auge nicht zuverlässig erkennbar sind. Zusätzlich sind an mehreren Stellen der Rennbahn Filmkameras installiert, damit der Rennverlauf und eventuelle Unregelmäßigkeiten überprüft werden können. In Abhängigkeit von der Länge eines Rennens findet der Start am Zielpfosten statt oder wird entsprechend weit zurückverlegt. Die geringste Rennlänge beträgt 1 000 Meter, die weiteste 4 000 Meter auf der äußeren Bahn für die Flachbahnrennen. Daneben befindet sich meist noch eine innere Bahn für Hindernisrennen (siehe Seite 173), die über Strecken zwischen 2 800 und 6 800 Meter gelaufen werden. Der Boden der Rennbahn wird *Geläuf* genannt und besteht in Europa meist aus festem Rasen, seltener auch aus Sand (zum Beispiel in Dortmund). In den USA überwiegen Sandbahnen.
Jockey darf sich ein Berufsreiter nennen, der 50 Galopprennen der A-Klasse gewonnen hat; vorher wird er als Rennreiter bezeichnet. Voraussetzung dafür, Jockey zu werden, ist der Abschluß einer Ausbildung als Pferdewirt. Rennreiter sind grundsätzlich klein und leicht, sie wiegen meist weniger als 50 Kilogramm; samt Rennkleidung und Sattel bringen sie nur etwa 55 Kilogramm aufs Pferd – Sattelgewichte schwanken zwischen 400 und 4 000 Gramm. Mindestens müssen jedoch 47 Kilogramm vom Pferd getragen werden, Mindergewichte müssen durch kleine Bleiplatten im Sattelzeug oder durch Bleiwesten ausgeglichen werden. Vor dem Start werden

die Reiter samt Kleidung und Sattelzeug gewogen; damit wird verhindert, daß Pferde mit zu geringer Belastung Rennvorteile erlaufen. Nach dem Wiegen werden die Tiere im *Führring*, einem umzäunten »Laufstall«, präsentiert.

Der Rennreiter wird nunmehr in den Sattel gehoben. Er trägt eine weiße Rennhose, federleichte Stiefel aus hauchdünnem Leder, Bluse und Sturzhelm in den eingetragenen Rennfarben und Mustern des Pferdebesitzers, die nicht gewechselt werden dürfen. Die Reitbügel sind extrem kurz an den Sattel geschnallt. Damit wird erreicht, daß der Reiter im Sattel stehen kann und vornübergeneigt, auf den Pferdehals gestützt, die *Hinterhand* des Pferdes entlastet, die beim Galopp das Tempo macht.

Der Jockey reitet das Pferd zum Geläuf. Vor der Zuschauertribüne wird ein kurzer Aufgalopp präsentiert, auch um das Pferd aufzuwärmen und Mängel an der Sattelung noch vor dem Rennbeginn zu erkennen. Anschließend begeben sich Roß und Reiter an die für sie ausgeloste Startposition. Bis zum Erklingen des Startsignals, Glocke oder Hupton, werden an den Totalisatoren noch Wetten angenommen. Der Starter entscheidet, ob der Start korrekt war; wenn nicht, erkennt er auf Fehlstart und ruft die Reiter durch optische und akustische Signale zurück.

Das erste Pferd im Rennen wird *Führpferd* oder auch *Pacemaker* genannt. Behält ein Tier auf der gesamten Distanz die Spitzenposition, so erringt es einen Start-Ziel-Sieg. Tiere im Mittelfeld werden »auf Warten geritten«; deren Reiter versuchen im *Finish*, also auf den letzten paar hundert Metern, am Führpferd vorbeizuziehen. Pferde, die sich besonders für diese Reittaktik eignen, werden *Speedpferde* genannt. Im Finish sieht man oft, daß Jockeys die Peitsche benutzen. Das Schlagen mit der Peitsche ist zwar erlaubt, aber verpönt. Überwiegend wird daher mit dem Gerät nur »gewinkt«, das Pferd kann das Winken wahrnehmen und faßt es bei gutem Einvernehmen mit dem Reiter als Ansporn, nicht als Drohung auf, sagen die Rennreiter.

Behindern und Kreuzen von Mitbewerbern sind verboten und können von der Rennleitung mit Disqualifizierung bestraft werden. Im

Richterspruch wird die Reihenfolge des Zieleinganges bekanntgegeben, und zwar für mindestens ein Pferd mehr, als Preise ausgesetzt sind. Der Spruch enthält außerdem die Rennzeiten, die Abstände zwischen den Erstplazierten und bewertet die Leistung des Siegpferdes mit den Noten »überlegen«, »leicht«, »sicher«, oder »nach Zielfoto«, gegebenenfalls auch mit dem Zusatz »nach Kampf«. Pferde und Reiter begeben sich unverzüglich zum »Zurückwiegen«: Dabei wird festgestellt, ob die Gewichtsdifferenz zwischen dem Auswiegen vor Rennbeginn und dem Zurückwiegen in den zulässigen Grenzen liegt und ob es Anzeichen für Doping gibt. Bis zum Waageschluß können die Pferdebesitzer gegen den Richterspruch Protest einlegen, danach ist das Urteil endgültig. Damit beginnt die Auszahlung der Gewinne an den Totalisatoren an diejenigen Teilnehmer der Rennwette, die »auf die richtigen Pferde gesetzt« haben.

Hürden- und Jagdrennen

Auch Hürden- und Jagdrennen werden in gestrecktem Galopp gelaufen. Sie finden auf Galopprennbahnen statt, und zwar auf Extrabahnen, die im Innern der Rennbahnovale neben den Flachrennbahnen angelegt sind. Hürden- und Jagdrennen haben nichts mit dem Springreiten (siehe Seite 173) und der Vielseitigkeitsprüfung (Military, siehe Seite 176) zu tun. Sie werden auch unter dem Begriff Hindernisrennen zusammengefaßt.

Hürdenrennen werden in Deutschland über Strecken zwischen 2 400 und 4 000 Meter geritten. Die Hürden sind in Abständen von 300 Metern aufgebaut; sie sind mindestens 75 Zentimeter hoch, bestehen aus Reisig, werden nach oben offen gebunden, so daß das Pferd die Hürden nicht unbedingt überspringen muß, sondern auch ohne Verletzungsgefahr hindurchwischen kann. Bei der Mindestdistanz sind 7 Hürden zu überqueren, bei allen weiteren 300 Metern 1 Hürde mehr.

Jagdrennen sind nichts anderes als längere und schwierigere Hürdenrennen. In Deutschland sind die Strecken zwischen 3 000 und

6 800 Meter lang und führen über feste Hindernisse – Mauern und Wälle – sowie über Hecken und Wassergräben. Die Hindernisse sind mindestens 1,30 Meter hoch, aber (ähnlich wie bei Hürdenrennen) so angelegt, daß sie nicht in voller Höhe übersprungen werden müssen und die Pferde über die Oberteile hinwegwischen können, ohne sich zu verletzen. Für Jagdrennen werden *Steepler* eingesetzt; das sind Pferde, die sich durch Ausdauer und Springvermögen auszeichnen. Sie werden besonders für Jagdrennen trainiert; damit wird ihnen die Furcht davor, die Hindernisse im Galopp zu überwinden, genommen. Beim speziellen *Steeplechase*-Rennen werden die Hindernisse im Hoch-, Weit-, Tiefsprung oder in kombinierten Sprungtechniken angegangen. Die wichtigsten Jagdrennen in Deutschland sind das Alte Badener Jagdrennen, das Colonia-Jagdrennen (Köln) und das Große Hannoversche Jagdrennen. Das berühmteste und zugleich schwierigste Jagdrennen der Welt ist das Grand National Steeplechase im März jeden Jahres in Liverpool über 7 520 Meter, bei dem 30 teils riskante Hindernisse zu nehmen sind. Hierbei findet keine Zeitmessung statt; Sieger ist dasjenige Pferd, das als erstes durchs Ziel geht. Seiner Gefährlichkeit wegen wird dieses seit 1839 gelaufene, mehrmals entschärfte Rennen immer wieder kritisiert.
Deutscher Dachverband für den Hindernis-Pferdesport ist, wie für die Galopp-Flachbahnrennen auch, das Direktorium für Vollblutzucht und Rennen. Auch auf Hindernisrennen können Pferdewetten gesetzt werden. Die weiteren Regeln entsprechen denen des Galopprennens (siehe Seite 166).

Trabrennen

Trabrennen werden von speziell gezüchteten Traberpferden, überwiegend Halbblütern gelaufen, die einen leichten *Sulky* (zweirädiger Rennwagen mit Luftreifen, maximales Gewicht 30 Kilogramm, maximale Breite 1,65 Meter) ziehen, auf dem der Fahrer sitzt. Es gibt Berufsfahrer und Amateurfahrer, letztere brauchen einen jährlich zu erneuernden Ausweis des Hauptverbandes für Traberzucht

und -rennen. Zugelassen werden auch Gastfahrer mit Tagesausweis. In Deutschland selten, in Frankreich verbreitet ist das Trabreiten »unter dem Sattel«, also ohne Sulky.
In Fernsehen und Rundfunk werden fast ausschließlich Rennen der A-Klasse übertragen. In diese höchste Leistungsklasse gelangen Pferde nur nach strengen Leistungsprüfungen des Dachverbandes. Das Renntempo liegt bei 40 bis 50 Kilometer pro Stunde, die Längen der Rennstrecken betragen 1 600 bis 4 200 Meter, je nach Ausschreibung. Die Rennbahn (das Geläuf) ist ein Oval mit zwei Geraden und zwei überhöhten Bögen von je 180 Grad, sie mißt 800 bis 1 200 Meter und hat eine Breite von 25 Metern. Gefahren wird auf einem festen Sand-Schlacke-Gemisch. Innen wird die Bahn durch eine Bande aus Holz, durch Metallschienen oder durch Beton begrenzt. A-Bahnen für Trabrennen gibt es in Berlin-Mariendorf, Dinslaken, Gelsenkirchen, Hamburg-Bahrenfeld, München-Daglfing und Recklinghausen. An die Ausstattung der Rennplätze werden hohe Anforderungen gestellt. Die Plätze müssen über ein vermessenes Geläuf, Meldestelle, Richterraum, Zeitmeß- und Zielfotoanlage, Auto- oder Bänderstartanlage, verglaste und klimatisierte Zuschauertribünen, Stallungen für mindestens 200 (bis zu 1 000) Pferde, Trainingsgeläuf, Lautsprecheranlage für Tribünen und Ställe und Rennleitungswagen mit Bordlautsprecher verfügen. Für die Rennwette müssen Totalisatoren sowie Anzeigetafeln für die Quoten (Ausschüttung der Renngewinne), Eventualquoten und die Zeiten der durchlaufenen Rennstrecke vorhanden sein.
Traberpferde dürfen nur von einem zugelassenen Trainer vorbereitet und mit vorgeschriebener Ausrüstung ins Rennen gebracht werden. Auch die Wahl des Hufbeschlages obliegt dem Trainer. Alter, Geschlecht, bisherige Gewinnsumme und Rekorde entscheiden darüber, in welcher Leistungsgruppe ein Pferd starten darf. Stuten dürfen niemals älter als 7 Jahre sein, Hengste und Wallache werden auf A-Bahnen nur zugelassen, wenn sie nicht älter als 10 Jahre sind. Alter und Geschlecht sind im Zuchtbuch registriert, das dem Verband vorliegt. An jedem Renntag werden Doping-Stichproben durchgeführt.

Die Fahrer tragen Bluse und Sturzhelm in den eingetragenen Rennfarben und Mustern des Besitzers. Sie dürfen nicht gewechselt werden. Die Rennleitung überwacht die Einhaltung der Trabrennordnung. Am Renngeschehen beteiligt sind außerdem Starter, Zielrichter, Zeitnehmer, Leiter der Meldestelle, ein Rennbahntierarzt, ein Hufschmied und ein Rennbahnarzt.
Startformen sind Bänderstart und Autostart. Beim Bänderstart stehen die Pferde hinter einem gespannten Gummiband, das, wenn es gelöst wird, emporschnellt und die Bahn freigibt. Die üblichere Form ist der Autostart, bei dem die Traber hinter einem mit ausgebreiteten Drahtflügeln ausgestatteten Auto hertraben. Die Startfreigabe erfolgt, indem das Auto beschleunigt, auf Abstand davonfährt, die Flügel einklappt und die Bahn verläßt.
Die Rennleitung fährt in Begleitwagen auf einer eigenen Innenbahn mit, kontrolliert das Rennen und kann Teilnehmer disqualifizieren. Das ist möglich bei Galopp, unreiner Gangart, Paß (seitlich gehen) oder Paßgang auf der Ziellinie sowie bei Störung, Behinderung oder Gefährdung eines Mitbewerbers durch den Fahrer. Rennsieger ist, wer als erster die Zielpfosten durchfährt. Es werden zahlreiche Derbys und Pokale gefahren; außerdem gibt es Europa- und Weltmeisterschaften.

Springreiten

Beim Springreiten absolviert ein Pferd nach dem anderen einen *Parcours* mit 6 bis 20 Hindernissen nach Klassen verschiedener Schwierigkeit. Der Parcoursaufbauer gestaltet den Aufbau nach eigenem Ermessen. Die Reiter erhalten eine Stunde vor dem Wettbewerb eine Parcoursskizze mit Start- und Ziellinie, numerierten Hindernissen, Wendepunkten, Bewertung der Reit-, Spring- und Zeitfehler, Mindest- und Höchstzeit sowie Angaben über die Bedingungen eines eventuell erforderlich werdenden Stechens. Der Parcours kann im Freien (Rasen) oder in der Halle (Sand) aufgebaut sein. Geritten wird von Damen und Herren im gleichen Wettbewerb. Es gibt Einzel- und Mannschaftswertungen. Sieger ist der

Reiter beziehungsweise die Mannschaft mit den wenigsten Spring- und Zeitfehlern. Es gibt Europa- und Weltmeisterschaften sowie einen deutschen Titelkampf. Seit 1900 ist Springreiten olympische Disziplin. Die deutschen Springreiter sind in der Deutschen Reiterlichen Vereinigung organisiert.
Die Streckenlänge des Parcours darf maximal die Zahl der Hindernisse multipliziert mit 60 betragen (Beispiel: 15 Hindernisse mal 60 = 900 Meter). Die sogenannte Mindestzeit gibt an, in welcher Zeit der Parcours überwunden sein soll. Wird diese Zeit überschritten, gibt es Zeitfehlerpunkte. Höchstzeit ist die doppelte Mindestzeit, Überschreitung dieser Zeitmarke führt zum Ausschluß. Die Mindestzeit eines Parcours wird nach der Formel 300 beziehungsweise 350 Meter pro Minute ermittelt. Berechnung der Fehlerpunkte: Je Sekunde 1/4 Fehlerpunkte, Abwurf (eines Hindernisteiles) 4, erster Ungehorsam des Pferdes 3, zweiter Ungehorsam 6, Sturz von Pferd oder Reiter 8 Fehlerpunkte. Bei Verweigerung von Hindernissen werden außerdem 6 bis 10 Sekunden zur gerittenen Parcourszeit zugerechnet. Dritter Ungehorsam, falsche Bahn (Verreiten), falsche Reihenfolge (beim Überspringen der Hindernisse) und Auslassen eines Hindernisses führen zum Ausschluß.
Das erste Hindernis muß mindestens 6 Meter, darf höchstens 25 Meter nach der Startlinie stehen. Die bis zu 20 (bei Olympischen Spielen üblicherweise 15) Hindernisse in der S-Klasse (Schwere Klasse) fordern Hoch-, Hochweit-, Weit- und kurz aufeinander folgende Kombinationssprünge. Entsprechende Hindernisse sind bis zu 1,60 Meter hoch und bis zu 2 Meter breit (Wassergraben: 5 Meter). Unterschieden werden *Mauern* aus aufeinandergelegten Holzkästen, *Wälle* aus Sand und Gras, *Rick* aus senkrecht übereinander liegenden Stangen, *Oxer* aus zwei Stangengattern mit zwischenliegender Hecke, *Gatter* aus einem senkrechten Lattenverschlag zwischen zwei Hindernisstangen. Entsprechend der architektonischen Gestaltung tragen die Hindernisse häufig Fantasienamen wie Hecke, Gutstor, südamerikanischer Schweinestall, Palisade, Wassertrog, Irländische Gartenmauer, Riviera-Garten-

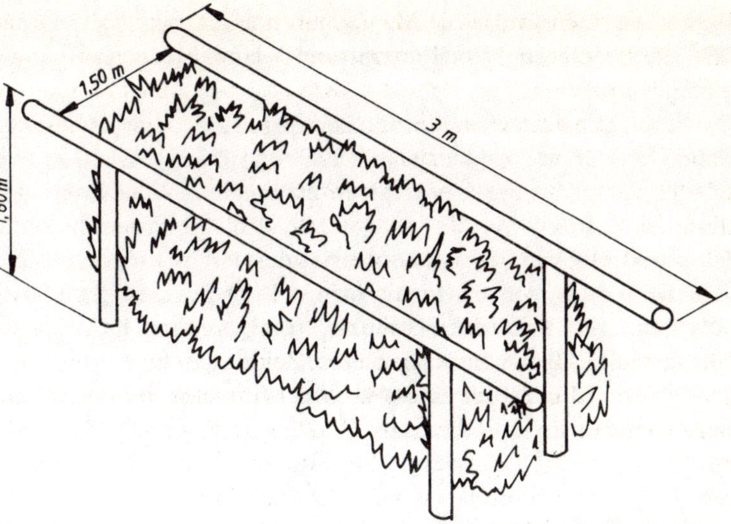

Pferdesport – Hochweitsprung-Hindernis »Oxer« beim Springreiten der S-Klasse; in den niederen Klassen sind die Hindernisse niedriger oder/und kürzer

zaun oder Parkmauer; oder die Namen geben einfach Kombinationshindernisse an (Zwei- beziehungsweise Dreifache Kombination).

Im Springreiten erfolgreiche Pferde sind 9 bis 13 Jahre alt, meist muskulöse Warmblüter mit sprungstarker Hinterhand und großer Springfreudigkeit, zugleich mutig, gelassen, vorsichtig, aufmerksam und folgsam. In der S-Klasse müssen Reiter und Sattelzeug mindestens 75 Kilogramm (Damen: 70 Kilogramm) wiegen. Eingesetzt werden spezielle Springsättel mit vorgeschobenen Seitenblättern und gepolsterten Pauschen. Bandagen für die Pferde sind erlaubt, Reiter dürfen Gerte und stumpfe Sporen einsetzen und müssen eine splitterfreie Sturzkappe tragen.

Die Startfreigabe erfolgt bei freiem Parcours durch ein Glockenzeichen des Starters. Die automatische Zeitmessung läuft, sobald Pferd und Reiter die Startline überquert haben. Der Zielrichter bedient eine Reserveuhr. Absolvieren mehrere Reiter den Parcours vollkommen fehlerfrei, wird in einem oder mehreren *Stechen* (eng-

lisch: *Jumpoff*, französisch: *Barrage*) auf verkürztem Parcours mit weniger, jedoch erhöhten Hindernissen so lange weitergeritten, bis der Sieger feststeht.
Deutsche Springreiter waren seit den fünfziger Jahren oft erfolgreich. Hans Günter Winkler wurde 1954 und 1955 Weltmeister und 1956 Olympiasieger. Hartwig Steenken errang 1972 Olympisches Gold (Mannschaftswertung) und wurde 1974 Weltmeister. Alwin Schockemöhle war 1976 Olympiasieger, Gert Wiltfang gewann 1978 die Weltmeisterschaft und Norbert Koof 1982. In der Mannschaftswertung, Preis der Nationen, errang bei den Olympischen Spielen 1988 die Bundesrepublik die Goldmedaille.
Springreiten ist außerdem Bestandteil des Modernen Fünfkampfes, einer weiteren olympischen Disziplin (siehe Seite 119). Der Parcours ist hier 600 Meter lang, hat 15 Hindernisse und 18 Sprünge und ist in einer Sollzeit von 103 Sekunden zu absolvieren. Der Nullfehlerritt wird mit 1 100 Punkten bewertet, Reit-, Spring- und Zeitfehler werden mit Punktabzug bestraft. Weitere Disziplinen des Modernen Fünfkampfes sind Degenfechten, Schwimmen, Schießen und 4 000-Meter-Geländelauf.

Vielseitigkeitsprüfung

Die früher *Military* genannte Vielseitigkeitsprüfung im Pferdesport ist seit 1912 olympische Disziplin. Jedes Land kann 4 Teilnehmer stellen, die 3 besten Einzelwertungen werden als Mannschaftswertung zusammengezählt. Im geraden Jahr zwischen den Spielen werden Weltmeisterschaften ausgetragen, in den ungeraden Jahren Europameisterschaften. Die Vielseitigkeitsprüfung besteht aus Dressurreiten, Geländeprüfung und Parcoursspringen und wird an 3 oder 4 aufeinanderfolgenden Tagen durchgeführt. In internationalen Wettbewerben sind die Warmblüter 9 bis 14 Jahre alt. Jury und Tierarzt können geschwächte Tiere sperren.

Bei der *Dressur* (siehe Dressurreiten, Seite 165) sind auf dem 60 mal 20 Meter großen Parcoursviereck 20 Lektionen zu reiten.

Gefordert sind Grundgangarten in unterschiedlichen Tempi, Schrittwechsel und mittelschwere Hufschlagfiguren. Gewertet wird mit den bei der Dressur üblichen Noten von 10 = ausgezeichnet bis hin zu 0 = nicht ausgeführt. Die Dauer der Dressurübung beträgt 7½ Minuten.

Die *Geländeprüfung* besteht aus vier Teilen:
- Wegstrecke I, 4 800 bis 7 200 Meter; gefordert wird ein Trabtempo von 220 Meter pro Minute;
- Rennbahn, 3 500 Meter mit 8 bis 10 Hindernissen (bis zu 1 Meter Höhe); gefordertes Tempo 690 Meter pro Minute;
- Wegstrecke II, 6 000 bis 9 000 Meter; Tempo wie Wegstrecke I;
- Querfeldeinstrecke, 6 000 bis 8 000 Meter mit 25 bis 35 festen Hindernissen (nicht höher als 1,20 Meter, Weitsprünge nicht über 4 Meter); Tempoforderung 570 Meter pro Minute.

Die vier Geländeprüfungen finden hintereinander statt; vor der Querfeldeinstrecke gibt es 10 Minuten Zwangspause mit Prüfung der Pferde durch den Tierarzt. Zeitüberschreitungen werden mit 1 Minuspunkt (Wegstrecken I und II), 0,8 Minuspunkten (Rennbahn) und 0,4 Minuspunkten (Querfeldein) bewertet. Gutschriften für schnelleres Reiten gibt es nicht. Erster Ungehorsam auf der Querfeldeinstrecke wird mit 20, zweiter Ungehorsam am gleichen Hindernis mit 40 Minuspunkten, Sturz mit 60 Minuspunkten bestraft. Dritte Verweigerung am gleichen Hindernis und dritter Sturz führen zum Ausschluß.

Das *Parcoursspringen* innerhalb der Vielseitigkeitsprüfung ist ein abgespecktes Springreiten (siehe Seite 173). Die Hindernisse sind nur bis zu 1,20 Meter hoch. Anders als beim Springreiten werden Fehler am Hindernis mit 5 Strafpunkten bewertet, der erste Ungehorsam mit 10, der zweite mit 20 und ein Sturz mit 30 Minuspunkten.

Sieger in der Vielseitigkeitsprüfung ist der Reiter mit den wenigsten Strafpunkten. Haben mehrere Reiter gleich viele Punkte, entscheidet die bessere Wertung bei der Geländeprüfung. Falls dort ebenfalls gleiche Punktzahlen erreicht wurden, ist das bessere Dressurergebnis maßgebend. Sind jedoch alle einzelnen Punktergebnisse gleich, gibt es mehrere Sieger beziehungsweise Plazierte auf den gleichen Plätzen.

Polo

Das Polo ist ein Ballspiel zu Pferde. Zwei Mannschaften mit je 4 Spielern versuchen, mit hammerartigen Schlägern einen Hartball aus gepreßtem Bambusholz (8,25 Zentimeter Durchmesser, 130 Gramm Gewicht) ins gegnerische Tor zu schlagen. Das Spielfeld ist 274 mal 182 Meter groß. Beim Hallenpolo spielen Dreiermannschaften auf 80 mal 40 Metern Spielfläche. Zwei 3 Meter hohe Holzstangen bilden die nach oben offenen Tore. Die Spieler 1 und 2 spielen hauptsächlich im Angriff, die Spieler 3 und 4 in der Verteidigung. Einen Torwart gibt es nicht.
Die Polospieler tragen Kunststoffhelme mit Gesichtsschutz, Bandagen an Körper und Beinen, Polohemden, Reithosen, Stiefel und Handschuhe. Die Pferde sind überwiegend argentinische Ponys und höchstens 1,50 Meter hoch, gemessen am erhöhten Ansatz des Pferderückens an den Hals *(Widerrist)*. Man spricht in diesem Zusammenhang vom *Stockmaß*. Gespielt werden 4 bis 8 Spielabschnitte *(Chukkers)* zu je 7 1/2 Minuten (mit 3 Minuten Pause) und 5 Minuten Pause nach der Hälfte der Chukkers. Jedes Tier darf nur in einer Halbzeit eingesetzt werden.
Das Spiel beginnt mit dem Einwurf des Balles zwischen die beiden Mannschaften durch einen der beiden berittenen Schiedsrichter. Nach Torball erfolgt ebenfalls Einwurf, nach jedem Tor werden die Seiten gewechselt. Bei sogenannten *Handicap*-Spielen erhalten schwächere Mannschaften eine Torvorgabe. Sie wird aus der Leistungsbewertung der Spieler, dem Handicap, ermittelt. Handicap 10 ist Spitzenklasse, Handicap 1 haben Anfänger. Danach werden Mannschaften in *High-Goal*, *Medium-Goal* und *Low-Goal* eingestuft und können so gegeneinander antreten.
Der etwa 1,30 Meter lange Stock darf nur in der rechten Hand in

einer Schlaufe gehalten werden. Die drei wichtigsten Schläge heißen *Pull*, zum Pferd hin; *Cut*, vom Pferd weg, und *Drive*, entlang des Pferdes. Die Schlagrichtung wird mit *Near-side*, links des Pferdes, *Off-side*, rechts des Pferdes, *Forehanders*, an der Vorderseite des Pferdes, und *Backhanders*, an der Rückseite des Pferdes, bezeichnet. Beim Sturz eines Pferdes wird das Spiel unterbrochen, beim Sturz eines Spielers nur dann, wenn er sich verletzt hat. Der Spieler, der der Lauflinie des Balles folgt oder im kleinsten Winkel hierzu anreitet, hat Wegerecht und darf nicht behindert werden. Verboten sind Kreuzen des Balles vor dem Wegerecht-Spieler, gefährliches Kreuzen eines Gegners, Behinderung oder Hakeln mit dem Stock, unkorrektes Reiten. Allerdings darf ein Gegner mit dem Stock am Schlag gehindert werden, wenn sich der Ball zwischen zwei parallel laufenden Pferden befindet. In einer solchen Situation darf der Gegner auch abgedrängt (abgeritten) werden, jedoch ohne Zuhilfenahme der Ellbogen.
Gefährliche Torverhinderung führt zum Straftor (nach erfolgreichem Straftor kein Seitenwechsel, sondern Einwurf 9 Meter vor dem Tor der bestraften Mannschaft). Bei anderen Regelwidrigkeiten werden Freischläge aus 27, 36 oder 54 Meter Entfernung oder vom Ort des Regelverstoßes aus gegeben. Bei Ausball der verteidigenden Mannschaft über die eigene Torlinie gibt es Freischlag für den Gegner von der 54-Meter-Linie aus.
Viermal stand Polo auf dem olympischen Programm: 1908, 1920, 1924 und 1936. Internationale Poloturniere von hohem Ansehen gibt es vor allem in England, in den USA, in Südamerika und in Italien. Deutsche Poloklubs gibt es in Berlin, Düsseldorf, Hamburg und München. Sie sind der Deutschen Reiterlichen Vereinigung angeschlossen.

RADSPORT

Radsport findet für Amateure und Berufsfahrer statt. In mehreren Disziplinen starten inzwischen auch Damen, in separaten Wettbewerben. Olympische Disziplinen sind im Straßenrennsport die Straßenrennen für Damen und Herren sowie das 100-Kilometer-Mannschafts-Zeitfahren; im Bahnrennsport die 1 000-Meter-Fliegerrennen für Damen und Herren, das 1 000-Meter-Zeitfahren, das 4 000-Meter-Verfolgungsrennen (Mannschaft und Einzel) sowie das Punktefahren. Deutsche, Europa- und Weltmeisterschaften werden teils für Amateure, teils für Profis ausgetragen.
Dachorganisation der Amateure ist der Bund Deutscher Radfahrer mit etwa 120 000 Mitgliedern. Die Profis sind im Deutschen Berufsradrennfahrer-Verband zusammengeschlossen. Die Veranstalter der Wettbewerbe sind im Verband Deutscher Radrennbahnen organisiert. Die wichtigsten internationalen Straßenrennen werden von der Association Internationale des Organisateurs des Courses Cyclistes mit Sitz in Paris durchgeführt. Berühmteste Profirennen sind die Tour de France und der Giro d'Italia, wichtigste Amateurrennen die Rheinland-Pfalz-Rundfahrt und der Grand Prix Wilhelm Tell.
Erste Radrennen gab es schon, lange bevor das Rennrad erfunden wurde. 1819 gab es ein Wettfahren der Draisinen, 1865 ein erstes Straßenrennen auf Hochrädern über 500 Meter in Amiens. 1869 fand das erste Langstreckenrennen über 130 Kilometer auf der Strecke Paris–Rouen statt, 1880 das erste Rennen über die Alpen, von Paris bis Mailand und zurück. 1903 wurde die Tour de France zum ersten Mal über 4 000 Kilometer gefahren, bereits auf Rädern mit Hinterrad-Kettenantrieb und auf den von Dunlop erfundenen Luftreifen. Das Sechstagerennen auf der Bahn wurde 1891 in New York erstmals gefahren.

Moderne Rennräder sind sehr leicht und werden für Spitzenfahrer »maßgeschneidert«. Sie wiegen nur zirka 8 Kilogramm, haben Schaltungen für 10 bis 18 Gänge, Felgenbremsen vorn und hinten. Die Vorderradbremse liegt grundsätzlich hinter der Gabel, die Bremskabel sind durch den Rahmen gezogen. Die schmalen, hauchdünnen, stark aufgepumpten Spezialreifen wiegen nur 175 bis 350 Gramm. Die Pedale aller Rennräder sind auf spezielle, leichte Renntretkurbeln geschraubt und haben Rennhaken aus Leichtmetall, die die Fußspitzen festhalten und ein Abgleiten von den Pedalen verhindern. Als Lenker hat sich allgemein der Hirschlenker durchgesetzt, der nach vorn über die Gabel hinausragt und dessen Griffe halbkreisförmig nach unten gebogen sind.
Bahnräder sind noch leichter (zirka 6 Kilogramm); der Rahmen ist kürzer, die Nabe starr. Sie haben weder Schaltung noch Bremsen. Der Fahrer bremst durch Gegentreten oder mit dem Bremshandschuh auf dem Vorderrad. Die Seidenreifen der Bahnräder wiegen nur etwa 90 bis 180 Gramm. Steherräder haben ein kleineres Vorderrad; so kann der Fahrer möglichst dicht an der Schrittmachermaschine (Motorrad) stehen. Der Rennsattel von Steherrädern ist noch schmaler als bei allen anderen Rennrädern, um die Reibungsfläche zu verringern.
In Deutschland ist für die Fahrer das Tragen eines Sturzringes bei allen Radrennen vorgeschrieben. Der Sturzring (auch Sturzkappe) besteht aus einem Drahtgeflecht, das dick mit Leder abgepolstert ist, um den Fahrer bei Stürzen vor schweren Kopfverletzungen zu schützen. Außerdem tragen die Fahrer dunkle Rennschuhe mit einem Metallbeschlag unter der Sohle, der festeren Stand auf den Pedalen gewährleistet. Schwarze, knielange Hosen, Trikots mit der Startnummer auf dem Rücken (oder am Arm), fingerlose Handschuhe sind obligatorisch. In kühleren Jahreszeiten sind wärmende Pflaster an Knien und Nieren üblich.

Straßenrennsport

Straßenrennen

Als Straßenrennen werden Wettbewerbe auf öffentlichen Straßen und Wegen oder auf Rundstrecken, die auch dem Motorsport dienen, bezeichnet. Straßen müssen in der Rennzeit für den öffentlichen Verkehr gesperrt und für das Rennen markiert sein; das Ziel ist sowohl durch eine Linie auf der Straße als auch durch ein darübergespanntes Transparent gekennzeichnet.
Der Wettkampfausschuß leitet das Rennen. Begleitrichter begleiten in gekennzeichneten Autos das Rennen, auch Start und Ziel werden von Rennrichtern kontrolliert. Hinter dem letzten Fahrer fährt ein Schlußwagen mit gelber Flagge und gibt mit diesem Zeichen den Verkehr grundsätzlich wieder frei. Bei längeren Rennen dürfen die Fahrer an bestimmten Stellen Verpflegung und Getränke annehmen. Straßenfahrer haben auch eine Getränkeflasche bei sich, die am Rahmen befestigt ist. Wenn sich Fahrer schieben oder ziehen lassen, müssen sie mit Disqualifizierung rechnen. Technische Hilfen bei Stürzen und Defekten sind in den einzelnen Straßenrennen in unterschiedlichem Umfang erlaubt.
Bei Olympischen Spielen stehen Straßenrennen für Damen und Herren auf dem Programm (Einzelwertung). Bei den Olympischen Spielen 1988 eroberte für die deutsche Herren O. Ludwig die Goldmedaille, Jutta Niehaus errang im Damen-Straßenrennen die Silbermedaille. Weltmeisterschaften finden für Profis und Amateure, jeweils Damen und Herren, statt.

Rundstreckenrennen

So werden gewöhnliche Straßenrennen bezeichnet, die auf einem Rundkurs stattfinden. Die Rennlänge beträgt meistens mehr als 5 Kilometer, der Kurs kann dabei ein- oder mehrmals durchfahren werden. Start und Ziel sind bei Rundstreckenrennen identisch. Rundkurse werden von den Zuschauern bevorzugt, weil die Fahrer mehrmals zu sehen sind. Meist finden an einem Renntag mehrere Rennen für verschiedene Leistungsklassen statt, auf demselben

Kurs, aber mit unterschiedlicher Rundenzahl. Es ist aber auch möglich, unterschiedliche Leistungsklassen in einem Rennen zu starten und den Schwächeren eine Vorgabe zu gewähren.

Bergrennen

Bergrennen werden in der Regel über 5 Kilometer gefahren, wobei mehrere, unterschiedlich steile Steigungen und Gefälle auf Bergstraßen zu überwinden sind. Die Rennen werden als Zeitrennen ausgetragen, das heißt, die Fahrer starten einzeln, in bestimmten Abständen, und fahren nur gegen die Uhr. Überholt ein Fahrer einen zuvor gestarteten Konkurrenten, so muß er einen seitlichen Abstand von mindestens 2 Metern halten, denn die Regeln verbieten es, den Windschatten des (noch) Vorausfahrenden auszunutzen. Auch der Überholte darf den Windschatten des Überholenden nicht nutzen. Sieger ist der Fahrer mit der besten Zeit.

Etappenrennen

Das sind Straßenrennen über mehrere Etappen, die an aufeinanderfolgenden Tagen gefahren werden und jeden Tag zu einem anderen Etappenziel führen. Täglich gibt es einen Etappensieger. Gesamtsieger wird, wer bei Addition aller Etappenzeiten die Strecke in der kürzesten Gesamtzeit gefahren ist. Er braucht dazu nicht ein einziges Mal Etappensieger gewesen zu sein. Begleitfahrzeuge führen Ersatzteile und Ersatzräder mit. Unterwegs sind Verpflegungsstellen eingerichtet. Die berühmtesten Etappenrennen sind die Tour de France und der Giro d'Italia mit Einzel- und Mannschaftswertung, beide für Berufsrennfahrer.

Die Tour de France wurde erstmals 1903 über 4 000 Kilometer gefahren. Sie findet seitdem, die beiden Weltkriege ausgenommen, jährlich statt. Die Streckenlängen liegen immer zwischen 3 500 und 4 000 Kilometer, verteilt auf 20 bis 23 Etappen. Früher war stets Paris Start- und Zielort der Tour. Heute wird von immer anderen Orten aus gestartet; auch in Berlin wurde die Etappenfahrt schon einmal begonnen. Das Ziel steht jedoch nach wie vor auf den Champs Elysées in Paris.

Die Strecke wird jedes Jahr neu festgelegt. Um die Etappenziele bewerben sich einzelne Städte; sie zahlen für den Zuschlag hohe Beträge an die Veranstalter (die Pariser Zeitungen L'Équipe und Le Parisien Libéré). Die schwierigsten Etappen finden sich in den Alpen und den Pyrenäen. Dort gibt es auch eine spezielle Bergwertung und eine Extrageldprämie für den schnellsten Fahrer (siehe Seite 183, Bergrennen). Weitere Sonderwertungen werden auf verschiedenen Etappen vorgenommen (siehe Seite 186, Zeitfahren).
Auf jeder Etappe trägt der bis dahin Beste nach der Gesamtzeit das *Gelbe Trikot*. Neben der Zeitwertung gibt es noch eine Punktwertung unter Einbeziehung der Sonderprüfungen; der jeweils Punktbeste trägt das Grüne Trikot. Deutsche Fahrer waren bei der Tour de France oft erfolgreich, für einen Gesamtsieg reichte es jedoch noch nie. Erfolgreich war Rudi Altig im Jahr 1962 mit 8 Etappensiegen und dem Sieg in der Punktwertung. Dietrich Thurau war 1977 14 Etappen lang Gesamtzeitbester und trug das Gelbe Trikot. Seit 1984 findet jährlich, zeitgleich zur Herrentour, auch eine Damentour mit Etappenlängen von maximal 60 Kilometern statt.
Der Giro d'Italia wird seit 1909 jährlich als Konkurrenz zur Tour de France gefahren. Er führt über die Alpen und die Abruzzen und durch sommerliches Mittelmeerklima; zahlreiche seiner Etappen gelten als die schwierigsten der Welt. Meistens gewannen Italiener den Wettbewerb, mit großem Abstand auch französische Fahrer (Hinault siegte 1980, 1982, 1985). Seit 1988 veranstalten die Italiener ebenfalls einen Damen-Giro.

Kriterium

Dieser Begriff bezeichnet ein Straßenrennen, das auf einem Straßenrundkurs von zirka 800 bis 1 500 Metern über 50 bis 100 Runden gefahren wird. Um in der Wertung zu bleiben, muß ein Fahrer die Strecke innerhalb einer Gesamthöchstzeit absolvieren. Alle 5 bis 10 Runden, je nach Ausschreibung, können Punkte erspurtet werden.
Überrundungen werden höher bewertet als Spurtpunkte. Als Überrundung gilt, wenn sich ein Fahrer vom Feld gelöst und um eine

Runde voraus das Ende des Feldes wieder erreicht hat. An bestimmten Stellen werden Ersatzteile und Ersatzräder bereitgehalten. Sieger ist der Fahrer mit der höchsten Punktzahl.

Querfeldeinrennen

Die auch *Cyclo-Cross* genannten Wettbewerbe finden überwiegend zwischen Oktober und März, auch bei Schnee, auf einem zirka 2 000 Meter langen Rundkurs statt, der von Profis und Spitzenamateuren (Kategorie A) meist zehnmal durchfahren wird. Drei Viertel der Strecke sollen auf ebenen, fahrtauglichen Wegen und Straßen absolviert werden, die verbleibende Strecke führt durch schwieriges Gelände mit natürlichen, teils auch künstlichen Hindernissen. Es ist erlaubt, das Rad zu schieben, zu tragen oder auch zu wechseln. Grundsätzlich starten Berufsfahrer und Amateure im selben Rennen, bei internationalen Wettbewerben jedoch die Profis und der Amateurweltmeister hinter dem Amateurfeld. Ein Amateur der B-Kategorie, der während einer Saison dreimal einen der besten fünf Plätze erreicht hat, kann noch in der gleichen Saison in die A-Kategorie überwechseln. Jährlich finden Weltmeisterschaften statt. Rolf Wolfshohl war 1960, 1961 und 1962 Weltmeister, Klaus-Peter Thaler 1973 und 1976, zuvor zweimal Amateurweltmeister.

Vierermannschaftsfahren

Bei dieser Art von Straßenrennen wird in der Regel eine Strecke von 100 Kilometern gefahren. Die vier Fahrer einer Mannschaft, bei internationalen Wettbewerben einer Ländermannschaft (sonst auch Verbands- oder Vereinsmannschaft), starten gemeinsam und fahren gegen die Uhr. Die weiteren Mannschaften starten in Zeitabständen. Drei der vier Fahrer müssen gemeinsam oder in Abständen von maximal 20 Sekunden durchs Ziel fahren. Gelingt dies nicht, so wird die Mannschaft disqualifiziert. Stets wird nur die Zeit eines Fahrers gewertet, allerdings nicht automatisch die des Erstplazierten; der besondere Reiz des Vierermannschaftsfahrens besteht darin, daß vor dem Start vereinbart wird, wessen Fahrzeit zur Wertung herangezogen wird. Wenn alle vier Fahrer der Mannschaft dicht an dicht durchs Ziel fahren, wird unabhängig von der Vereinbarung die Zeit des dritten Fahrers gewertet. Sieger wird die Mannschaft mit der kürzesten Wertungszeit.

Zeitfahren

Das Zeitfahren im Straßenrennsport (auch im Bahnsport gibt es ein Zeitfahren – siehe Seite 191) ist ein Einzel- und Mannschaftswettbewerb. Die Fahrer starten einzeln oder als Mannschaft und fahren immer gegen die Uhr. Zeitfahren wird auch als Sonderwertung im Verlauf von Etappenrennen durchgeführt. Sieger ist grundsätzlich der Fahrer mit der kürzesten Streckenzeit. Beim Vierermannschaftsfahren wird jedoch vorab vereinbart, von welchem Fahrer die Zeit genommen werden soll, die dann als Mannschaftszeit gilt.

Bahnrennsport

Als Bahnrennsport werden Rennen bezeichnet, die auf speziellen Radrennbahnen stattfinden. Man unterscheidet Sommerbahnen im Freien, mit Kunststoff-, Asphalt- oder Zementbelag, und Winterbahnen in Hallen, überwiegend mit Belägen aus Holz (oder Kunststoff). Die ovalen Bahnen sind nur 200 bis 500 Meter lang und in den beiden 180-Grad-Kurven steil überhöht. Grundsätzlich muß rechts überholt werden. Farbige Linien dienen den Fahrern zur Orientierung: Eine rote Linie im äußeren Bahndrittel besagt, daß oberhalb dieser Linie andere Fahrer ausnahmsweise links überholt werden dürfen. Zum Halleninnern grenzt eine schwarze Linie die Bahn ab; sie darf nicht überfahren werden. Eine blaue Linie gilt als Innenbegrenzung für Steherrennen. Eine gelbe Linie gilt für Ablösungen bei Mannschaftsrennen.
Der Wettkampfausschuß besteht aus Startrichter, Zielrichter, Rundenzähler, Zeitnehmer, Wertungszähler, Fahrbeobachter und Glokkenzeichengeber. Dem Ausschuß gehören auch die Starthelfer an. Einige Bahnrennen sind olympische Disziplinen, in allen anderen gibt es nationale und internationale Meisterschaften.

Fliegerrennen

Diese Rennen werden auch Sprint, Sprinterrennen oder Malfahren genannt. Sie gehen immer über 1 000 Meter; stets fahren 2 Wettbewerber gegeneinander, wobei einer von beiden in der ersten Runde die Führung übernehmen muß. Die Fahrtaktik besteht darin, durch Stehversuche und andere taktische Manöver den Gegner in die Führungsposition zu bringen, um ihn dann im Endspurt zu überholen. Beim Stehversuch, der mehrere Minuten dauern kann, darf der Fahrer mit seinem Rad stillstehen, aber weder mit den Füßen den Boden berühren noch rückwärts fahren. Sieger ist derjenige Fahrer, der zuerst zwei Rennen gewonnen hat, bei Unentschieden wird ein Entscheidungsfahren gestartet. Die Räder haben weder Freilauf noch Bremsen oder Gangschaltung, gebremst wird durch Gegentreten.
Fliegerrennen sind olympische Disziplin für Damen und Herren, für letztere schon seit 1896. Weltmeisterschaften gibt es seit 1893 für Amateure und seit 1895 für Profis. Damit gehören die Fliegerrennen zu den ältesten Radsportarten.

Verfolgungsrennen

So werden Wettbewerbe auf Radrennbahnen bezeichnet, bei denen Einzelfahrer oder Vierermannschaften gegen die Uhr fahren. Die Fahrer beziehungsweise Mannschaften starten einzeln, in gleichmäßigen Zeitabständen. Holt ein später gestarteter Fahrer einen voranfahrenden ein, so scheidet letzterer aus. Folglich ist entweder der letzte Überholer in einem Verfolgungsrennen Sieger oder derjenige Fahrer, der, ohne zu überholen, die Strecke in der kürzesten Zeit absolviert. Mannschaften müssen geschlossen durchs Ziel fahren, die Zeit des dritten Fahrers wird gewertet.
Die Rennen gehen über verschiedene Distanzen: Damen 3 000 Meter, Amateure/Herren 4 000 Meter, Profis 5 000 Meter. Bei Olympischen Spielen werden 4 000-Meter-Verfolgungsrennen für Einzelfahrer und für Mannschaften (nur Herren) gefahren. Es gibt nationale, Europa- und Weltmeisterschaften.

Tandemrennen
Das Tandem ist ein Fahrrad für zwei hintereinander sitzende Fahrer; beide treiben über den Kettenantrieb das Hinterrad an, der Vordermann muß das Gefährt lenken. Für Tandemrennen werden spezielle Renntandems gebaut, sie sind wesentlich kürzer als Freizeit-Tandems, die Fahrer sitzen dicht hintereinander. Tandemrennen werden nach der Taktik von Fliegerrennen gefahren (siehe Seite 187). Entscheidend sind die letzten 200 Meter, für die die Zeit gesondert gestoppt wird. Bis 1972 waren Tandemrennen olympische Disziplin. Für Amateure gibt es nationale Wettbewerbe und Weltmeisterschaften.

Steherrennen
Diese Rennsportart hat ihren Namen vom »Steher«, das ist der Mann auf der Schrittmachermaschine. Er fährt ein Motorrad stehend an einem langen Lenker, um dem hinter ihm fahrenden Rennfahrer Windschatten zu bieten. Hinter dem Hinterrad des Motorrades ist ein Gestänge mit einer leicht drehbaren Rolle befestigt, die der Radler während des Rennens möglichst ständig berühren soll. So kann er den Windschatten optimal nutzen. Kommt er »von der Rolle«, verliert er Zeit. Je besser Steher und Radrennfahrer aufeinander eingespielt sind, desto größer sind die Gewinnchancen. Bei Steherrennen werden Geschwindigkeiten bis zu 60 Kilometer pro Stunde erreicht. Die Distanzen sind verschieden groß; Amateure fahren 10 bis 70 Kilometer, Profis bis 100 Kilometer, für beide gibt es auch Stundenrennen. Die erste Weltmeisterschaft fand 1893 für Amateure statt, 1895 bereits für Profis. Seit 1987 müssen Teilnehmer an der Weltmeisterschaft zwei Rennen bestreiten: eines mit ihrem Standard-Schrittmacher, das andere mit einem ausgelosten Schrittmacher. Beide Zeiten werden addiert. Weltmeister ist der Wettbewerber mit der kürzesten Gesamtzeit.
Es gibt auch Schrittmacher-Rennen mit Leichtmotorrädern (weniger als 100 Kubikzentimeter Hubraum), die ohne Rolle gefahren werden. Der Rennfahrer sucht den Windschatten des Schrittmachers durch dichtes Auffahren an das Hinterrad des Motorrades.

Die nach einem französischen Motorradkonstrukteur genannten Derny-Rennen finden auf Straßen oder Bahnen statt. Derny-Europameisterschaften werden in der Halle gefahren.

Keirin

Bei dieser in Japan erfundenen Rennform starten bis zu neun Fahrer hinter einer einzigen Schrittmachermaschine zu einem Kurzstreckenrennen über wenige Runden. 3 bis 4 Runden lang versuchen die Fahrer, aus dem dichten Pulk heraus eine möglichst günstige Position für den Endspurt auf den letzten 200 Metern zu erreichen. Ein Fahrer muß die Führung übernehmen, und die Wettkampfleitung gibt ihm in der Taktikphase Anweisungen über Lautsprecher. Für das kombinierte Sprint- und Punkterennen gibt es Profiweltmeisterschaften.

Punktefahren

Das ist ein Bahnwettbewerb, bei dem auf einer jeweils festgelegten Gesamtstrecke eine ebenfalls festgelegte Zahl von Wertungsspurts absolviert werden muß. Für jeden Spurt gibt es 5 Punkte für den schnellsten Fahrer, 3 Punkte für den Zweitschnellsten, 2 Punkte für den Drittplazierten und 1 Punkt für den Vierten. Der letzte Spurt wird doppelt gewertet. Der Gewinn einer Runde geht vor Punktgewinn. Alle Punkte werden addiert. Sieger ist der Fahrer mit den meisten Punkten. Gelegentlich werden die Wertungen abgewandelt. Punktefahren ist erst seit 1984 olympische Disziplin. Für Amateure und Profis werden gesonderte Weltmeisterschaften ausgetragen.

Omnium

Omnium ist ein beim Publikum beliebter Bahnsportwettbewerb, bei dem je nach Ausschreibung des Veranstalters mehrere Bahnsportarten von allen Rennfahrern nacheinander bestritten werden müssen. Der Name Omnium ist der lateinischen Sprache entnommen, omnius bedeutet soviel wie »alles«. Für jede einzelne Bahnsportart werden Punkte vergeben, also zum Beispiel für Fliegerrennen, Verfolgungsrennen, Steherrennen und Punktefahren. Gesamtsieger des Omniums wird der Fahrer mit der höchsten Punktzahl aus allen Rennen.

Sechstagerennen
Hochburg der Sechstagerennen ist Berlin, hier wurde 1909 das erste deutsche Radrennen dieser Art ausgetragen. In Berlin hat es mehr Sechstagerennen gegeben als in New York, wo die Rennform Ende des 19. Jahrhunderts, noch auf Hochrädern, erfunden wurde. Berühmter Austragungsort der Berliner Sechstagerennen war der Sportpalast, beliebte Begleitmusik ist der Sportpalast-Walzer. Das Langzeitrennen findet ausschließlich auf Hallenbahnen statt. Ursprünglich fuhren je zwei Fahrer 6 Tage und Nächte lang durch, wobei jeweils der »Neutralisierte« sich ausruhen, essen und schlafen durfte. Von der Hitler-Regierung wurden die Sechstagerennen verboten (1934 bis 1945).
Bei heutigen Sechstagerennen werden von den Berufsfahrern nur noch etwa 50 Fahrstunden an 6 Nachmittagen und Abenden absolviert; in der neutralisierten Zeit werden die Fahrer von einer speziell eingerichteten Küche verpflegt. In Abständen werden besondere Zeitrunden mit Extra-Punktwertungen eingeläutet. Offizielle Meisterschaften im Sechstagerennen gibt es nicht. Allerdings wurde in der Saison 1966/67 ein Weltpokal für das beste Zweierteam eines jeden Jahres gestiftet.
Sechstagefahrer sind ausschließlich Profis; die Rennen werden in verschiedenen Ländern ausgetragen. Der Belgier Patrick Sercu ist mit 88 Sechstage-Rennsiegen zwischen 1969 und 1983 erfolgreichster Fahrer aller Zeiten. Klaus Bugdahl ist mit 37 Siegen bester Deutscher. Allerdings fahren die Sechstage-Profis auch noch andere Rennen. So wurde zum Beispiel Sercu zweifacher Profiweltmeister im 1 000-Meter-Zeitfahren; er gewann 11 Europameisterschaften im Omnium, 6 im Zweiermannschaftsfahren und eine im Derny-Steherrennen. Gustav Kilian, 34facher Sechstage-Rennsieger, wurde später Bahntrainer des Bundes Deutscher Radfahrer; unter seiner Leitung errangen deutsche Bahnfahrer 4 Olym-

piasiege und gewannen 13 Weltmeisterschaften. Kilian wurde 1978 mit dem Fairneßpreis der UNESCO geehrt. Damit ist dieser Sportler Deutschlands erfolgreichster Radrennfahrer aller Zeiten.

Vorgaberennen

So bezeichnet werden Bahnrennen, bei denen Fahrer schwächerer Leistungsklassen gegenüber den besseren einen Vorsprung erhalten. Sieger ist allemal derjenige Fahrer, der als erster durch das Ziel geht. Bei internationalen Wettbewerben ist Vorgabe nicht üblich, da hier ausschließlich Spitzenfahrer starten.

Ausscheidungsfahren

Bei dieser Bahnsportart scheidet der jeweils letzte Fahrer eines Feldes in jeder Wertung (die in bestimmten Abständen stattfindet) aus. Es wird so lange gefahren, bis nur noch zwei oder vier Fahrer auf der Bahn sind. Unter ihnen wird derjenige in der letzten Wertung Sieger, der als erster das Ziel erreicht.

Zeitfahren

Das Zeitfahren im Bahnrennsport ist eine Disziplin mit Einzelstart. Distanzen sind: 500 Meter und 1 000 Meter; oder es wird 1 Stunde Dauer zugrundegelegt. Die Einzelfahrer fahren, in ausgeloster Startreihenfolge, ausschließlich gegen die Uhr. Sieger wird der Fahrer mit der besten Zeit beziehungsweise beim Stundenfahren mit der größten Kilometerleistung.

Hallen- und Saalradsport

Kunstfahren, Radball und Radpolo werden unter den Begriffen Hallen- oder Saalradsport zusammengefaßt. Die Fahrer sind in den nationalen Radsportverbänden organisiert.

Kunstfahren

In den Wettbewerben wird turnerisches und artistisches Können auf speziellen Kunsträdern gezeigt. Für die Ausstattung der Räder gibt es Vorschriften: Die Vorderradgabel ist (fast) senkrecht und nicht gebogen, um den Schwerpunkt weit nach hinten zu verlagern. Die Lenker müssen Griffe haben oder abgerundet verlötet sein. An den Räderachsen sind beidseitig Trittdorne zugelassen. Breite, serienmäßige Ledersättel sind obligatorisch. Die Übersetzung ist 1:1. Beide Räder müssen gleich groß sein. Bei einer Rahmenhöhe von 46 Zentimetern und mehr, ist die Radgröße mit 24 Zoll Durchmesser vorgegeben, ab 50 Zentimeter Rahmenhöhe mit 26 Zoll Durchmesser. Kunsträder sind möglichst leicht gebaut.

Gefahren wird auf einem Rechteck mit einer Länge von 12 bis 14 Meter und einer Breite von 9 bis 11 Metern. In der Mitte befinden sich zwei markierte Kreise von 4 und 8 Meter Durchmesser, an denen bestimmte Figuren zu absolvieren sind. Es gibt Wettbewerbe im Einer-, Zweier-, Vierer- und Sechserkunstfahren, für Einer und Zweier (Damen und Herren) werden jährlich Europa- und Weltmeisterschaften veranstaltet.

Die Fahrer legen Reihenfolge und Schwierigkeit ihres Programms selbst fest und teilen dies auf einem Wertungsbogen dem Kampfgericht mit. Es sind maximal 28 Figuren für Einer-Kunstfahrer, 22 für Zweier-, 25 für Vierer- und Sechsergruppen zugelassen. Die Figuren (Übungen) haben bestimmte Bezeichnungen, zum Beispiel Sattel-Lenker-Handstand, Sattelhandstand (freihändig), Sattelkopfstand, Steiger-Drehung (auf dem Hinterrad), Stillstände, Drehsprünge. Ein Programm darf höchstens 6 Minuten dauern.

Für ein fehlerfrei absolviertes Programm vergibt das Kampfgericht (Obmann und 2 Kampfrichter) 200 Punkte. Bewertet werden Ausführung, fließender Ablauf, Haltung und Schwierigkeitsgrad. Für Nichterfüllung der Schwierigkeit, Absteigen vom Rad und Nichteinhaltung der angegebenen Figurenreihenfolge gibt es Punktabzug zwischen 50 und 100 Prozent; kleinere Fehler, zum Beispiel Unsicherheiten oder Straucheln werden mit ½ bis 3 Punktabzügen bewertet. Bei Defekt des Rades kann der gesamte Vortrag ohne Punktabzug wiederholt werden.

Radball

Zwei Zweiermannschaften spielen ohne Torwart auf der 14 mal 11 Meter großen Spielfläche (wie beim Kunstradfahren) zwei Halbzeiten zu je 7 Minuten mit Seitenwechsel. Die Tore sind 2 Meter breit und 2 Meter hoch. Der halbkreisförmige Strafraum um die Tore herum hat einen Radius von 4 Metern. Der runde Stoffball hat zirka 18 Zentimeter Durchmesser und wiegt zirka 500 Gramm. Das stabile, etwa 13 Kilogramm schwere Radballfahrrad ohne Bremse ist mit hochgezogenem Lenker und starrer Hinterradnabe ausgestattet. Die Übersetzung ist fast 1:1. Radball wird (bisher) nur von Herren gespielt.

Der Ball darf nur mit dem Rad oder mit dem Körper gespielt werden. Bei Spiel mit dem Körper müssen die Hände am Lenker die Füße auf den Pedalen sein. Ausnahme: Im Strafraum darf der verteidigende Fahrer den Ball mit den Händen abwehren. Nach Bodenberührung mit Füßen oder Körper muß der Fahrer die Torauslinie überfahren und darf danach wieder ins Spiel. Für Regelverstöße im Strafraum gibt es 4-Meter-Strafstoß, in allen anderen Fällen Freistoß. Im Hallenradball gibt es seit 1929 Weltmeisterschaften und seit 1967 einen Europapokal. Außerdem werden nationale Meisterschaften ausgetragen.

Im Freien wird Rasenradball mit Sechsermannschaften auf einem 60 mal 40 Meter großen Feld gespielt. Die Spieldauer beträgt zweimal 20 Minuten. Die weiteren Regeln entsprechen denen des Hallenradballs.

Radpolo

Radpolo ist ein Spiel nur für Damen. Ein Spiel dauert zweimal 5 Minuten. Spielfeld, Tore und Regeln entsprechen denen des Radballs. Die Spielerinnen der Zweiermannschaften spielen mit Polostöcken von knapp 1 Meter Länge, gefertigt aus Holz oder Rohr, mit einem hölzernen Schlaghammer am Ende. Der hölzerne Ball ist mit Filz überzogen und hat 10 Zentimeter Durchmesser. Jährlich werden Deutsche Meisterschaften ausgetragen.

SCHIESS-SPORT

Jagd und Krieg haben in der Geschichte den Ausschlag für die Entwicklung von Schußwaffen gegeben. Wurfgeschosse gab es schon in der Steinzeit, Römer und Griechen verwendeten bereits Schleudergeräte. Pfeil und Bogen wurden im 15. Jahrhundert nach Erfindung des Schießpulvers von Vorderladerbüchsen abgelöst. Im 19. Jahrhundert wurden die Hinterlader entwickelt, die als Vorgänger moderner Schußwaffen gelten dürfen.
Im modernen Schießsport sind Aktive und Funktionäre bemüht, das kriegerische Element zu verdrängen und den sportlichen Charakter hervorzuheben. Tatsächlich hat zu allen Zeiten der Wettbewerb darum, der beste Schütze zu sein, eine wichtige Rolle gespielt, wenn auch mit sehr unterschiedlichen Hintergründen. Der Deutsche Schützenbund hat etwa 1,2 Millionen Mitglieder in zahlreichen Schützenvereinen. Internationaler Dachverband ist die Union Internationale de Tir (UIT). Die sportliche Wertschätzung des Schießens ist weltweit groß. Seit 1896 stehen Schießwettbewerbe auf dem olympischen Programm. Außerdem gibt es alle vier Jahre Europa- und Weltmeisterschaften. 1986 wurden Weltpokalwettkämpfe eingeführt, die zugleich als Olympiaqualifikation gelten. Weltrekorde werden wegen unterschiedlicher Bedingungen und Wertungen nur anerkannt, wenn sie bei internationalen Wettbewerben erreicht wurden. Damen haben bis 1984 mit den Herren an gemeinsamen olympischen Schießwettbewerben teilgenommen und führen nun eigene Konkurrenzen durch.
Im Schießsport gelten strikte Vorschriften über Waffen, Munition, Schießstände und Schießplätze, Scheiben und Ablauf der Wettkämpfe. Zur Ausrüstung von Wettkampfschützen gehören die geforderten Waffen, Schießjacke, Handschuhe und Schießbrille (zum Abdecken des nicht zielenden Auges und, falls nötig, zur

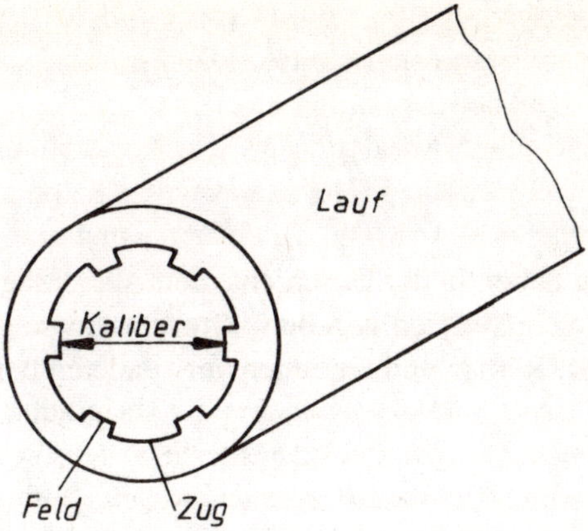

Schießsport – Gewehr/Pistolenlauf mit Zügen und Feldern; das Kaliber wird an der Innenkante der Felder gemessen

Augenkorrektur). Beim internationalen und olympischen Gewehr- und Pistolenschießen führen die jeweils besten 8 Schützen einen Endkampf über je 10 Schuß durch. Die Entscheidungen im Dreistellungskampf (Damen und Herren) werden im Stehendanschlag geschossen. Beim Finale mit der Schnellfeuerpistole der Herren (4-Sekunden-Serie) und der KK-Sportpistole (Kleinkaliber) der Damen werden zweimal 5 Schuß abgegeben.
Die immer präziser werdenden Sportwaffen machten kleinere Zentren der Zehner-Ringscheiben erforderlich. Die »10« für das Luftgewehr hat nur noch 0,5 Millimeter Durchmesser, die für das Kleinkalibergewehr 10,4 Millimeter, die für die Luftpistole 11,5 Millimeter. Für die Schnellfeuerpistole wurde eine Zehner-Ringscheibe mit einem Gesamtdurchmesser von 10 Zentimetern eingeführt.

Gewehrschießen

Bei olympischen Wettbewerben für das Kleinkaliberschießen (5,6 Millimeter), genannt *Kaliber .22*, Gewehrgewicht 5 Kilogramm, Einzellader, ohne Zielhilfen, wird aus einer Entfernung von 50

Metern geschossen. Es findet ein Herrenwettbewerb aus dem Liegen statt, mit 40 Schuß je Schütze. Damen und Herren schießen außerdem im Dreistellungskampf mit den Anschlagsarten liegend, kniend, stehend; dabei werden je 20 Schuß abgegeben. Das olympische Luftgewehrschießen (Höchstgewicht 5 Kilogramm, Kaliber 4,5 Millimeter), aus 10 Meter Entfernung und mit 40 Schuß je Schütze, wird im Stehen ausgetragen. 1992 neu eingeführt ist ein Wettbewerb mit Luftgewehren: 10 Meter Entfernung, stehend, auf laufende, punktierte Scheibe zielend. Er ersetzt das Kleinkaliberschießen auf den laufenden Keiler, eine mit einem Wildschwein bemalte laufende Scheibe (siehe Seite 199).
Wettbewerbe mit Kleinkaliber- und Luftgewehren sind sowohl olympische Einzeldisziplinen als auch Teile der Mehrkampf-Sportarten Moderner Fünfkampf (siehe Seite 119) und Biathlon (siehe Seite 272) für Herren.
Nicht olympische, aber international anerkannte Wettbewerbe gibt es außerdem für Armee- oder Freigewehr mit Kalibern bis zu 8 Millimeter und aus einer Entfernung von 300 Metern. Zulässig sind Einzellader, Höchstgewicht 8 Kilogramm. Übliche Wettbewerbsform ist der Dreistellungskampf (liegend, kniend, stehend) mit je 20 Schuß. Interessant, leider selten gezeigt, sind Wettbewerbe mit Vorderlader-(Perkussions-)Waffen und Steinschloß-Waffen. Das sind originale, alte Gewehre oder Pistolen oder (überwiegend) originalgetreue Nachbauten.

Pistolenschießen

Olympische Wettbewerbe mit Pistolen finden für Damen und Herren statt. Die Damen schießen mit Luftpistolen, stehend, aus 10 Meter Entfernung und mit Kleinkaliber-Sportpistolen, stehend, aus 10 Meter Entfernung und mit Kleinkaliber-Sportpistole, stehend, aus 25 Meter Entfernung. Die Herrenwettbewerbe werden mit Luftpistolen, stehend, 10 Meter Entfernung; Freien Pistolen, stehend, 50 Meter Entfernung, und Schnellfeuerpistolen, stehend, 25 Meter Entfernung, ausgetragen.

Um den sportlichen Charakter der Wettbewerbe zu betonen, wurde die früher eingesetzte Zielscheibe in Menschengestalt durch eine Ringscheibe mit 50 Zentimeter Durchmesser und den Ringwerten 5 bis 10 ersetzt. Der Innenzehner hat 5 Zentimeter Durchmesser. Außer den olympischen Disziplinen gibt es internationale Meisterschaften mit Großkaliber-Sportpistole, Vorderlader-(Perkussions-) Pistole und Steinschloßpistole. Für die zwei letztgenannten Sportarten dürfen alte Originalwaffen oder originalgetreue Nachbauten benutzt werden. Bei Perkussionswaffen (Gewehren wie Pistolen) wird die Treibladung durch einen Schlaghammer gezündet. Bei Steinschloß-Waffen entsteht durch Reibung eines Zündsteines an der Stahlfläche ein Zündfunke, der über ein Zündkraut die Treibladung entzündet.

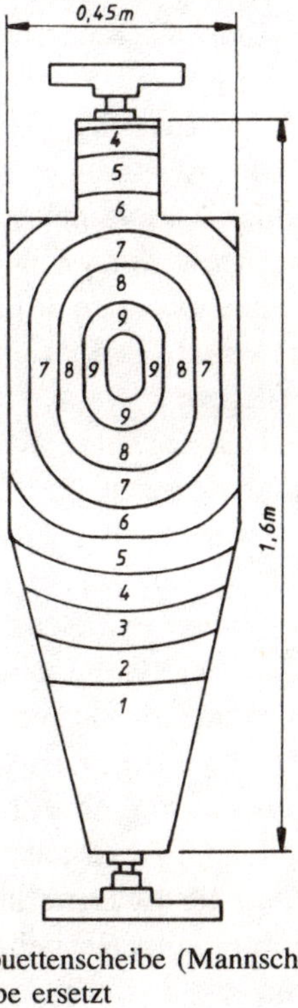

Pistolenschießen – Die Silhouettenscheibe (Mannscheibe) ist nicht mehr zeitgemäß, wurde durch Ringscheibe ersetzt

Historische Waffen haben beträchtliche Kaliber, das Perkussions-Dienstgewehr hat mindestens 13,5 Millimeter, geschossen wird liegend, aus einer Entfernung von 100 Metern. Mit dem Steinschloßgewehr wird stehend und aus 50 Meter Entfernung geschossen; mit Perkussions-Revolver und -Pistole sowie mit Steinschloßpistole stehend und aus je 25 Metern Entfernung. In den meisten Wettbewerben dürfen bis zu 13 Schuß abgegeben werden, die 10 besten Schüsse sind in der Wertung.

Wurftaubenschießen

Das Wurftaubenschießen wird in *Trapschießen* und *Skeetschießen* unterteilt. Als Wurftauben werden tellerartige Scheiben bezeichnet, die zirka 11 Zentimeter Durchmesser und eine Stärke von 2,5 Zentimetern haben; sie wiegen 105 Gramm und werden aus Asphalterde (früher aus Ton, daher auch der Ausdruck Tontaubenschießen) hergestellt. Die Scheiben werden von einer Wurfmaschine in die Luft geschleudert und müssen vom Schützen im Flug getroffen werden. Eingesetzt werden spezielle Schrotflinten bis Kaliber 12, der Schrot muß zwischen 2 und 2,5 Millimeter Durchmesser pro Korn groß sein, die Schrotladung pro Patrone darf höchstens 28 Gramm wiegen.
Beim Trapschießen steht der Schütze 15 Meter von der Wurfmaschine entfernt. Die Tauben werden auf seinen Abruf hin in die Luft geschleudert, und zwar in unterschiedliche Höhen und Richtungen. Auf die fliegende Taube darf der Schütze bis zu 2 Schüsse, stehend und freihändig, abgeben. Geschossen werden zunächst Serien von je 25 Tauben; jeweils 10 Tauben werden in unregelmäßiger Folge nach rechts und links geschleudert, 5 geradeaus. Nach 150 Tauben (6 Serien) gehen die 24 besten Schützen in die nächste Runde mit 50 Tauben (2 Serien). Die besten 6 Schützen tragen dann eine Finalserie mit 25 Tauben aus.
Beim Skeetschießen gelten die gleichen Serien, zugelassen sind die gleichen Flinten und Schrotladungen wie beim Trapschießen. Auf jede Taube darf aber nur ein Schuß gefeuert werden. Die Tauben

werden abwechselnd von 2 Wurfmaschinen geschleudert, die rund 40 Meter voneinander entfernt stehen, und zwar von einem Hochhaus (4 Meter) aus und von einem Niederhaus (2 Meter) aus. Daraus ergeben sich sehr unterschiedliche Flugbahnen von zirka 65 Meter Länge. Bei einem Teil des Wettbewerbs wird aus beiden Wurfmaschinen gleichzeitig je 1 Taube abgeschleudert; beide sollen vom selben Schützen mit je 1 Schuß getroffen werden.
Der jeweils Schießende wechselt nach jedem Schuß seiner Serie den Standplatz zu einer von insgesamt 8 Positionen, die im Halbkreis vor den beiden Wurfmaschinen gekennzeichnet sind. Er muß die Flinte in Hüfthöhe halten und darf erst anschlagen, wenn die Taube auf der Flugbahn sichtbar ist.

Laufende Scheibe

So werden Schießwettbewerbe mit waagerecht bewegten Schießscheiben bezeichnet. Die bis Anfang der sechziger Jahre mit einem springenden Hirsch bemalten Scheiben wurden dann bei Olympischen Spielen, Weltmeisterschaften und anderen Wettbewerben durch einen laufenden Keiler mit 10 Zielringen ersetzt. Diese Schießart mit Kleinkalibergewehren aus 50 Meter Entfernung wird nun, um den sportlichen Charakter herauszustellen, bei den Spielen von 1992 durch Luftgewehrschießen, stehend, freihändig, 10 Meter Entfernung, auf eine laufende punktierte Zehner-Ringscheibe ohne Tierbemalung ersetzt.
Die Schneise, auf der die laufende Scheibe beim Luftgewehrschießen getroffen werden kann, ist 2 Meter lang, das Ziel ist beim Normallauf 5 Sekunden, beim Schnellauf 2,5 Sekunden lang sichtbar, in beiden Laufgeschwindigkeiten werden je 20 Schüsse abgegeben, jeweils 1 Schuß in jedem Zeitintervall, in dem die Scheibe sichtbar ist.

Bogenschießen

Das ist eine Sportart für Damen und Herren mit Einzel- und Mannschaftswertung bei Olympischen Spielen und alle zwei Jahre ausgetragenen Weltmeisterschaften. Olympische Disziplin war Bogenschießen schon 1900 einmal, dann mehrmals bis 1920, regelmäßig erst seit 1972. Deutscher Dachverband ist der Deutsche Schützenbund, er ist mit seinen Bogenschützen der Fédération Internationale de Tir à l'Arc angeschlossen. Das sportliche Bogenschießen hat seinen Ursprung in der Jagd- und Kriegskunst vor der Erfindung des Schießpulvers.

Die Wettbewerbe können sowohl im Freien als auch in der Halle stattfinden. Die Herren schießen bei Olympischen Spielen und Weltmeisterschaften eine Doppelrunde des Vierkampfes mit insgesamt 288 Pfeilen über 90, 70, 50 und 30 Meter (je Entfernung zweimal 36 Pfeile), die Damen über 70, 60, 50, 30 Meter. Bei nationalen Wettkämpfen in der Halle werden je 30 oder 60 Pfeile auf 25 oder 18 Meter geschossen. Der Sportbogen ist aus Glasfiber, Stahl oder (selten) Holz gefertigt, 1,70 Meter lang und in der Mitte mit einem Handgriff aus Kork oder Leder versehen, dessen oberer Teil den Pfeil führt. Die Sehne aus Darm, Flachs, Hanf, Kunstfaser oder Seide darf aus einer beliebigen Zahl Einzelfäden bestehen, in der Mitte für den Zugfinger umwickelt sein und ist mit Ösen eingehängt. In Bogenmitte ist ein Visierschieber angebracht, der je nach Entfernung eingestellt und beim Zielen auf die Mitte der Schießscheibe gerichtet wird. Der Pfeil aus Holz, Kunststoff oder Stahl ist zirka 70 Zentimeter lang, wiegt 25 Gramm und hat am hinteren Ende eine Kerbe für die Sehne und 3 Federn, die eine klare Flugbahn ermöglichen.

Die runde Schießscheibe steht auf einer Art Staffelei mit einem Aufwärtswinkel von 15 Grad. Die Scheibe besteht aus Binsen oder Stroh. Die darauf angebrachte Scheibe aus Papier hat je nach Schießentfernung verschiedene Durchmesser: 122 Zentimeter für 90 bis 60 Meter Entfernung, 80 Zentimeter für 50 bis 30 Meter Entfernung, 60 Zentimeter für 25 Meter und 40 Zentimeter für 18 Meter Entfernung. Sie hat 10 farblich markierte Ringe: goldgelb

für 10 und 9, rot für 8 und 7, hellblau für 6 und 5, schwarz für 4 und 3, weiß für 2 und 1. Außer Bogen und Pfeilen benutzt der Schütze einen Köcher für die Pfeile, Handschuhe, einen ledernen Unterarmschutz gegen die zurückschnellende Sehne. Vor Abschürfungen durch die Bogensehne kann der Schütze seine Zugfinger mit Pflasterstreifen oder weichen Lederläppchen schützen.
Der Pfeil wird auf dem oberen Teil des Bogens angelegt, dann wird die Schießscheibe anvisiert, die Sehne wird mit der Zughand im Dreifingerzug gespannt. Nun wird die Zielmarke am Bogen genau auf die Scheibenmitte gerichtet, und der Schütze gibt bei größtmöglicher Körperruhe Pfeil und Sehne frei. Große Körperbeherrschung und optimale Ruhe sind entscheidend für erfolgreiches Bogenschießen. Asiatische Bogenschützen sind bei internationalen Wettbewerben überwiegend die Sieger.

Armbrustschießen

Im Armbrustschießen gibt es keine olympischen Wettkämpfe, wohl aber jährlich Deutsche und alle zwei Jahre Weltmeisterschaften über 30 und 10 Meter Entfernung mit Einzel- und Mannschaftswertung. Geschossen wird auf eine Zehner-Ringscheibe mit Ringen von je 7 Millimeter Breite. Stehend und kniend werden je 30 Schuß abgegeben.
Die Armbrust ist keineswegs eine schweizerische Erfindung, wie es die Tellsage vermuten läßt. Vielmehr gab es diese Waffe bereits vor unserer Zeitrechnung in China. Nach Europa kam sie erst um 1200, Kreuzritter brachten sie mit. Bei Belagerungen wurden große »Armbrüste« mit bis zu 7 Meter Spannweite als »leichte Artillerie« und Fernwaffen eingesetzt. Der Vatikan verbot die Waffe 1139 grundsätzlich, ließ aber ihre Anwendung gegen Nichtchristen gelten. Ritter setzten sie dennoch ein, vor allem zur Jagd. Im Mittelalter aufkommende Schützengilden veranstalteten erste Wettbewerbe.
Die im Sport benutzte Armbrust besteht aus Stahlbogen, geflochtener Stahlsehne, Stahlbahn und Schlitten. Auf dem Holzschaft, der

dem eines Gewehres ähnelt, sind das Visier und die Abzugsvorrichtung angebracht. Die Spannung der Sehne erfolgt mit einem Spannhebel. Ein Gewicht ist für die Waffe nicht vorgeschrieben. Die Pfeile sind 11,5 Zentimeter lang, meist aus Metall gefertigt und haben 6 Millimeter Durchmesser. Sie werden auf dem Schlitten an die Sehne angelegt. Der Schuß erfolgt, ebenfalls ähnlich wie beim Gewehr, nachdem angelegt und das Ziel anvisiert worden ist.

SCHWERATHLETIK

Gewichtheben

Gewichtheben ist Schwerathletik, auch Kraftsport genannt. Die Aufgabe besteht darin, eine Scheibenhantel mit einem oder beiden Armen aus der Bodenlage über den Kopf »zur Hochstrecke« zu bringen. Die Gewichte sind zu beiden Seiten einer 2,20 Meter langen Stange angebracht, sicher verschlossen und stets auf beiden Seiten gleich schwer. Die Stange hat eine Griffbreite von 1,31 Meter, wiegt 20 Kilogramm und ist im Verschlußteil kugelgelagert. Die Gewichtscheiben sind zwischen 0,25 und 0,5 Kilogramm (nur für Rekordversuche) und bis zu 50 Kilogramm schwer. Die großen, schweren Scheiben haben einen Gummirand.
Kraftmenschen wurden die ersten professionellen Gewichtheber genannt, die im 18. Jahrhundert in England auf Jahrmärkten auftraten. Erst im letzten Jahrzehnt des 19. Jahrhunderts kam die Sportart nach Deutschland, wurden die ersten Deutschen und Europameisterschaften sowie die ersten Weltmeisterschaften ausgetragen. Seit 1987 finden nationale und internationale Meisterschaften auch für Damen statt. In Deutschland gibt es weit mehr als 30 000 aktive Gewichtheber, ihre Dachorganisation ist der Bundesverband Deutscher Gewichtheber.
Ab 1896 gab es sporadisch, seit 1928 gibt es regelmäßig olympische Wettbewerbe im Gewichtheben, die Regeln sind mehrfach geändert worden. Heute finden Wettbewerbe nur noch als Zweikämpfe statt, gefordert werden *Reißen* und *Stoßen*. Die besten Ergebnisse in beiden Teildisziplinen werden bei Olympischen Spielen addiert. Sieger ist der Gewichtheber mit dem besten Gesamtergebnis. Bei anderen Wettbewerben kann man Sieger in einer von beiden Teildisziplinen werden.
Als Reißen wird die erste Teildisziplin des Olympischen Zwei-

kampfes bezeichnet. Bei dieser Schnellkraftübung muß die Hantel ohne Zwischenpausen in einem Zug vom Boden bis über den Kopf gebracht werden. Der Wettbewerber hebt das Gewicht zunächst durch eine Körperstreckung auf; um es über den Kopf zu bringen, darf er wahlweise in die Hocke gehen oder einen Ausfallschritt machen; zuletzt muß er in gerader Haltung und festem Stand die Hantel mit gestreckten Armen auf der Hochstrecke halten.
Als Stoßen wird die zweite Teilübung des Zweikampfes bezeichnet, bei der, im Vergleich zum Reißen, die größeren Gewichte bewältigt werden. Die Kraftübung besteht aus zwei Schritten: Im ersten Schritt wird die Hantel in Brust- bis Schulterhöhe gebracht (umgesetzt); das geschieht auf ähnliche Weise wie beim Reißen aus der Hocke heraus oder durch einen Ausfallschritt. Wenn dann der Gewichtheber aufgerichtet festen Stand gewonnen hat und die Hantel sicher auf seinen nach unten abgewinkelten Armen ruht, stößt er sie mit einem weiteren, kleinen Ausfallschritt über den Kopf. In gerader Körperhaltung, mit gestreckten Armen, dem Hauptkampfrichter zugewandt, muß er das Gewicht wenigstens 2 Sekunden lang hochhalten.
Gewichtheber sind (jeweils durch Obergrenzen) in Gewichtsklassen eingeteilt:

- Fliegengewicht: 52 Kilogramm,
- Bantamgewicht: 56 Kilogramm,
- Federgewicht: 60 Kilogramm,
- Leichtgewicht: 67,5 Kilogramm,
- Mittelgewicht: 75 Kilogramm,
- Leichtschwergewicht: 82,5 Kilogramm,
- Mittelschwergewicht: 90 Kilogramm,
- Erstes Schwergewicht: 100 Kilogramm,
- Zweites Schwergewicht: 110 Kilogramm,
- Superschwergewicht: 130 Kilogramm.

Der Weltrekord liegt im Zweikampf des Superschwergewichts (Reißen und Stoßen addiert) bei 472,5 Kilogramm. In allen Gewichtsklassen halten fast ausschließlich sowjetische und bulgarische Sportler die Weltrekorde. Bei gleichem Körpergewicht und gleicher Leistung wird derjenige zum Sieger erklärt, der die Leistung im Wettkampf als erster geschafft hat. Der Olympiasieger ist nicht gleichzeitig auch der Weltmeister; Weltmeisterschaften werden extra ausgetragen.

Gewichtheben findet auf dem 4 mal 4 Meter großen Heberboden statt. Die Schwerathleten tragen ärmelloses Trikot, kurze Hose und Heberschuhe mit höchstens 4 Zentimeter hohem Absatz. Ein 10 Zentimeter breiter Gürtel, Bandagen sowie Binden- oder Lederschutz um Hand- und Kniegelenke sind erlaubt. 75 Minuten vor Wettkampfbeginn findet die Wiegekontrolle statt. Wenn ein Wettbewerber die Heberplattform betreten hat, gibt er dem Kampfgericht (1 Hauptkampfrichter, 2 Seitenkampfrichter) sein Anfangsgewicht bekannt. Bei Wettkämpfen muß nach dem ersten gelungenen Versuch um mindestens 5 Kilogramm, nach dem zweiten gelungenen Versuch um mindestens 2,5 Kilogramm erhöht werden.

Der Heber darf bei jedem Gewicht zwei Fehlversuche machen, beim dritten Fehlversuch scheidet er aus; im olympischen Wettbewerb aus der Gesamtwertung, bei allen übrigen nationalen und internationalen Meisterschaften darf er in demjenigen Teilwettbewerb weitermachen, dessen Bedingungen er erfüllt. Als Fehlversuche gelten: Gewicht wird nicht oder unkorrekt hochgebracht; Heber berührt den Boden mit Gesäß oder Knie; Heber überschreitet das Zeitlimit von 3 Minuten zwischen Aufruf und erstem Hebeversuch.

Der Hauptkampfrichter beobachtet den Heber von vorn, die Seitenrichter kontrollieren von links und rechts. Jeder Kampfrichter gibt mit einer weißen Lampe das Zeichen, daß er den Versuch als gültig ansieht (ungültig: rote Lampe). Wenigstens 2 Richter müssen einen Versuch als gültig bezeichnen. Danach gibt der Hauptkampfrichter das Zeichen zum Absetzen des Gewichtes. Bei Protesten entscheidet eine fünfköpfige Jury über Gültigkeit oder Ungültigkeit des Versuches. Weltrekorde können nur bei Olympischen Spielen oder anderen offiziellen Meisterschaften anerkannt werden. Eine Dopingkontrolle nach gelungenem Rekordversuch ist obligatorisch.

Sportakrobatik

Früher als Kunstkraftsport bezeichnet, besteht die heutige Sportakrobatik aus akrobatischen, tänzerischen und gymnastisch-bodenturnerischen Teilen, die Mut und Kraft erfordern. Die Sportart wird von Damen und Herren in Einzel-, Paar- und Mannschaftswettkämpfen ausgeübt. Es gibt nationale und internationale Wettbewerbe. Die Wertung durch 5 bis 7 Kampfrichter erfolgt nach Punkten (0 bis 10) je Übung, die beiden höchsten und die beiden niedrigsten Werte werden gestrichen. Sieger eines Wettkampfes werden diejenigen, die in 2 Vorkampfübungen und einer kombinierten Übung die höchste Punktzahl erreichen (Einzelsieger: 1 Vor- und 1 Finalübung). Punktabzug gibt es für Tempoverlust, Sturz, Bodenberührung bei der Landung mit Knien oder Händen, Unsicherheiten, Auslassen vorgeschriebener Elemente, Fehler bei der Zusammenstellung oder unzureichendem Gesamteindruck. Die Übungen dauern bei Wettkämpfen 3 Minuten und werden teilweise mit Musikbegleitung ausgeführt. Die Gesamtvorführung muß von den Teilnehmern vor Programmbeginn schriftlich vorgelegt und danach konsequent in richtiger Reihenfolge durchgeführt werden. Zum Programm der Sportakrobatik gehören:

- Springen auf einer Springerbahn aus hölzernen Federlamellen von 25 Meter Länge (plus 10 Meter Anlauf, plus 5 Meter Landezone) und Sprungbrett; das Springen besteht aus 2 Kürübungen, aus Salti und bis zu vierfachen Körperumdrehungen sowie aus Drehungen um mindestens 360 Grad mit einem Salto; außerdem gibt es kombinierte Übungen mit vorgeschriebenen Salti. Auf der Springerbahn werden Sprunghöhen von mehr als 4 Meter erreicht;
- Paar- und Mannschaftsübungen auf einer 12 mal 12 Meter großen Matte mit einem statischen Kraft-, Hebe- und Balanceteil (zum Beispiel Pyramiden, Handstände, Mehrfach-Spagate übereinander) und einem dynamischen Schwung-, Wurf- und Sprungteil (zum Beispiel Überschlagsalti, Würfe in die Drehung);
- Vorführungen auf den Geräten Podest, Trapez und Schleuderbrett mit Balance- und Drehungselementen (z. B. Hand-, Kopf- und Spagathandstände, nur bei deutschen Wettbewerben).

SCHWIMMEN

Sportschwimmen

Schwimmen ist so alt wie die Menschheit. Die Fähigkeit, sich im Wasser zu bewegen, diente der Überquerung von Gewässern und der Lebensrettung. Schon Assyrer und Babylonier kannten Schwimmtechniken, benutzten Fellsäcke als Schwimmhilfen und veranstalteten Schwimmwettbewerbe. Aus der Antike sind Schwimmberichte unter anderem von Homer in der »Ilias« und der »Odyssee« überliefert, außerdem von Aristoteles, Cäsar, Herodot und Platon; auch aus Japan und China gibt es solche Überlieferungen. Bei den Germanen gab es Schwimmwettkämpfe und Ringkämpfe im Wasser. Im 16. Jahrhundert erschien das erste deutsche Schwimmlehrbuch; 1777 wurde die erste deutsche Flußbadeanstalt bei Mannheim im Rhein eröffnet; 1837 wurde der erste Schwimmverein gegründet. 1875 durchschwamm der Engländer Matthew Webb als erster den Ärmelkanal. Noch Ende des 19. Jahrhunderts gab es die ersten Meisterschaften für Damen und Herren, seit 1896 stehen Schwimmwettbewerbe auf dem olympischen Programm.

Der Deutsche Schwimmverband (DSV) betreut rund 700 000 aktive Schwimmsportler. Es gibt in allen Schwimmsportarten deutsche, europäische und Weltmeisterschaften; die meisten Schwimmwettbewerbe sind olympische Disziplinen. Internationale Wettbewerbe finden auf 50-Meter-Bahnen in Frei- oder Hallenbädern statt. Das Wasser (Süß-, Salz- oder Mischwasser) muß 1,80 bis 2,50 Meter tief und 24 bis 28 Grad warm sein. Die vorgeschriebenen 8, durch Kunststoffseile voneinander getrennten Schwimmbahnen müssen 2,50 Meter Breite haben, und die Startblöcke müssen 75 Zentimeter über dem Wasserspiegel liegen. Die Schwimmkleidung ist vorgeschrieben. Herren tragen eine gebundene Hose mit Beinansatz, Damen einen einteiligen Anzug.

Beim Durchschwimmen mehrerer Bahnlängen muß der Schwimmer stets eine oder mehrere Wenden durchführen. Die Art der Wenden ist vorgeschrieben. Beim Brust- und Schmetterlingsschwimmen darf die hohe oder die flache Wende gewählt werden. Bei der hohen Wende erfolgen der Handanschlag bei erhobenem Kopf, dann eine Drehung bei aus dem Wasser ragender Schulter und der Abstoß mit den Beinen bei untertauchendem Körper. Bei der flachen Wende erfolgen das Anschwimmen mit untergetauchtem, gestrecktem Körper, dann eine seitliche Drehung mit Handanschlag und Beinabstoß unterhalb der Wasserlinie. Im Kraulschwimmen wird die tiefe Wende vorwärts durchgeführt: Vor dem Beckenrand wird, ohne diesen zu berühren, eine Rolle vorwärts unter Wasser ausgeführt, gleichzeitig erfolgen eine Körperdrehung um 90 Grad, das Strecken der Beine und der Beinabstoß in Seitenlage bei Vollendung der Körperdrehung. Im Rückenschwimmen wird neuerdings die tiefe Wende wie folgt praktiziert: Mit dem letzten Armzug vor der Wende dreht sich der Schwimmer in die Brustlage, führt eine Saltowende ohne Handberührung des Beckenrandes aus und stößt sich mit den Füßen in die Rückenlage ab.
Das Kampfgericht bei Wettbewerben besteht aus Schiedsrichter, Starter, mehreren Schwimmrichtern zur Kontrolle der Bewegungsabläufe in den verschiedenen Stilarten, Wendemarkenrichtern und Zeitnehmern. Fast ausschließlich wird die Zeit elektronisch gemessen, überwiegend wird der Rennverlauf durch Videokameras aufgezeichnet. 15 Jahre lang waren die Damen der ehemaligen DDR bei olympischen Wettbewerben und internationalen Meisterschaften die Favoritinnen.

Brustschwimmen

Olympische Wettbewerbe im Brustschwimmen werden über 100 und 200 Meter für Damen und Herren ausgetragen. In Deutschland gibt es außerdem 4-mal-200-Meter Bruststaffeln für Damen und Herren. Das Brustschwimmen ist die älteste und zugleich die langsamste Wettkampfart. Die Rekordzeiten für 100 Meter liegen bei 60 Sekunden (Herren). Die Schwimmer liegen flach und gestreckt

dicht an der Wasseroberfläche. Die Arme werden eng nach vorn, dann gestreckt auseinandergeführt und in Schulterhöhe an den Körper gezogen. Die geschlossenen Hände dienen dabei als Wasserschaufel zum Vortrieb. Synchron zu den Armstößen werden die zunächst gestreckten, geschlossenen Beine froschähnlich angezogen, dann zur Grätsche wieder nach hinten gestreckt und geschlossen. Dabei erzeugen die Füße (ähnlich wie die Arme) einen Vortrieb. Während die Arme ihren Arbeitstakt leisten, werden die Beine angezogen; der Arbeitstakt (Rückstoß) der Beine erfolgt, während die Arme nach vorn gestoßen werden.
Beim Start vom Startblock und bei jeder Wende ist ein Tauchzug mit an den Körper angelegten Händen erlaubt, der Schwimmer muß jedoch noch vor Beginn des zweiten Schwimmzuges den Kopf über Wasser haben und ihn während des weiteren Schwimmens so hoch halten, daß er ständig das Wasser teilt. Brustschwimmern ist es erlaubt, die auf- und abwippenden Schwimmbewegungen des Delphins mit dem Körper nachzuvollziehen und damit das Tempo zu beschleunigen. Weitere Varianten sind beim Brustschwimmen nicht zulässig.

Freistilschwimmen

Olympische Disziplinen sind Freistilschwimmen über 50, 100, 200 und 400 Meter für Damen und Herren, über 800 Meter für Damen, über 1 500 Meter für Herren, die 4-mal-100-Meter-Staffel für Damen und Herren sowie die 4-mal-200-Meter-Staffel für Herren. Weltrekordlisten werden außerdem über 800 Meter der Herren und 1 500 Meter der Damen geführt. In Deutschland gibt es noch außerdem die 4-mal-200-Meter-Staffel für Damen und die 10-mal-100-Meter-Staffel für Herren. Im Freistil ist grundsätzlich jede Schwimmart erlaubt, auch der Wechsel des Schwimmstils. In der Praxis wird jedoch fast ausschließlich im Kraulstil geschwommen, denn er ist der schnellste unter allen Schwimmstilen. Die 100-Meter-Zeiten liegen unter 50 Sekunden (Herren). Die Strecken bis zu 200 Metern werden auch Kraulsprint genannt.
Beim Kraulschwimmen liegt der Körper gestreckt an der Wasser-

oberfläche, Kopf und Schultern leicht angehoben (beim Sprint deutlich tiefer). Die Arme arbeiten im Wechsel. Jeweils ein Arm wird in Hüfthöhe aus dem Wasser gezogen, über dem Wasser nach vorn geworfen, schaufelähnlich eingetaucht und durch das Wasser unter dem Körper hinweg durchgezogen. Während ein Arm den Arbeitstakt leistet, wird der andere für den folgenden Arbeitstakt nach vorn gebracht. Die Beine werden abwechselnd auf- und abwärts bewegt; sie sind dabei nahezu gestreckt, Hüft-, Knie- und Fußgelenk geben den fließenden Bewegungen die Kraft; die Füße sind nach innen gekehrt, weil so die Schlagwirkung erhöht wird. Die Entfernung von Knöchel zu Knöchel beträgt nur etwa 40 Zentimeter. Der Atemrhythmus erfolgt im sogenannten Dreierzug: Am Ende eines linksarmigen Zuges wird der Kopf nach links gedreht und kurz und schnell eingeatmet. Die Ausatmung erfolgt ins Wasser, und zwar gleichmäßig, während die Arme rechts, links und wieder rechts ihre Arbeitstakte vollziehen. Am Ende des rechten Armzuges dreht der Kopf dann zur nächsten Einatmung nach rechts.

Rückenschwimmen

Olympische Disziplinen sind Rückenschwimmen über 100 und 200 Meter für Damen und Herren. Die 100-Meter-Zeiten liegen bei 55 Sekunden (Herren). Rückenschwimmen ist eine Art Kraulschwimmen in der Rückenlage. Dabei liegt der Körper gestreckt im Wasser, die Schultern etwas höher als das Becken, das Kinn an der Brust, so daß der Kopf etwa zur Hälfte aus dem Wasser ragt. Die Arme werden abwechselnd gestreckt über den Kopf nach hinten geführt, ins Wasser geschlagen und nach vorn durchgezogen. Es befindet sich immer ein Arm im Arbeitstakt und der andere über Wasser. Die Füße werden wie beim Kraulschwimmen bewegt (siehe Seite 209, unter Freistilschwimmen).

Schmetterlingsschwimmen

Olympische Wettbewerbe im Schmetterlingsschwimmen werden über 100 und 200 Meter für Damen und Herren ausgetragen. Die 100-Meter-Zeiten liegen bei 52 Sekunden (Herren), also etwa zwischen der des schnelleren Kraulstils und der des langsameren Rückenschwimmens. Außerdem ist Schmetterlingsschwimmen der zweite Bestandteil der olympischen 4-mal-100-Meter-Lagenstaffel für Damen und Herren sowie der erste Bestandteil der Einzelwettbewerbe im Lagenschwimmen über 200 und 400 Meter für Damen und Herren. Der auch Butterflyschwimmen und anfangs Delphinschwimmen genannte Stil ist die jüngste Schwimmart, und Wettkämpfe gibt es erst seit 1953. In den Jahren davor versuchten Rekordschwimmer immer wieder, das klassische Brustschwimmen durch Schmetterlingsarmschlag zu beschleunigen. Die Fédération Internationale de Natation Amateur (FINA) ordnete jedoch an, die Schwimmstile seien voneinander getrennt zu halten.

Lagenschwimmen

Als Lagenschwimmen werden Wettkämpfe bezeichnet, die in verschiedenen Schwimmstilen stattfinden. Es gibt olympische Einzelwettbewerbe mit 4 Schwimmarten für Damen und Herren über 200 Meter und 400 Meter; dazu gehören die Schwimmarten Schmetterling, Rücken, Brust und Kraul zu jeweils einem Viertel der Strecke sowie olympische Lagenstaffeln für Damen und Herren über 4 mal 100 Meter, bei denen jeder der 4 Schwimmer in einer andern Stilart schwimmt, und zwar in der Reihenfolge Rücken, Brust, Schmetterling und Kraul. Für Zuschauer gehören die Lagenstaffeln zu den interessantesten Schwimmsportwettbewerben.

Weitere Schwimmsportarten

Synchronschwimmen

Die auch Kunstschwimmen genannte Sportart ist seit 1984 olympische Disziplin für Damen im Solo und im Duett (zwei Wett-

bewerbe). Außerdem gibt es nationale und Weltmeisterschaften für Solo, Duett und Gruppen mit 4 bis 8 Teilnehmerinnen. Die Bezeichnung Synchronschwimmen meint, daß künstlerische Schwimmvorführungen synchron zu Musik stattfinden. Im Wettbewerb werden eine Pflichtvorführung und eine Freie Vorführung verlangt; gewertet wird von 5, 7 oder 9 Wertungsrichtern mit 0 bis 10 Punkten (einschließlich halber Punkte) für jede der beiden Vorführungen. Die höchste und die niedrigste Wertung werden gestrichen; das Mittel der übrigen wird entsprechend dem Schwierigkeitsgrad mit einem Faktor zwischen 1,4 und 2,3 multipliziert. Die Ergebnisse aus beiden Vorführungen werden addiert. Siegerin ist, wer die höchste Punktzahl erreicht hat. Bewertet werden Schwierigkeit, Choreographie, Synchronisation, der Musik angemessene Bewegungen, Haltung und Gesamteindruck. Bei der Pflicht wird jede Schwimmerin einzeln bewertet, die Wertungen werden addiert und durch die Zahl der Teilnehmerinnen dividiert.
Die Pflicht besteht aus 6 verschiedenen Vorführungen, die 24 Stunden vor dem Schwimmen ausgelost werden. Die Musik dient nur zur Untermalung. Die Freie Vorführung läßt der Kreativität der Schwimmerin(nen) jeden Spielraum; einzige Bedingung ist, daß die Übung der gewählten Musik angepaßt ist. Die Zeiten von 3½ Minuten für Solo, 4 Minuten für Duett, 5 Minuten für Gruppen sind einzuhalten, für Zeitüberschreitungen gibt es Punktabzug.

Wasserspringen

Sprungwettbewerbe umfassen Kunstspringen und Turmspringen. Kunstspringen findet bei Olympischen Spielen, Europa- und Weltmeisterschaften vom federnden Dreimeterbrett statt. Olympisches Turmspringen wird von einer festen Plattform aus aus 10 Meter Höhe durchgeführt, bei anderen Meisterschaften auch von der Fünfmeterplattform. Die Dreimeter- und die Siebeneinhalbmeterplattform werden meist für Trainingssprünge genutzt. Die Wassertiefe im Sprungbecken muß mindestens 4,50 Meter betragen.
Kunst- und Turmspringen finden für Damen und Herren statt. Alle in Wettbewerben zugelassenen Sprünge sind in einer internationa-

len Tabelle erfaßt. Sie gliedern sich in Gruppen wie Vorwärts-, Rückwärts-, Auerbach-, Delphin- und Schraubensprünge von Brett und Turm sowie Handstandsprünge im Turmspringen. Alle Sprünge sind nach Schwierigkeitsgraden von 1,1 bis 3,0 beziffert. Vorwärts-, Auerbach- und Schraubensprünge können, mit unterschiedlicher Schwierigkeitswertung, aus dem Stand und mit Anlauf gesprungen werden. Bei Aucherbachsprüngen verläßt der Springer Brett und Turm vorwärts, dreht sich dann aber rückwärts. Umgekehrt beim Delphinsprung: Absprung rückwärts und Drehung vorwärts.

An Sprüngen vom Dreimeterbrett werden in einer Wettkampfserie gefordert:

bei den Damen: 5 Pflicht- und 5 Kürsprünge,

bei den Herren: 5 Pflicht- und 6 Kürsprünge.

Beim Turmspringen werden in einer Wettkampfserie gefordert:

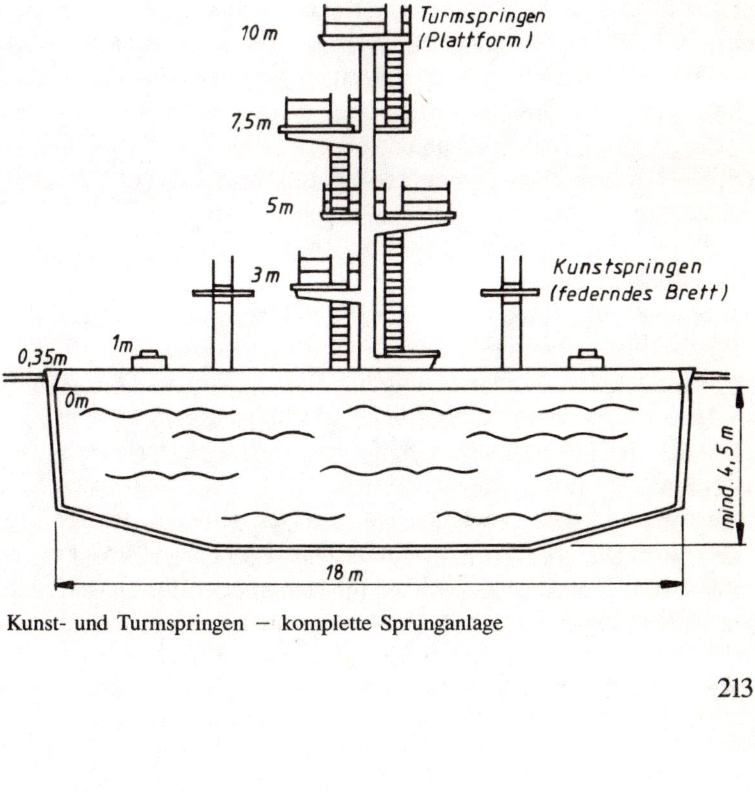

Kunst- und Turmspringen – komplette Sprunganlage

bei den Damen: je 4 Kürsprünge mit und ohne Schwierigkeitsbegrenzungen,
bei den Herren: 4 Kürsprünge mit Schwierigkeitsbegrenzung, 6 Kürsprünge ohne Schwierigkeitsbegrenzung.
Die Pflichtsprünge sind in einer Sprungtabelle festgelegt, der Springer muß eine entsprechende Anzahl davon in seine Wettkampfserie aufnehmen. Die Kürsprünge dürfen frei gewählt werden und unterliegen nur bei Schwierigkeitsbegrenzung gewissen Einschränkungen nach einer Bewertungsskala. Jeder Springer muß 24 Stunden vor Wettbewerbsbeginn eine Liste mit den Sprüngen seiner Wettkampfserie einreichen und alle Sprünge auch ausführen.
Die bei internationalen Wettkämpfen 7 Sprungrichter werten unabhängig voneinander jeden Sprung auf Wertungstafeln mit 0 bis 10 Punkten von ungenügend bis sehr gut. Dabei werden Anlauf und Absprung mit 30 Prozent, die Flugphase mit 40 Prozent und das Eintauchen mit 30 Prozent bewertet, wobei die Körperhaltung und in der Flugphase die Schwierigkeit eine Rolle spielen. Die höchsten Punktzahlen für Schwierigkeit erreichen beim Dreimeterbrett der 3½fache Salto vorwärts, gehechtet; vom Turm der 2½fache Salto vorwärts mit doppelter Schraube und der 1½fache Salto vorwärts mit dreifacher Schraube.
Die in der Berichterstattung am häufigsten benutzten Fachausdrücke zur Charakterisierung der Flugphase sind:

- gestreckt: Der Körper bleibt bei den gezeigten Schwierigkeiten weitgehend gestreckt;
- gehockt: Die Knie werden an die Brust herangezogen, die Streckung erfolgt erst kurz vor dem Eintauchen;
- gehechtet: Der Körper wird in der Hüfte nach vorn abgeknickt, die Knie bleiben durchgedrückt, die Beine gestreckt;
- Schraube: Sprung mit Drehung um die Körperlängsachse.

Die Wertung nach Punkten ist ziemlich kompliziert. Zuschauer sollten wissen, daß jeweils die beste und die schlechteste Wertung von einem der 7 Richter gestrichen werden, daß Regelverstöße mit Punktabzug bestraft und Nichtausführung eines Sprunges aus der Sprungliste mit 0 Punkten gewertet werden.

Tauchsport

Taucher gab es schon in der Antike. Sklaven bargen um 500 vor unserer Zeitrechnung für den Perserkönig Xerxes Goldschätze aus gesunkenen Schiffen. Griechische Kampftaucher eroberten wenig später die sizilianische Hafenstadt Syrakus. Schon damals benutzten Taucher einen *Schnorchel*: Durch Schilfrohre holten sie Luft. Malaysische Perlentaucher und Schwammtaucher im Mittelmeer verdienen sich ihren Lebensunterhalt mit minutenlangen Aufenthalten unter Wasser. Jacques Y. Cousteau, Jacques Piccard und Hans Hass konnten dank moderner Tauchmethoden die Tiefsee erforschen. Flossenschwimmen, Schnorcheln und Tauchen mit Sauerstoffgeräten wurden in den letzten 20 Jahren zum Freizeit- und Urlaubssport. Im Leistungssport gibt es internationale Meisterschaften im Orientierungstauchen, Streckentauchen, Flossenschwimmen und Unterwasser-Rugby. An den Unterwasserjagd-Weltmeisterschaften nehmen deutsche Sporttaucher nicht teil. Der Verband Deutscher Sporttaucher betreut etwa 20 000 Aktive.

Flossenschwimmen wird im Becken über Distanzen zwischen 100 und 1 500 Metern sowie als 4-mal-100- und 4-mal-200-Meter-Staffel bei Weltmeisterschaften für Damen und Herren ausgetragen. Wettkämpfe im Unterwasserschwimmen finden über 50, 100 und 400 Meter für Damen und Herren sowie über 800 Meter nur für Herren statt. Im Meer oder in Seen finden Wettbewerbe ohne Rekordlisten im Flossenschwimmen über 2 bis 8 Kilometer für Damen und über bis zu 25 Kilometer für Herren statt.

Das Tieftauchen mit oder ohne Sauerstoffgerät erfordert gute Kondition, viel Training und große Umsicht. Der Weltrekord im Tieftauchen ohne Gerät liegt bei 90,4 Metern. Beim Auftauchen aus der Tiefe müssen Pausen eingelegt werden, damit der Körper die Veränderungen des Wasserdrucks verkraftet. Tauchsportler kennen die erforderlichen Pausen aus einer Dekompensationstabelle und kontrollieren ihre Tauchgänge mit Tiefenmesser, Taucheruhr, Kompaß und anderen Sicherheitsgeräten. In größeren Tiefen werden Bleigürtel getragen. Grundsätzlich geht ein Sporttaucher niemals allein unter Wasser.

Der Verständigung unter Wasser dienen international vereinbarte Handzeichen. Zum Beispiel bedeutet die aufgerichtete Hand mit aneinander gefügten Daumen und Zeigefinger: okay; die entgegengestreckte aufrechte Hand: Halt! Eine Faust mit aufwärts gerichtetem Daumen heißt: Ich steige auf. Eine Faust mit abwärts gerichtetem Daumen bedeutet: Ich steige ab. Eine entgegengestreckte Faust heißt: Reservesauerstoff geöffnet. Eine sich drehende Faust: Hilfe, Reserve läßt sich nicht öffnen. Eine gestreckte, gespreizte, sich drehende Hand bedeutet: Vorsicht, irgend etwas stimmt nicht. Eine Faust und ein geschwenkter Unterarm signalisieren: Gefahr!

Rettungsschwimmen

Jährlich bewahren deutsche Rettungsschwimmer etwa 2 500 Menschen vor dem Tod durch Ertrinken. Die Deutsche Lebens-Rettungs-Gesellschaft (DLRG) hat rund 500 000 großenteils aktive Mitglieder in 2 000 Ortsgruppen. Rettungsschwimmer versehen, vielfach ehrenamtlich, Sicherheitsdienst an öffentlichen Badestellen. Über 80 000 überwiegend junge Leute legen pro Jahr die Prüfung als Rettungsschwimmer ab. Die DLRG ist als gemeinnützig anerkannt; Spenden und Förderbeiträge sind steuerlich absetzbar. Der Förderung des Rettungswesens dienen auch sportliche Wettbewerbe. Jährlich gibt es Weltmeisterschaften für Damen und Herren in den Disziplinen Rettung mit dem Boot über 150 Meter, Rettungsringwerfen, Schwimmen über 50 und 200 Meter mit einer Puppe und Hindernisschwimmen. Außerdem wird eine Gesamtwertung nach Punkten über alle 4 Disziplinen vorgenommen. Zu den regionalen sportlichen Wettbewerben und Vorführungen gehören Flossenkraulen, Kleiderschwimmen, Strecken- und Tieftauchen.

Wasserball

Das Mannschaftsspiel findet auf einer Wasserfläche von 30 mal 20 Metern und bei mindestens 1,80 Meter Wassertiefe statt. Die Tore sind 3 Meter breit und 90 Zentimeter hoch. Zwei Meter vor den Toren zeigen rote Fähnchen an den Spielfeldseiten den Schutzraum für den Torwart an; diese Zone darf außer dem Torwart nur von

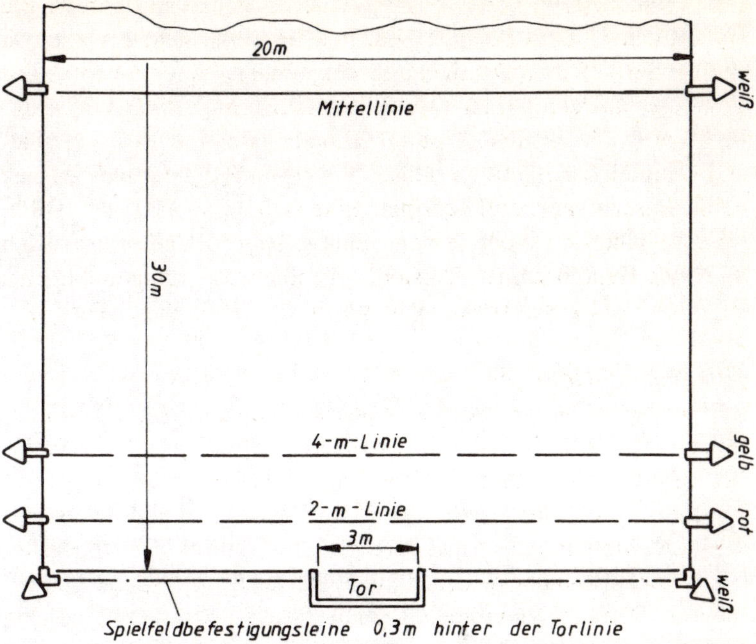

Wasserball-Spielfeld (rechte Spielfeldhälfte); das Tor ist 90 Zentimeter hoch

einem angreifenden Spieler beschwommen werden. Vier Meter vor den Toren zeigen gelbe Fähnchen die Strafraumgrenze an, innerhalb derer Regelverstöße mit einem Viermeterball bestraft werden, wenn durch Unsportlichkeit oder zu weit gehende Härte der Verteidiger ein Torversuch der Angreifer verhindert wird. Schwere Regelverstöße werden außerdem geahndet, indem der betreffende Sportler aus dem Spiel genommen wird. Die Mittellinie des Spielfeldes wird durch zwei weiße Fähnchen an den Spielfeldseiten markiert. Der luftgefüllte Gummiball wiegt 450 Gramm. Gespielt werden vier Spielphasen mit je 7 Minuten effektiver Spielzeit, bei Unterbrechungen wird die Uhr angehalten. Die Pausen zwischen den Spielvierteln dauern jeweils 2 Minuten. Ein Zeitnehmer überwacht die Einhaltung der Regelspielzeiten.

Eine Mannschaft besteht aus 13 Spielern; 6 Feldspieler und ein Torwart sind im Wasser, 5 weitere Spieler und der zweite Torwart können nach Torerfolg, bei Verletzung und nach jedem Spielviertel eingewechselt werden. Die Spieler tragen zwei Badehosen übereinander, weil die Gegner im Gerangel des harten Körperspiels oft eine Badehose zerreißen. Die gegnerischen Mannschaften sind an verschiedenfarbigen Badekappen (weiß und blau), die Torwarte an roten Kappen erkennbar. Zum Schutz vor Verletzungen dürfen Ohrenschützer getragen werden.
2 Schiedsrichter leiten das Spiel. Ihre Eingriffe werden gepfiffen. Mit einer Flagge zeigen sie Freiwurf (leichter Regelverstoß, Abwurf von dem Ort aus, an dem die Regelwidrigkeit begangen wurde) oder Strafwurf (Viermeterball) an. Zu Spielbeginn befinden sich die Spieler in einer Reihe an der Torlinie. Bei Anpfiff wird der Ball aus einem Ballkorb unter Wasser an der Mittellinie freigegeben oder von einem Schiedsrichter eingeworfen, und die Spieler beider Mannschaften versuchen, in den Ballbesitz zu gelangen. Jeder Angriff muß binnen 35 Sekunden mit einem Torversuch abgeschlossen werden. Gelingt das nicht, gibt es Freiwurf für die verteidigende Mannschaft. Ein Torball muß vorher von mindestens 2 Spielern mit der Handinnenseite gespielt worden sein. Es ist unzulässig, den Ball zu fausten. Nur dem Torwart sind Faustabwehr innerhalb des Viermeterraumes sowie Fangen und Festhalten des Balles mit beiden Händen erlaubt. Er darf nicht über die Mittellinie hinausschwimmen und den Ball nicht bis in den gegnerischen Viermeterraum hineinwerfen. Feldspieler dürfen den Ball nur mit einer Hand annehmen und werfen, ihn ansonsten aber mit jedem Körperteil berühren oder stoßen, auch bei Torwurf. Auch das Dribbeln ist zulässig, bei dem der Ball mit den Armen vor allem durch Bewegung des Wassers getrieben wird.
Der Schwimmstil ist grundsätzlich frei, aber es wird fast ausschließlich ein abgewandelter Kraulstil mit kürzeren Schwimmstößen und hoher Kopfhaltung geschwommen. Ein Spieler im Ballbesitz darf angegriffen und so lange untergetaucht werden, bis er den Ball freigibt. Die Verletzungsgefahr, vor allem für Kopf, Augen

und Ohren, ist beträchtlich. Deshalb blieb Wasserball lange Zeit Männersport. Inzwischen gibt es auch Damenwasserball, eine Deutsche Damenmeisterschaft findet seit 1982 statt. Europameisterschaften tragen die Damen seit 1985, Weltmeisterschaften seit 1986 aus. Wettbewerbe der Männer sind: Deutsche Meisterschaften, Europameisterschaften, Weltmeisterschaften; jährlich ein Pokal der Pokalsieger und ein Europapokal der Landesmeister, deren beide Siegermannschaften um den Super-Cup kämpfen. Olympische Disziplin ist Wasserball seit 1900. Deutschland war einmal, nämlich 1928, Olympiasieger im Wasserball. Die Weltmeisterschaften von 1986 und die Olympischen Spiele von 1984 und 1988 gewann die Nationalmannschaft von Jugoslawien.

TANZSPORT

Tanzen als partnerschaftliche Form der sportlichen Bewegung nach Melodie und Rhythmus hat als Freizeitsport seit den achtziger Jahren viele Freunde gewonnen. Die Aktiven sind Mitglieder in Tanzschulen, wo sie sich meist wöchentlich zum Tanztraining treffen. Die Schulen führen nach Leistungsgruppen Turniere durch, mit deren Absolvierung das Deutsche Tanzabzeichen erworben werden kann. Im Deutschen Tanzsportverband sind etwa 120 000 Mitglieder organisiert, fortgeschrittene Amateure und Profis; letztere sind überwiegend Tanzlehrer und Besitzer von Tanzschulen. Es gibt nationale, europäische und Weltmeisterschaften für Amateure und Berufstänzer, jeweils in den 5 Standardtänzen und in 5 Lateinamerikanischen Tänzen sowie in der Kombination (alle 10 Tänze). Außerdem gibt es Mannschaftswettbewerbe und Wettbewerbe im Rock 'n' Roll.

Nach ihrer Leistung können Tanzpaare von der E-Klasse über die Klassen D, C, B und A bis in die Sonderklasse aufsteigen. Tanzpaaren der A- und der Sonderklasse droht jedoch auch der Abstieg in die D-Klasse, wenn sie in den jährlichen Turnieren nicht genügend Punkte sammeln. Für Turniere ist eine Tanzfläche von mindestens 80 Quadratmetern, bei Meisterschaften von 180 Quadratmetern und einer Seitenlänge von 12 Metern vorgeschrieben. Die Wertungen bei Meisterschaften werden von 7 Wertungsrichtern und der Turnierleitung vorgenommen. Wertungskriterien sind Takt und Grundrhythmus, choreographische Gestaltung, Körperhaltung, harmonischer Bewegungsablauf, Partnerharmonie, Fuß- und Beinarbeit. Die Figuren müssen exakt getanzt werden, dürfen sportlichen Einfallsreichtum, nicht aber zirzensische oder artistische Einlagen enthalten. Erst nach Turnierschluß dürfen Siegerpaare Schautänze vorführen.

Für Meisterschaftsturniere ist eine Kleiderordnung vorgeschrieben: Damen tragen bei den Standardtänzen ein großes Turnierkleid, bei den Lateinamerikanischen Tänzen ein stilgerechtes Turnierkleid. Herren tragen Frack beziehungsweise Kurzfrack oder Latein-Anzug. An einer Tanzrunde sind nur jeweils 6 Paare auf der Tanzfläche beteiligt. Die Reihenfolge wird ausgelost. Entsprechend der Teilnehmerzahl werden Vor- und Zwischenrunden ausgetragen, nach denen die Paare mit den schwächsten Wertungen ausscheiden. Erreichen die besten Paare in der Endrunde Punktgleichstand, findet eine Stichrunde statt. Bei gleicher Punktzahl in 10-Tänze-Turnieren wird allerdings der erste Platz geteilt.

Standardtänze

Bei Turnieren in den Standardtänzen sind Langsamer Walzer (English Waltz), Tango, Wiener Walzer, Slowfox und Quickstep zu absolvieren.

- *Langsamer Walzer:* Tanzdauer 1½ bis 2 Minuten; typische Merkmale sind schwingende Pendelbewegungen; Kreisdrehungen rechts- und linksherum, die stets auf dem ersten Schlag eines Taktes beginnen; offene Promenaden und Kreuzschritte.
- *Tango:* Tanzdauer 1½ bis 2 Minuten; typische Merkmale sind gleitende Gehschritte in der Folge slow-quick-quick (langsam-schnell-schnell), die sogenannte Tangowiege und die Promenade. Schnelle Bewegungen werden ohne Heben oder Senken des Körpers ausgeführt. Die Dame tanzt einen halben Schritt seitwärts versetzt, hält den linken Unterarm waagerecht, den rechten fast senkrecht am Rücken des Partners.
- *Wiener Walzer:* Tanzdauer 1 bis 1½ Minuten; charakteristisch sind die Kreisbewegungen links- und rechtsherum, platzgreifend oder auf der Stelle ohne »Schunkelbewegungen«. Der erste Schritt eines jeden Taktes wird mit der Ferse angesetzt, die beiden nächsten mit dem Ballen.
- *Slowfox:* Tanzdauer 1½ bis 2 Minuten; typisch sind gleitende,

wechselnd kurze und lange Geh-, Feder- und Dreierschritte mit Richtungs- und Schrittwechsel im Grundrhythmus slow-quick-quick (langsam-schnell-schnell).

- *Quickstep:* Tanzdauer 1½ bis 2 Minuten; schnelle Variante des Slowfox mit Wechseln zwischen Dreischritt slow-quick-quick und Vierschritt slow-quick-quick-slow. Typisch sind schnelle Geh-, Wechsel- und Kreuzschritte, Körperdrehungen und Zickzackbögen mit leichtem Heben und Senken des Körpers.

Lateinamerikanische Tänze

Bei Turnieren in den Lateinamerikanischen Tänzen sind Samba, Cha-Cha-Cha, Rumba, Paso Doble und Jive zu absolvieren.

- *Samba:* Tanzdauer 1½ bis 2 Minuten; die Samba wird mit sanften Beugen der Knie bei gleichzeitigem Ballen-Fersen-Spiel sowie mit Vor- und Rückwärtsbewegungen des Beckens getanzt. Dieser Tanz stammt aus Brasilien.
- *Cha-Cha-Cha:* Tanzdauer 1½ bis 2 Minuten; der Tanz ist nur wenig raumgreifend, jeder Schritt wird einzeln und stets auf dem Ballen angesetzt, die Ferse ist vom Boden gelöst, die Grundschritte werden bei den Taktteilen 4 und 1 angesetzt, nach dem Rhythmus »4-und-1-2-3«. Der Cha-Cha-Cha stammt aus Kuba.
- *Rumba:* Tanzdauer 1½ bis 2 Minuten; typisch sind Kreisel links- und rechtsherum, Drehungen, Seitschritte und Öffnungen mit synchronen, seitlichen Hüftbewegungen beider Partner. Die Rumba kommt ebenfalls aus Kuba.
- *Paso Doble:* Tanzdauer 1½ bis 2 Minuten: charakteristisch sind vier einander ablösende Grundrhythmen quick-quick, slow, quick-and-quick, slow-and. Dabei wechseln Körperkontakt und Trennung, Promenade und Gegenüberstellung mit Körperbewegungen nach den Seiten. Die Gestaltung des Tanzes ist dem Stierkampf entlehnt; der Tanz stammt aus Spanien.
- *Jive:* Tanzdauer 1 bis 1½ Minuten; im Boogie-Woogie-Rhythmus getanzt, aber ohne Wurffiguren. Der Jive-Stil kommt aus den USA.

Rock 'n' Roll

In dieser Tanzart werden eigene nationale, Europa- und Weltmeisterschaften ausgetragen. Wettbewerbe finden für Paare und Paarformationen (4 Paare) statt, und zwar in 2 Runden. In der 1. Runde, Dauer 1 Minute mit zirka 52 Takten, wird die Fuß-Bein-Schritt-Technik bewertet, es finden keine Heber statt. Sprungschritte sind aus der *Kick-* (Stoß-), *Hop-* (Sprung-), oder *Slip-* (Gleit-)Bewegung zu tanzen. In der 2. Runde, Dauer 2 Minuten mit je zirka 50 Takten, wird das akrobatische Können der Tänzer bewertet, also Hebungen, Sprünge, Würfe und Überschläge. Bei Gruppenwettbewerben tanzt zunächst jedes Paar einzeln, danach erst die ganze Gruppe.

TURNEN

Leibesübungen sind aus dem angeborenen Spieltrieb und aus dem Leistungsbedürfnis des Menschen heraus und auf der Grundlage seiner natürlichen Bewegungen entstanden, und zwar bereits in der Frühgeschichte der Menschheit. Bis zu 7 000 Jahre alte Zeugnisse darüber, Felszeichnungen, Reliefs, Figuren, Sport- und Spielgeräte finden sich in allen Kulturen, bei Ägyptern, Babyloniern, Skandinaviern, Asiaten. Bei den antiken Festspielen der griechisch-römischen Kulturen gewannen sportliche Wettspiele ab 800 vor unserer Zeitrechnung große Bedeutung; Kelten verehrten sportliche Leistungen in Heldengedichten; bei germanischen Stämmen gewannen Leibesübungen auch wehrhafte Züge und dienten der Vorbereitung zum Kampf; im Mittelalter standen Leibesübungen im Mittelpunkt ritterlicher wie volkstümlicher Spiele und Wettbewerbe.

In der Zeit der Aufklärung (18. Jahrhundert) empfahl der französische Philosoph und Pädagoge Jean-Jacques Rousseau Leibesübungen und Wandern als sportliche Betätigung zur körperlichen Kräftigung und freiheitlichen Disziplinierung und betonte die sozialen Werte des Wettbewerbs. Unter den Philanthropen (wörtlich: Menschenfreunde; eine aufklärerische Bewegung im 18. Jahrhundert, die die »natürliche Erziehung« inklusive körperlicher Ertüchtigung forderte) gilt Johann Christoph Friedrich Guts Muths (1759–1839) als »Groß- und Erzvater« des heutigen Turnens und der Gymnastik. Er prägte den Satz: »Gymnastik ist Arbeit im Gewande jugendlicher Freude.« In Schnepfenthal/Thüringen legte er den ersten deutschen Turnplatz an.

Der »Turnvater« Friedrich Ludwig Jahn (1778–1852) gilt als der eigentliche Begründer des Turnens und der deutschen Turnbewegung. Er richtete 1811 in der Berliner Hasenheide seinen Turnplatz ein und erfand 1812 die Turngeräte *Barren* und *Reck*. Im volkstümlichen Turnen sah er eine Möglichkeit, die physische und moralische Kraft des Volkes zu stärken. Im Kampf Preußens gegen Napoleon gehörte Jahn zu den Mitbegründern des Lützowschen Freikorps', viele Anhänger seiner Turnbewegung betrachteten es als ihre vaterländische Pflicht, sich den Freiwilligenverbänden anzuschließen. 1816 schrieb Jahn das Buch »Deutsche Turnkunst«; es gilt bis heute als klassisches Werk der Turnliteratur.

Nachdem 1819 der Dichter und Diplomat August von Kotzebue, Gegner der Jahnschen Turnbewegung, von einem Jahn-Anhänger ermordet worden war, wurde im Land Preußen die Turnsperre verhängt, der sich die meisten deutschen Länder anschlossen. Weil das Turnen im Freien verboten war, zogen sich die Turner in Hallen zurück. Das führte zur Entwicklung des Geräteturnens. Jahn selbst wurde verhaftet, dann aber freigesprochen. Als »Wiedergutmachung« für erlittene Festungshaft und Verunglimpfung verlieh ihm der Preußenkönig Friedrich Wilhelm III. das Eiserne Kreuz und gewährte ihm eine Leibrente. 1848 wurde Jahn als preußischer Abgeordneter in die Erste Deutsche Nationalversammlung nach Frankfurt berufen.

Die Turnsperre wurde erst 1842 aufgehoben. Danach entwickelte sich das Turnvereinswesen sprunghaft. 1868 wurde die Deutsche Turnerschaft gegründet, 1893 der Arbeiter-Turner-Bund. Unter dem Hitler-Regime wurden die Dachverbände aufgelöst und dem Reichsbund für Leibesübungen einverleibt. 1950 wurde der Deutsche Sportbund (DSB) gegründet, der Deutsche Turnerbund (DTB) wurde Mitglied des DSB. Dem DTB gehören heute zirka 15 000 Vereine mit annähernd 4 Millionen Turnern an.

Turnen wird von Frauen und Männern jeden Alters ausgeübt. Das leistungsbezogene Kunstturnen ist seit 1896 im olympischen Programm und derzeit mit 10 Einzeldisziplinen, 4 Mehrkampfdisziplinen und der Rhythmischen Sportgymnastik Bestandteil der Olympischen Spiele. Nationale, Europa- und Weltmeisterschaften finden in allen Turnsportarten statt, letztere alle 2 Jahre, jeweils in den ungeraden Jahren. In Jahren vor Olympischen Spielen dienen sie zugleich als Olympiaqualifikation.

Die Schwierigkeitsgrade im Kunstturnen sind in A-, B-, C- und D-Teile gegliedert. Höchste Bewertungsnote einer Übung ist immer die 10, ohne einen D-Teil kann jedoch eine sonst völlig einwandfreie Vorführung im internationalen Wettbewerb nur die Note 9,6 erreichen. Bewertet werden in jeder Disziplin eine Pflicht- und eine Kürübung. Kriterien für die Pflichtübungen sind Richtigkeit, technische Perfektion und Rhythmik. Kriterien für die Kürübungen sind Schwierigkeitsgrad, Aufbau und technische Durchführung. 4 Kampfrichter nehmen die Wertungen vor, aber es zählen nur die beiden Mittelnoten; damit soll ein möglichst gerechtes Urteil gesichert werden. Da Turnleistungen weder mit der Uhr noch mit dem Maßband gemessen werden können und somit auch subjektiver Beurteilung unterliegen, werden Turnkampfrichter besonders ausgebildet und zur unparteiischen Notengebung verpflichtet.
Alle Kunstturnmeisterschaften und Turnwettbewerbe bei Olympischen Spielen beginnen mit den Turnerischen Mehrkämpfen für Männer (Zwölfkampf) und Frauen (Achtkampf) (siehe Seite 121). Zuerst werden die Mannschaftswettbewerbe in diesen Disziplinen ausgetragen. Zu jeder Ländermannschaft gehören 6 Turner/Turnerinnen. Die 36 punktbesten Turnerinnen und Turner wiederholen danach ihre Kürübung zur Ermittlung der Einzelmeisterschaft im Mehrkampf. Dann erst treten die acht Besten pro Gerät zum Gerätefinale an.

Geräteturnen

Barren, Pferd, Reck, Ringe und Schwebebalken sind die Geräte, an denen olympische Einzelwettbewerbe und Mehrkämpfe für Damen und Herren sowie weitere nationale und internationale Wettkämpfe stattfinden. Darüber hinaus geben die sommerlichen Turnfeste auf Vereins- oder Länderebene den verschiedenen Leistungsklassen, Altersgruppen und Nachwuchssportlern Möglichkeiten, ihr Können zu zeigen. Alle 4 Jahre, jeweils zwischen den Olympischen Spielen, findet das Deutsche Turnfest statt, 1989 nahmen in Berlin über 100 000 Sportler und mehr als 1 Million Zuschauer daran teil.

Barrenturnen

Ein Barren ist 2,30 Meter hoch; die beiden 3,50 Meter langen, federnden, parallel liegenden Holme stehen etwa 50 Zentimeter auseinander und werden von jedem Turner nach seiner Schulterbreite eingestellt. Als Regelmaß gilt die Unterarmlänge mit gestreckten Fingern. Die Holme sind aus holzummantelter Glasfiber gefertigt und werden auf vier metallenen Säulen verspannt.

Am Barren mit zwei gleich hohen Holmen turnen nur Herren. Gefordert werden *Handstände* beid- und einarmig, *Drehungen* im Handstand, *Stützwaage* (armgestütztes, gestrecktes Liegen zwischen den Holmen), *Winkelstütz* (aufrechter Oberkörper, waagerechte Beine), *Überschläge* vorwärts und rückwärts, *Schwebehang* und *Schwebekippe* (aus dem gestreckten Hang in den Armstütz mit waagerecht vorgestreckten Beinen). Sogenannte Flugteile gehören zu einer D-Kür; dabei muß der Turner mindestens einmal oberhalb und einmal unterhalb der Holme eine freihändige Figur turnen, also die Holme völlig loslassen. Schwunghafte Übungsteile werden verlangt, Krafteile sind erlaubt.

Am Stufenbarren mit zwei unterschiedlichen hohen Holmen turnen nur Damen. Der höhere Holm ist 2,30 Meter hoch, der niedrigere

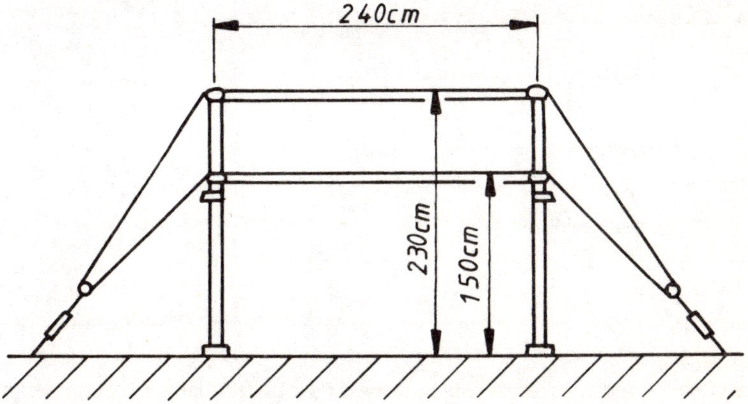

Kunstturnen – moderner Stufenbarren, Turngerät des Frauenturnens, eher ein »Doppelreck«; die Männer turnen am (herkömmlichen) Parallelbarren

1,50 Meter. Die Weite zwischen den Holmen ist verstellbar. Die Länge der Holme beträgt 2,40 Meter. Der Stufenbarren wurde aus dem Parallelbarren weiterentwickelt und ist heute eine Art doppeltes Reck. Typische Übungen auf dem Gerät sind *Felgen* (volkstümlich: Wellen), *Rollen, Salti, Grätschen* und *Handstände* mit Wechseln und Sprüngen zwischen den unterschiedlich hohen Holmen.

Pferdturnen

Das Pferd ist das älteste Turngerät. Bereits die Römer übten an hölzernen Pferden. Bis in die fünfziger Jahre gab es für dieses Sportgerät keine einheitlichen Formen und Abmessungen. Nunmehr findet das Pferdspringen der Herren am Langpferd mit 1,35 Meter Höhe statt, die Damen springen über das querstehende Seitpferd mit 1,20 Meter Höhe. Der Absprung findet von einem federnden Sprungbrett mit beliebiger Entfernung vom Pferd aus statt. Das Sprungpferd hat keine Griffbügel (Pauschen). Die Turner springen mit den Händen auf das Pferd, gehen in den Handstand und vollenden den Sprung in einem Zuge mit einem Abgang, bei dem Mehrfachsalti und Schraubendrehungen höchster Schwierigkeit üblich sind.

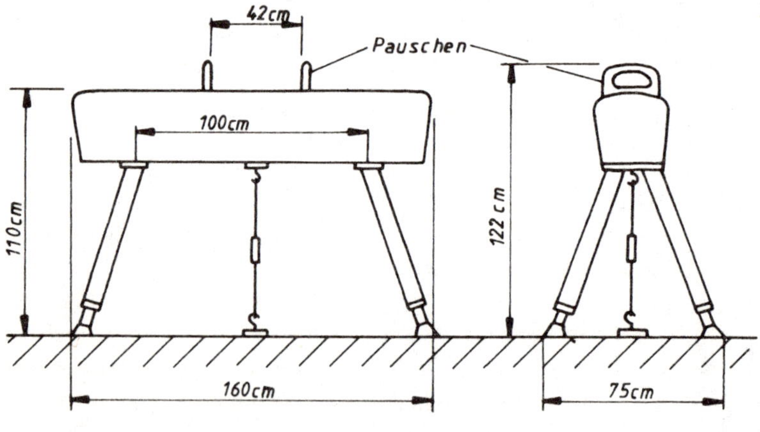

Kunstturnen – Pferdturnen immer mit Pauschen; Pferdspringen am Langpferd (Herren) und Seitpferd (Damen) immer ohne Pauschen

Ein weiterer olympischer Wettbewerb sind Schwingübungen der Herren am Seitpferd mit Griffbügeln (Pauschen). Diese Übungen haben sich aus den Formen des Auf- und Absitzens in der militärischen Reiterei entwickelt. Jedoch gilt es beim modernen Pferdturnen als Fehler, das Gerät mit Füßen oder Unterschenkeln zu berühren. Die Schwungübungen müssen ohne jeglichen Beinhalt vorgeführt werden. Gefordert werden *Kreisen* beider Beine, Kreisen eines Beines, *Kehren* mit seitgegrätschten Beinen, *Scheren* vor- und rückwärts, *Handstände* und *Wandern* auf einer oder beiden Händen. Mindestens eine Übung mit hohem Schwierigkeitsgrad muß doppelt geturnt werden. Das Kreisen beider Beine soll vorherrschender Bestandteil der Gesamtübung sein. Der Abgang findet fast immer über einen Handstand statt.

Reckturnen

Das Reck wurde vom »Turnvater« Jahn erfunden und auf der Berliner Hasenheide im Freien vorgeführt. Die Reckstange war ursprünglich aus Holz. Heute findet Reckturnen überwiegend in der Halle statt; die 2,40 Meter lange Reckstange in 2,50 Meter Höhe ist aus Stahl und hat 28 Millimeter Durchmesser. Das Reck ist am Boden mit Stahlseilen fest verspannt. Olympische Wettbewerbe im Reckturnen gibt es ausschließlich für Männer.
Geturnt wurden ursprünglich nur *Auf-, Ab-, Umschwünge* und *Kippen*, später auch *Riesenwellen* und *Grätschen*. Sowjetische und japanische Turner brachten bei den Olympischen Spielen von 1952 völlig neue turnerische Ideen ein. Der Deutsche Eberhard Gienger, vielfacher Meister am Reck, zeigte als einer der ersten der Weltelite Riesenschwünge vor- und rückwärts mit Flügen über das Reck und Wiederfangen im Hang. Einarmige *Riesenfelgen*, dreifache Salti rückwärts mit immer engerer Beinführung und stilistischer Eleganz gehören inzwischen zum Standard des olympischen Reckturnens. 18 Zentimeter dicke Weichbodenmatten aus Schaumstoff schützen bei Übungen solcher Schwierigkeitsgrade, falls es zum Sturz kommt, vor schweren Verletzungen.

Ringeturnen

Das Ringeturnen hat seinen Ursprung in zirzensischer Artistik. Die beiden Holz- oder Kunststoffringe haben 18 Zentimeter Durchmesser, sind 28 Millimeter stark (wie die Reckstange) und hängen 50 Zentimeter voneinander entfernt (wie die Barrenholme) an Seilen, die im oberen Teil aus Stahldraht, weiter unten aus Leder bestehen. Das wettkampfmäßige Turngerät ist an einem 5,50 Meter hohen Stahlrohrgerüst aufgehängt. Die Distanz zwischen Ringen und Bodenfläche beträgt etwa 2,75 Meter; deshalb werden kleinere Turner an die Ringe gehoben. Ringeturnen ist seit 1896 olympischer Wettbewerb, ausschließlich für Männer. Außerdem gibt es nationale, Europa- und Weltmeisterschaften.

Anders als im Zirkus, im Schul- oder Freizeitsport wird beim Kunstturnen nicht (mehr) an schaukelnden, sondern an ruhig hängenden Ringen geturnt. Damit ist die Sportart weitgehend von Muskelkraft und Körperbeherrschung abhängig, obwohl das Reglement reine Kraftübungen einschränkt. Die Kür muß einen aus dem Schwung entwickelten Handstand, einen Krafthandstand und weitere Muskelkraft fordernde Elemente enthalten. Typische Übungen an den Ringen sind zum Beispiel *Felgaufschwünge, Überschläge* mit gestreckten oder eng geführten Armen und der sogenannte *Kreuzhang*, bei dem der Turner mit völlig waagerecht gestreckten Armen in den Ringen hängt. Die Haltung spielt eine wesentliche Rolle bei der Bewertung; die Schwünge sollen harmonisch fließend, die Kraftelemente in zügigem Ablauf bei ruhiger Körperhaltung geturnt werden. Letztere werden nur gewertet, wenn sie mindestens 3 Sekunden gehalten werden können. Die Beine bleiben grundsätzlich gestreckt und eng geschlossen, so daß sich die eigentliche Arbeit auf Arme und Schultern konzentriert.

Schwebebalkenturnen

Balancieren auf Baumstämmen, Steinkanten oder eisernen Grünflächeneinfriedungen ist seit jeher ein beliebtes Kinderspiel. Friedrich Ludwig Jahn stellte auf seinem Turnplatz verschiedene Balanciergeräte auf. Daraus entwickelte sich der Schwebebalken. Er ist

5 Meter lang, 10 Zentimeter breit und hat für turnerische Wettbewerbe eine Oberfläche aus Kunststoff. Die Höhe über dem Turnboden beträgt 1,20 Meter. Seit 1936 ist Schwebebalkenturnen olympische Disziplin, ausschließlich für Damen. Außerdem gibt es Deutsche, Europa- und Weltmeisterschaften.
Auf dem Schwebebalken werden längst nicht mehr nur Balanceakte, sondern auch gymnastische und artistische Höchstleistungen vorgeführt. Schwierigkeitsgrad, Zusammenstellung der Übungen, Körperbeherrschung, Eleganz und harmonische Körperführung spielen bei der Wertung eine Rolle. Handstände, Überschläge vorwärts und rückwärts, Sprünge wechseln mit gymnastischen Posen. Typisch sind Übungen mit zum *Spagat* gespreizten Beinen (zum Beispiel Spagatsprünge, Längs- und Querspagat oder Spagatdrehungen im Handstand).

Weitere Turndisziplinen

Bodenturnen

Ursprung dieser Turndisziplin sind gymnastische Freiübungen (»frei« von Geräten), die schon im Mittelalter von Gauklern bei Hofe vorgeführt wurden. Im leistungsbezogenen Kunstturnen haben Bodenübungen hohen gymnastischen und artistischen Wert, fordern Kraft und Körperbeherrschung. Olympische Disziplin ist Bodenturnen für Damen und Herren seit 1936, damals noch »Kür Freiübungen« genannt. Außerdem gibt es nationale und internationale Meisterschaften. Die Damen turnen mit musikalischer Untermalung. Eine komplette Übung dauert 70 bis 90 Sekunden.
Das Bodenturnen findet ohne jedes Gerät statt. Die Turner sprechen davon, daß der Turnboden selbst zum »Gerät« geworden ist. Die Turnfläche ist 12 mal 12 Meter groß und wird als Doppelschwingboden bezeichnet. Er ist nicht völlig starr, aber auch nicht federnd wie etwa ein Sprungbrett. Diese Beschaffenheit ist wichtig, um Sprunglandungen auf Händen oder Füßen abzufedern, zugleich festen Stand zu sichern und bei Stürzen vor Verletzungen

zu schützen. Zu den artistischen Spitzenleistungen gehören einfache und mehrfache *Salti* mit und ohne Drehungen, *Hechtsprünge* mit waagerechter 360-Grad-Drehung um die Körperlängsachse, bis zum *Sprungspagat* gegrätschte Sprünge, *Überschläge* vor- und rückwärts mit Landung auf einem Arm oder Bein; typische gymnastische Übungen sind *Standwaagen, Brücken, Spagate, Salti* in immer neuen Varianten mit immer höheren Schwierigkeitsgraden. Dabei sollen zirzensische Elemente, wie sie etwa von sogenannten »Gummimenschen« vorgeführt werden, unterbleiben.

Turnerische Mehrkämpfe

Im Kunstturnen der Damen gibt es einen *Achtkampf*, bei den Herren einen *Zwölfkampf*. Beide Mehrkampfarten sind olympische Disziplinen. Außerdem werden nationale, Europa- und Weltmeisterschaften ausgetragen.
Alle Mehrkämpfe haben ihr Vorbild im klassischen Fünfkampf der Antiken Olympischen Spiele (seit 708 vor unserer Zeitrechnung in Olympia, Griechenland, ausgetragen). Der besondere Reiz solcher Wettbewerbe besteht in der Vielseitigkeit, die die Sportler zeigen müssen, in ihrem Vermögen, in mehreren Disziplinen wenn schon nicht immer »Erster« zu sein, aber doch zur Weltelite zu gehören. Mehrkampfsieger in turnerischen Mehrkämpfen wird der Sportler mit dem besten Gesamtergebnis in Punkten. Bei Turnfesten gelten Mehrkämpfe als Hauptwettbewerbe mit dem größten Aufmerksamkeitswert.
Der turnerische Achtkampf der Damen besteht aus je einer Pflicht und Kür in den Disziplinen Pferdsprung, Stufenbarren, Schwebebalken und Bodenturnen. Der Zwölfkampf der Herren besteht aus jeweils Pflicht und Kür an Barren, Reck, Ringen, Pferdsprung, Seitpferd und Bodenturnen (mehr über die einzelnen Gerätearten siehe Seiten 226 bis 231).

Rhythmische Sportgymnastik

Gymnastische Übungen, ausgeführt von einzelnen oder von Gruppen nach musikalischen Rhythmen, werden Rhythmische Gymnastik genannt. Sie haben im Freizeit-, Kur-, Vereins- und Gymnastikinstituts-Sport viele Anhänger in allen Altersgruppen beiderlei Geschlechts (Disziplinen sind beispielsweise Jazzgymnastik oder Jane Fonda's Aerobic). Körperliche Anspannung und Lockerung finden dabei ihre Entsprechungen in der Musik.

Die Rhythmische Sportgymnastik wurde von dieser Volkssportart abgeleitet und als eigene Disziplin für Damen dem wettkampfmäßigen Kunstturnen angegliedert. Als Sportgeräte werden Bälle, Reifen, Keulen, Seile und Bänder verwendet. Es gibt Deutsche, Europa- und alle 2 Jahre Weltmeisterschaften. Seit 1984 ist die Sportart olympische Disziplin.

Wie beim Bodenturnen mißt auch hier die Bodenfläche 12 mal 12 Meter, Wettbewerbe werden einzeln und in Gruppen oder Mannschaften, international stets als Vierkampf ausgetragen, also in 4 Übungen mit jeweils 4 von 5 möglichen Sportgeräten, wobei der jeweilige Veranstalter die Auswahl der Geräte trifft. Mit jedem Gerät gibt es Pflicht- und Kürübungen, die Kür dauert 60 bis 90 Sekunden. Die Rhythmische Sportgymnastik enthält auch Elemente des Bodenturnens, die mit tänzerischen Elementen verbunden werden. Der Umgang mit den Geräten erfordert viel Geschicklichkeit. Bewertet werden bei der Pflichtübung die Synchronität von Rhythmus und Bewegung; bei der Kür kommt es vor allem auf Schwierigkeitsgrad, Originalität der Gestaltung, Harmonie der Körperbewegungen, Übereinstimmung von Bewegung und Musik sowie Ausdruckskraft (Gesamtausdruck) an. Die Kampfrichter werten mit den Noten 1 bis 10.

Trampolinturnen

Das tischähnliche Trampolin hat eine Sprungtuchfläche von etwa 4 mal 2 Metern (plus minus 10 Prozent). Das Nylontuch ist mit Gummiseilen oder abgepolsterten Stahlfedern am Rahmen befestigt und so elastisch, daß Luftsprünge bis zu 6 Meter Höhe möglich sind. Ein gepolsterter Rohrrahmen umspannt das Sprungtuch, dessen Mittelpunkt zur Orientierung der Turner markiert ist. Trampolinturnen gehört zum Astronautentraining. Physiotherapeutische Bedeutung haben kleinere Trampolins bei der Rehabilitation nach Unfällen oder bei Lähmungen sowie zur Mobilisierung behinderter Kinder.

Es gibt Deutsche, Europa- und Weltmeisterschaften im Einzel-, Mannschafts- und Synchronspringen für Damen und Herren sowie einen Weltpokal. Seit 1974 existiert eine Bundesliga. Außerdem finden nationale und internationale Meisterschaften im Doppel-Mini-Trampolinspringen statt. Dieses Gerät besteht aus zwei kleinen, miteinander im Stahlrohrrahmen verbundenen Absprungflächen, von denen die eine schräg, die andere waagerecht angebracht ist. Die Übungen beginnen stets mit einem Anlauf. Der 1. Sprung wird von der Schrägfläche aus gesprungen und führt über Salti und Schrauben in die waagerechte Sprungfläche. Von dort erfolgt der zweite Sprung und führt über weitere Salti und Schrauben zum Stand auf einer Weichbodenmatte.

Die Sprünge auf dem Großtrampolin sind denen des Wasserspringens und Bodenturnens ähnlich, müssen aber mit den Schwingungen des Sprungtuches synchronisiert werden; jede Landung auf dem Sprungtuch federt den Springer sogleich wieder empor und veranlaßt ihn zur Einleitung der nächstfolgenden Übung. Die verschiedenen Sprünge haben Namen, meist die ihrer Erfinder: *Adolph* = Einfachsalto mit 3½ Schraubendrehungen; *Barani* = Vorwärtssalto mit halber Schraube und Gesicht zum Sprungtuch; *Cody* = 1¼-Salto rückwärts aus der Bauchlage; *Fliffis* = Doppelsalto vor- oder rückwärts mit halber Schraube; *Miller* = dreifache Schraube mit Doppelsalto; *Randolph* = Einfachsalto mit 2½ Schrauben; *Rudolph* = Einfachsalto mit 1½ Schrauben; *Triffis* = Dreifachsalto vorwärts mit halber Schraube; *half in – half out* = Doppelsalto rückwärts mit je ½ Schraube beim 1. und 2. Salto.

Es gibt Fuß-, Knie-, Brücken- (Knie und Hände), Bauch- und Sitzlandung und »gehechtete« (Hände und Füße nach oben) oder gestreckte Rückenlandung. Eine komplette Übung besteht aus 10 verschiedenen Sprüngen, jede Figur darf nur einmal gesprungen werden. In Wettbewerben muß jeder Springer eine Pflicht- und zwei Kürübungen absolvieren. Jede Übung muß mit einem sicheren Stand von 3 Sekunden Dauer in der Mitte des Sprungtuches enden. Schwierigkeitsgrade und Reihenfolge der Sprünge kann der Springer wählen, aber er muß vorher sein Programm melden und es dann auch einhalten. Für Änderungen, Auslassungen, Unsicherheiten, »Wippen« (Zwischensprünge ohne Figur) und Eingriffe durch die seitlich postierten Helfer gibt es Punktabzug. Die Kampfrichter vergeben Punkte von 0,1 bis 1 für die Figuren und zusätzliche Schwierigkeitspunkte, so daß Elitespringer Punktwertungen von 13,4 und mehr erreichen.

WASSERSPORT

Kanurennsport

Das Wort Kanu wurde von Kolumbus notiert, stammt aus Westindien und bezeichnet ursprünglich Boote, die aus ausgehöhlten Baumstämmen oder Tierhäuten gefertigt und mit Paddeln gefahren wurden. Daraus entwickelten sich für den wettbewerbsmäßig betriebenen Kanusport zwei Bootstypen: Kanadier und Kajak. Wettbewerbe werden für beide Bootstypen getrennt ausgetragen. Dachorganisation für über 100 000 Kanuten ist der Deutsche Kanu-Verband.

Kanurennen für Kanadier und Kajak werden auf möglichst strömungsfreien Regattastrecken gefahren. Die Strecken haben mehrere Bahnen von jeweils 9 Meter Breite und mindestens 2 Meter Wassertiefe. Langstreckenrennen werden mit Wende auf der halben Strecke gefahren, der Wenderadius darf nicht mehr als 40 Meter betragen, eine Strecke muß mindestens 1500 Meter lang sein. Sieger ist, wer die Wettbewerbsdistanz in der kürzesten Zeit durchfährt.

Kanuslalom wird von Kanadier und Kajak auf einer zirka 800 Meter langen, wildwasserähnlichen Strecke mit natürlichen und künstlichen Hindernissen gefahren. Es gibt Einzel- und Mannschaftswettbewerbe. Mannschaften bestehen aus 3 Booten. Sie starten gemeinsam und müssen die auf der Strecke befindlichen Tore in jeweils 15 Sekunden durchfahren. Es gibt *Vorwärts-, Rückwärts-, Aufwärts-* und *Team-Tore*. Sie sind mindestens 1,20 Meter, höchstens 3,50 Meter breit und hängen über der Wasseroberfläche. An rot-weißen Torstäben wird rechts, an grün-weißen Torstäben links vorbeigefahren. An den Toren befinden sich Wertungsstellen, die für Torfehler Strafpunkte vergeben: 5 Punkte für einmaliges

Berühren einer Torstange, 10 für Doppelberührung oder Durchfahrfehler. 50 für Wegstoßen einer Torstange oder *Eskimorolle* (Umkippen, Durchtauchen und anschließendes Wiederaufrichten). Kentert ein Boot, scheidet der Fahrer aus.

Wildwasserrennen für Kanadier und Kajak werden, im Gegensatz zum Kanuslalom, nur auf Zeit, also ohne Wertungsstellen gefahren; es gibt keine Strafpunkte. Die mindestens 3 Kilometer lange Wildwasserstrecke hat natürliche Hindernisse wie Felsen, Brecher, Strudel, Wirbel, Schwälle oder Stromschnellen. Als Abfahrtsrennen werden Wettbewerbe bezeichnet, die über Wehre, Schräg- und Gegenströmungen, Schwälle, Buhnen oder durch Brückenpfeiler führen. Es gibt Einzel- und Mannschaftswettbewerbe mit 3 Booten. Die Boote müssen unsinkbar und mit wasserdichten Spritzdecken gesichert sein. Schutzhelm und Schwimmweste sind für die Fahrer obligatorisch; bei Gefahr müssen konkurrierende Fahrer einander auch helfen. Kentert ein Boot und der Fahrer steigt aus, darf er sein Boot, allerdings ohne fremde Hilfe, aufrichten, entleeren und danach weiterfahren. Er scheidet jedoch aus, wenn er das Fahrwasser verläßt.

Kanadier sind in ihrer Form den Indianerbooten nachempfunden. Sie haben hohe, gerundete *Steven* (Vorder- und Hinterteil) und werden ohne Steuerruder, kniend, mit Stechpaddel gefahren. Gelenkt werden Kanadier durch Einstechen der Paddel rechts oder links vom Boot. Mit Ausnahme des C2-Mix finden Wettbewerbe nur für Herren statt. Rennklassen sind:

– Einer-Kanadier (C1), Höchstlänge 5,20 Meter, Mindestbreite 75 Zentimeter, Mindestgewicht 16 Kilogramm für Rennstrecken; für Slalom 4 Meter Mindestlänge; für Wildwasser 4,50 Meter Höchstlänge, Mindestbreite 70 Zentimeter, keine Gewichtsvorschriften;
– Zweier-Kanadier (C2), Höchstlänge 6,50 Meter, Mindestbreite 75 Zentimeter, Mindestgewicht 20 Kilogramm für Rennstrecken; für Slalom 4,58 Meter Mindestlänge; für Wildwasser 5 Meter Höchstlänge, Mindestbreite 80 Zentimeter, keine Gewichtsvorschriften;

- Siebener-Kanadier (C7), 6 Fahrer plus Steuermann, Höchstlänge 11 Meter, Mindestbreite 85 Zentimeter, Mindestgewicht 50 Kilogramm, der Steuermann lenkt ebenfalls mit einem Stechpaddel.
- Achter-Kanadier (C8), Höchstlänge 11 Meter, Mindestbreite 95 Zentimeter, keine Gewichtsbeschränkungen, dafür aber eine geforderte Mindestraumtiefe von 43 Zentimetern für das Bootsinnere.

Für Kanadier gibt es jährlich Deutsche und Europa- sowie alle 2 Jahre Weltmeisterschaften in allen Klassen. Bei Olympischen Spielen finden folgende Wettbewerbe statt (Herren): Einer-Kanadier 500 Meter und 1 000 Meter, Zweier-Kanadier 500 und 1 000 Meter.
Kajak ist ein Boot, das die Eskimos früher aus Tierhäuten, Sehnen, Knochen und Hölzern fertigten und für die Jagd benutzten. Es ist, bis auf das Mannloch, fest geschlossen, wird, sitzend, mit Doppelpaddel gefahren und mit Heck- oder Flossensteuer unter dem hinteren Bootsrumpf über Fußleinen gelenkt. Slalom- und Wildwasserkajaks haben keine Lenkung. Folgende Klassen werden unterschieden:

- Einer-Kajak (K1), Höchstlänge 5,20 Meter, Mindestbreite 51 Zentimeter, Mindestgewicht 12 Kilogramm für Rennkajak; für Slalom 4 Meter Mindestlänge, 60 Zentimeter Mindestbreite; für Wildwasser 4,50 Meter Höchstlänge, 60 Zentimeter Mindestbreite (Slalom und Wildwasser werden nur im Einer-Kajak und ohne Gewichtsbeschränkung gefahren);
- Zweier-Kajak (K2), Höchstlänge 6,50 Meter, Mindestbreite 55 Zentimeter, Mindestgewicht 18 Kilogramm;
- Vierer-Kajak (K4), Höchstlänge 11 Meter, Mindestbreite 60 Zentimeter, Mindestgewicht 30 Kilogramm; Gewichtsunterschiede von Rennkajaks werden durch Bleiplatten ausgeglichen, die unter dem Sitz befestigt werden.

Jährlich finden Deutsche und Europameisterschaften, in Zweijahresintervallen finden Weltmeisterschaften in allen Klassen statt. Olympische Wettbewerbe sind für Damen Einer-, Zweier- und Vierer-Kajak über 500 Meter, für Herren Einer- und Zweier-Kajak über 500 Meter, Einer-, Zweier- und Vierer-Kajak über 1 000 Meter.

Motorboot-Rennsport

Das erste Motorbootrennen der Welt wurde 1900 auf der Seine gefahren, während dort zugleich die Weltausstellung (mit Eröffnung des Eiffelturmes) und Olympischen Spiele stattfanden. Boote mit Daimler-Motoren belegten die ersten Plätze. Seit den dreißiger Jahren gibt es Weltmeisterschaften, oft in der Bucht von Monaco, für Inborder (eingebaute Motoren), seit den vierziger Jahren Europameisterschaften für Außenborder und seit den fünfziger Jahren auch Deutsche Meisterschaften. Wettbewerbe werden oft über unterschiedliche Distanzen ausgetragen, von 1 Seemeile (1 852 Meter) bis 15 Seemeilen (in Deutschland auch über 1 Kilometer). Dementsprechend werden auch die Rekorde gemessen. Es gibt aber auch Dauerrekorde über 24 Stunden. Berlin verfügt mit Wannsee und Oberhavel über zwei international anerkannte Rennstrecken für Motorbootrennen; dort wurden mehrfach Weltmeisterschaften ausgetragen. Der Deutsche Motoryachtverband mit Sitz in Hamburg betreut rund 150 000 Mitglieder, größtenteils Besitzer eigener Boote.

Die Rennen werden nach Typen und Motorstärken getrennt gefahren. Bei internationalen Wettbewerben spielen die veralteten Rundspanten- und Stufenboote keine Rolle mehr. Sie wurden abgelöst von *V-Boden-Booten* und *Dreipunktbooten*. Diese Rennboote haben mit »zivilen« Motoryachten nichts mehr zu tun.

- V-Boden-Boote verlieren durch die Motorstärke an Längsstabilität und beginnen auf und ab zu wippen; das rhythmische Wippen beschleunigt über die Motorleistung hinaus noch einmal um mehr als 5 Prozent.
- Dreipunktboote liegen bei voller Fahrt nur noch auf zwei hinter dem Bug montierten Kufen (Tatzen) und dem Heck. Die Tatzenwinkel sind verstellbar, damit wird das Gleichgewicht stabilisiert. Solche Boote werden vom Wasser und vom Fahrtwind getragen und gleiten sanfter als V-Boden-Boote; die Fahrer knien darin.

Inborder-Klassen sind (nach Hubraum unterschieden):

Klasse	Kubikzentimeter	Mindestlänge (in m)	Mindestbreite (in m)
S1	bis 1000	4,25	1,40
S2	1500	4,25	1,50
S3	2000	4,50	1,50
S4	2500	5,00	1,50
S5	5000	5,25	1,55
S6	7000	6,00	1,60
S00	über 7000	6,25	1,70

Die Cockpits müssen mindestens 90 Zentimeter breit, 75 Zentimeter lang und 45 Zentimeter tief sein.
Für Outborder gibt es keine Vorschriften die Bauweise von Boot und Motor betreffend. Sie werden lediglich nach Hubraumklassen eingeteilt: OJ bis 175 Kubikzentimeter, OA bis 250, OB bis 350, OC bis 500, OD bis 700, OE bis 850, OF bis 1 000, OI bis 1 500, ON bis 2 000 und OZ über 2 000 Kubikzentimeter.

Rudersport

Wettkampfmäßig »gerudert« wurde schon im antiken Griechenland. Ruderer bewegten die Galeeren der Mittelmeervölker und die Kriegsschiffe der Japaner im Mittelalter. Unser Rudersport wurde 1775 auf der Themse aus der Taufe gehoben. Die Rennen zwischen den Universitäten Oxford und Cambridge im Achter existieren seit 1829. Im Hamburg fand 1844 die erste Ruderregatta statt. Die erste olympische Regatta sollte eigentlich schon 1896 in Athen stattfinden, mußte aber wegen stürmischer See ausfallen. Vier Jahre später gab es dann olympische Wettbewerbe im *Einer, Zweier, Vierer* und *Achter.* Seither ist Rudern ständig olympische Disziplin. Außerdem gibt es jährlich nationale und Weltmeisterschaften. Wettbewerbe finden für Damen und Herren statt. Der Deutsche Ruderverband ist Dachorganisation für etwa 100 000 Mitglieder.

Es werden *Skullboote* und *Riemenboote* unterschieden. Bei Skullbooten benutzt jeder Ruderer zwei Skulls (im Volksmund »Ruder«), um das Boot vorwärts zu treiben. Die Skulls zu beiden Seiten des Ruderplatzes bestehen aus Holm und Blatt, sind zirka 3 Meter lang und werden mit je einer Hand, Handrücken nach oben, gefaßt. Die Skullholme liegen, um die Hebelwirkung zu vergrößern, in einer außerhalb des Bootes an einem Ausleger angebrachten Drehdolle. Für Skuller gibt es folgende Klassen: *Einer, Doppelzweier ohne und mit* (zusätzlichem) Steuermann, *Doppelvierer ohne und mit* (zusätzlichem) Steuermann, *Doppelachter mit* Steuermann. *Doppel* bezeichnet lediglich den Einsatz von zwei »Rudern« (Skulls) je Ruderer.
Im Gegensatz zu Skullbooten wird in Riemenbooten von jedem Ruderer immer nur ein »Ruder« bedient, der richtige Name dafür ist Riemen. Die Riemen befinden sich abwechselnd *steuerbord* (in Fahrtrichtung rechts) und *backbord* (links). Jeder Ruderer umgreift seinen Riemen beidhändig, Handflächen nach oben. Die Riemen sind mit zirka 3,70 Metern länger als die Skulls der Skullboote. Es gibt folgende Riemenboot-Klassen: *Zweier, Vierer ohne und mit* Steuermann, *Achter* mit Steuermann.
Bei Olympischen Spielen gibt es die folgenden Wettbewerbe: Herren über 2 000 Meter: Einer, Doppelzweier (Skulls), Zweier ohne Steuermann (Riemen) und mit Steuermann (Riemen), Doppelvierer (Skulls), Vierer ohne Steuermann (Riemen) und mit Steuermann (Riemen), Achter (Riemen). Damen über 2 000 Meter: Einer, Doppelzweier (Skulls), Zweier ohne Steuerfrau (Riemen), Doppelvierer mit Steuerfrau (Skulls), Vierer mit Steuerfrau (Riemen) und Achter (Riemen). Deutsche Ruderer sind bei Olympischen Spielen und Weltmeisterschaften seit den sechziger Jahren sehr oft erfolgreich. Ab 1960 waren es zunächst Mannschaften der Bundesrepublik Deutschland, die von dem legendären Rudertrainer Karl Adam (einem Mathematiklehrer, der die Erfolge »errechnete«) trainiert wurden. Ab 1970 dominierten dann immer mehr die Ruderer aus der damaligen DDR. Nach der deutschen Vereinigung sind deutsche Boote bei allen internationalen Wettbewerben große

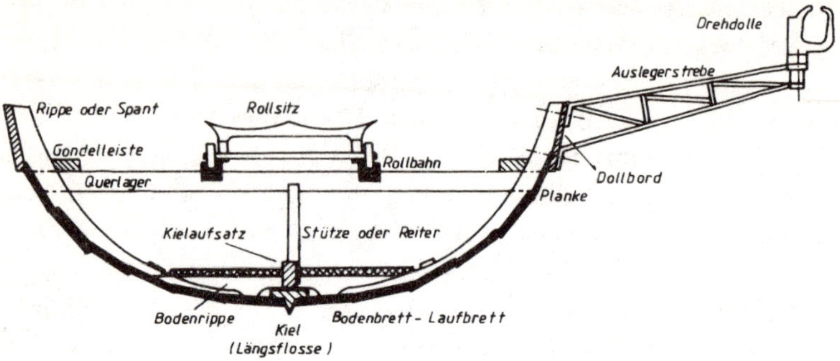

Rudersport – Bootsquerschnitt

Favoriten; die Damen vor allem im Einer, Zweier, Vierer und Doppelvierer; die Herren im Zweier, Vierer, Doppelvierer und Achter. Ruderstrecken haben sechs 15 Meter breite Parallelbahnen; sie sollen mindestens 3,50 Meter Wassertiefe haben, strömungsarm und windgeschützt sein. Entsprechend der Teilnehmerzahl finden Vorläufe statt; aus dem Wettbewerb auszuscheiden haben jeweils diejenigen Boote, die in zwei Vorläufen die erforderliche Plazierung nicht erreicht haben. Ausschluß durch den Schiedsrichter erfolgt bei schuldhafter Behinderung anderer Boote, Zusammenstoß außerhalb der eigenen Bahn, nach zwei Fehlstarts und bei technischer oder taktischer Manipulation durch Außenstehende.

Gerudert wird heute ausschließlich im *Fairbairn-Stil* (nach seinem australischen Erfinder benannt). Dabei gehen alle Bewegungsabläufe fließend ineinander über, und zwar *Auslage* (gespreizte Riemen oder Skulls bei nach vorn gelaufenem Rollsitz), *Durchzug* (Einsatz des Ruderblattes in das Wasser bis zum Austauchen bei rücklaufendem Rollsitz), *Endzug* (Wasserauswurf durch das Ruderblatt). Das Schlagtempo erreicht bis zu 48 Schläge pro Minute. Bei mehrsitzigen Booten ohne Steuermann bestimmt der hinterste, im Heck sitzende Ruderer das Schlagtempo, er ist der *Schlagmann*. Bei Booten mit Steuermann bestimmt dieser das Schlagtempo. Die am Heck in Angeln aufgehängte Steuerflosse wird mit Seilzug bedient, entweder vom Steuermann oder, bei Booten ohne Steuermann, vom hintersten Ruderer. Für Bauweise, Abmessungen und Gewichte der Boote gibt es keine Vorschriften. Rennboote haben eine äußerst glatte und dünne Außenhaut aus Kunststoff oder Sperrholz; als Kiel dient lediglich eine Längsflosse; damit wird Seitenabtrieb verhindert. Rennboote sind so pfeilförmig schmal und flach gebaut, daß die Ruderer eher »darauf« als darin sitzen.

Segelsport

Kauffahrtei- und Kriegsschiffe waren schon im frühen Mittelalter mit Segeln bestückt. Die Entdeckung anderer Erdteile und der Beginn des Überseehandels wurden erst durch seetüchtige Segelschiffe möglich. Die Marine vieler Länder unterhält heute noch *Windjammer* zur Kadettenausbildung. Yachtsport kam im 17. Jahrhundert auf und wird heute auf allen Weltmeeren, auf Seen und Flüssen sowohl als Freizeitsport als auch in zahlreichen Regatten betrieben. Der Deutsche Seglerverband hat annähernd 200 000 Mitglieder und gehört zur International Yacht Racing Union.
Olympische Segelwettbewerbe gibt es seit 1900; in vielen Klassen gibt es Weltmeisterschaften und Europameisterschaften sowie nationale Wettbewerbe. Wichtigste deutsche Veranstaltung mit internationaler Beteiligung ist die Kieler Woche (jeweils in der letzten Juniwoche). Berühmteste Hochseeregatten sind der Admirals-Cup für je 3 Segler aus jedem teilnehmenden Land, die Atlantikregatta USA–Europa, die Nordsee-Woche (jährlich, Pfingsten) mit dem Rennen »Rund um Helgoland«.
Olympische Klassen sind:

Klasse	Besatzung (Personen)	Länge (in m)	Breite (in m)	Tiefgang (in m)	Segelfl. (in m²)	Gewicht (in kg)
Soling mit Spinaker	3	8,15	1,90	1,30	21,70	1000
Tornado Katamaran	2	6,10	3,05	0,76 (Schwert)	21,80	160

Klasse	Besatzung (Personen)	Länge (in m)	Breite (in m)	Tiefgang (in m)	Segelfl. (in m^2)	Gewicht (in kg)
Star	2	6,92	1,73	1,02	27,925	680
Flying Dutchman m. Spinaker	2	6,05	1,85	1,20	15,00	160
470er	2	4,70	1,68	1,05	12,70	
Finndingi	1	4,50	1,51	0,85	10,00	145
Windglider Segelsurf-Brettklasse	1	3,90	0,65	0,62	5,80	30

Bei den 470ern gibt es getrennte Rennen für Damen und Herren, in anderen Klassen kann die Besatzung aus Damen oder/und Herren bestehen. Außer den olympischen Klassen gibt es zahlreiche weitere, vom Weltsegelverband anerkannte Klassen.
Segelregatten werden (außer den Hochseerennen) überwiegend auf Dreieckskursen ausgetragen, die über Distanzen zwischen 8 Seemeilen (14,816 Kilometer) für Einmannjollen und 20 Seemeilen (37,040 Kilometer) führen und durch 3 Bahnmarken gekennzeichnet sind. Die Strecke wird in der Regel linksherum, also in Steuerbordrunden abgesegelt. Start und Ziel liegen außerhalb des Dreieckskurses; so können kollisionsträchtige Ballungen vermieden werden. Im Abstand von 5 Minuten erfolgen Ankündigungs-, Vorbereitungs- und Startschuß, jeweils vom Startschiff aus. Erst danach darf die zwischen Markierungsbojen gepeilte Startlinie überfahren werden. Frühstarter werden durch Signale zur Startwiederholung zurückgerufen. Es kann aber auch auf Startwiederholung für alle erkannt werden. Startverschiebungen, Abbruch oder Bahnverkürzungen wegen Flaute oder Sturm werden durch Flaggen angezeigt. Bei hartem Wetter müssen die Segler Schwimmwesten anlegen.
Die schnellste Fahrt machen Segelboote, wenn sie vor dem Wind hersegeln, wenn also der Wind von hinten kommt. Die schwierigste Fahrt ist am Wind, das heißt, der Wind kommt seitlich von

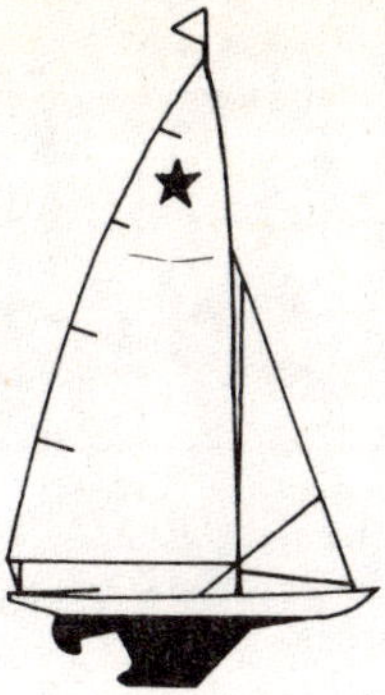

Star

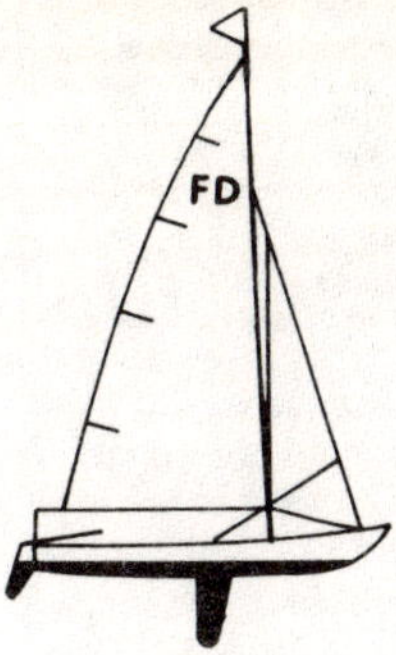

Flying Dutchman

470er

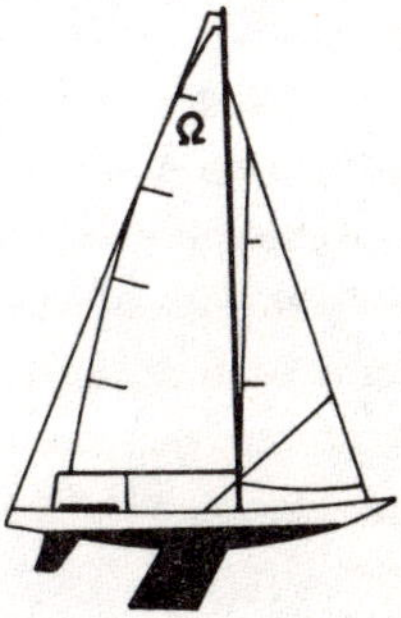

Soling

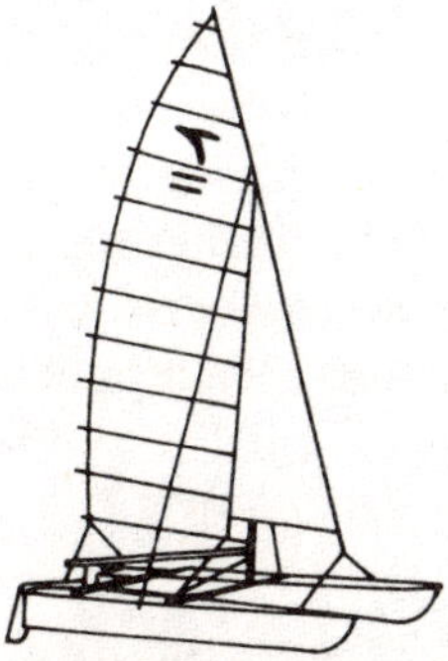

Tornado-Katamaran

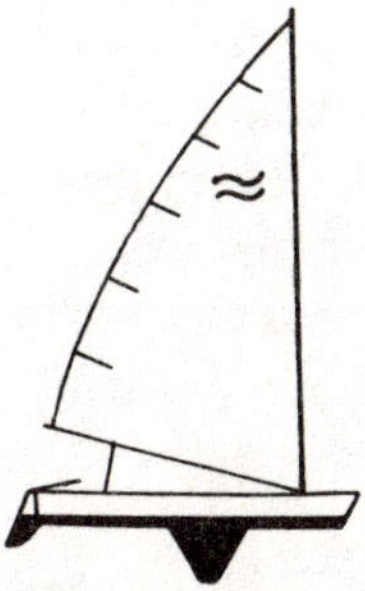

Finndingi

Segelsport – olympische Bootsklassen mit den Klassensymbolen im Segel

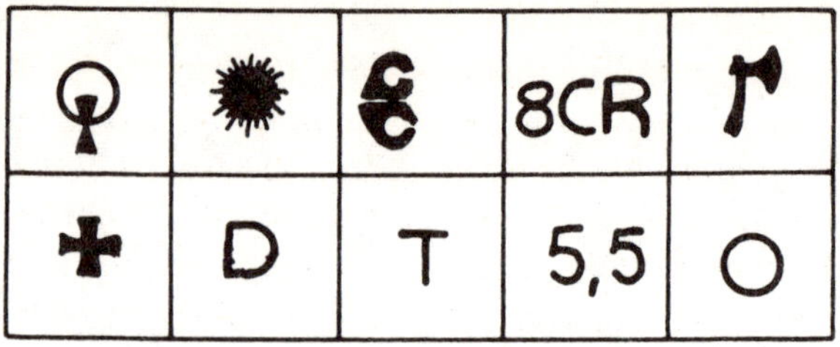

Segelsport – Klassensymbole nichtolympischer Bootsklassen; (v. l. n. r, 1. Reihe) Optimist, Laser, Conger, CR-Klasse, Pirat; (2. Reihe) Hansa-Jolle, Drachen, Tempest, 5,5-Meter-Klasse, Olympia-Jolle (letztere war viele Jahre Olympiaklasse)

vorn. Dazu werden die Segel *dichtgeholt*, die *Schoten* (Segelleinen) werden hart angeholt. Mehr als 40 Grad kann man nicht *anluven* (an den Wind gehen), weil die Segel dann nicht mehr voll stehen, sondern *killen* – die Windströmung am Segel reißt ab. Genau seitlich einkommender Wind heißt *halber Wind*, schräg von achtern (hinten) kommenden Wind nennen Segler *Backstagsbrise*. Gegen den Wind kommt man nur durch *Kreuzen* an. Kursänderung gegen den Wind heißt *Wende*; Kursänderung des vor dem Wind gehenden Bootes heißt *Halse*, dabei wird das Segel auf die andere Bordseite gebracht, das Heck dreht durch den Wind.
Internationale Dreiecksregatten gehen meist über 7 Wettfahrten. Das schlechteste Ergebnis jedes Teilnehmers wird gestrichen, die sechs verbleibenden Ergebnisse werden gewertet. Die olympische Regattawertung erfolgt nach Punkten. Der Sieger erhält 0 Punkte, der Zweite 3 Punkte, der Dritte 5,7 Punkte, der Vierte 8, der Fünfte 10, der Sechste 11,7, der Siebte 13, der Achte 14 und von da an jeder weitere einen Punkt mehr. Bei Punktgleichheit entscheidet die größere Zahl an ersten, zweiten (und so weiter) Plätzen innerhalb der 6 gewerteten Wettfahrten. Kommt auch dabei kein Punktunterschied zustande, gibt es zwei oder mehrere Sieger.

Segelsurfen

Etwa eine halbe Million Windsurfer gibt es in Deutschland, die meisten sind Freizeitsportler. Das Fahren auf dem Surfbrett ist aber auch Vereins- und Wettbewerbssport mit Deutschen, Europa- und Weltmeisterschaften sowie olympische Disziplin. Wettbewerbe finden für Damen und Herren statt. Dachorganisation für Segelsurfer ist der Deutsche Seglerverband. Für Profisurfer gibt es einen World Cup und einen eigenen Verband, die Professional Boardsailors Association.

Windglider heißt die olympische Brettklasse; Segelzeichen: WGl. Das Gerät ist 3,90 Meter lang, 65 Zentimeter breit, wiegt segelfertig 30 Kilogramm und hat, mit Schwert, 62 Zentimeter Tiefgang. Die Segelfläche beträgt 5,8 Quadratmeter. Abmessungen und Formen anderer Brettklassen weichen aus Laiensicht nur wenig voneinander ab, haben aber sehr unterschiedliche Segeleigenschaften. Mit dem besonders schnellen *Funboard* werden Geschwindigkeiten bis zu 70 Kilometer pro Stunde erreicht. Die Segelflächen am reichlich 4 Meter hohen, um 360 Grad schwenkbaren Mast können zwischen 3,6 und 10 Quadratmeter groß sein. Die verschieden geformten Rümpfe bestehen aus ausgeschäumtem Kunststoff.

Der Surfer steht neben oder hinter dem Mast, hält sich am *Gabelbaum* fest, lenkt das Gerät durch Schwerpunktverlagerung und kehrt dem Wind stets den Rücken zu. Gefahren werden *Kursrennen, Slalom* und *Langstrecken*. Eine weitere Disziplin ist das *Wellenreiten* mit Segelsurfbrettern. Wettbewerbe werden oft nach Gewichtsklassen (Divison I, II, III) ausgetragen. Kursrennen sind den Dreieckskursen der Segler ähnlich, aber »kurvenreicher«. Start und Ziel sind identisch. Alle Wettbewerber starten gemeinsam, der Rundkurs wird zweimal umfahren.

Beim Slalom fahren die Wettbewerber in Teilrennen *(Heats)* mit je 8 Startern nach dem K.o.-System; die jeweils 4 besten kommen eine Runde weiter. Gefahren werden entweder Kurse in Form einer Acht oder sogenannte *Downwindkurse*, bei denen ein Riesenslalom mit 100 Meter Bojenabstand angelegt wird.

Beim spektakulären Surfbrettwellenreiten der Profis im World-Cup wetteifern jeweils 2 Sportler um die besten »Ritte« und Sprünge. Der bessere eines jeden Heats von 6 bis 12 Minuten Dauer kommt eine Runde weiter, die Entscheidungen werden von einer Jury getroffen.

Wasserskilaufen

Als Freizeit- und Urlaubssport ist Wasserskilaufen auf dem Meer, auf Seen und Flüssen sehr populär und bei guter Kondition in Wasserskischulen leicht erlernbar. Es gibt aber auch Europa- und Weltmeisterschaften für Damen und Herren, einen Preis der Nationen sowie einen Europapokal für Leistungssportler. Etwa 15 000 Sportler sind im Deutschen Wasserski-Verband organisiert.

Wasserski wird grundsätzlich auf 2 Skibrettern, manchmal auch auf einem Ski *(Monoski)* oder sogar *barfuß*, also ohne Ski, nur auf den Fußsohlen gelaufen. Übliche Wasserskier sind 1,60 bis 1,80 Meter lang, es gibt aber erhebliche Unterschiede bei wettbewerbsfähigen Sprung-, Slalom- und Rennskiern. Die Füße des Läufers stehen in einer pantoffelähnlichen Gummibindung. Die Läufer werden von schnellen Booten oder einem Wasserskilift gezogen und halten sich an einer Zugleine fest.

Es gibt vier Wettkampfsportarten für Damen und Herren:

- Wasserski am Boot mit den Wettbewerbsteilen *Slalom, Trickski* und *Sprunglauf*;
- Wasserski am Lift mit den gleichen Wettbewerbsteilen;
- Barfuß-Wasserski mit den Elementen *Figurenlaufen, Wellenslalom* und *Springen*;
- Wasserskirennen.

Beim Slalom sind nach dem 2,50 Meter breiten Eingangstor 6 Bojen auf einer 259 Meter langen Strecke außen zu umfahren. Die gesamte Bahnbreite beträgt 23 Meter, der Abstand von einer Boje zur nächsten 41 Meter. Gefahren wird überwiegend mit Monoski. Wer stürzt oder eine Boje ausläßt, scheidet aus. Das Fahrtempo darf höchstens 55 Kilometer pro Stunde (Damen) beziehungsweise 58 Kilometer pro Stunde (Herren) betragen. Die Qualifikation

erfolgt durch Vor- und Endrundenläufe; dabei werden die Leinen schrittweise von 18,25 auf bis zu 10,75 Meter verkürzt. Die Strecke muß über ein ebenfalls 2,50 Meter breites Ausgangstor verlassen werden.
Beim Figurenlauf, auch Trickski genannt, soll der Läufer in 2 Durchgängen von je 20 Sekunden möglichst viele der 49 anerkannten Figuren zeigen – wie zum Beispiel einfache und mehrfache Drehungen in beide Richtungen mit und ohne Übersteigen der Leine, Sprungdrehungen, Laufen auf einem Ski oder seitliches Gleiten. Jeder Figur muß ihre Umkehrung unmittelbar folgen.
Das Springen findet über eine verankerte Sprungschanze mit Anlauframpe statt, die der Bootspilot umfährt und der Springer direkt ansteuert. Jeder Fahrer hat 3 Sprünge, der weiteste wird gewertet. Die Weitenmessung erfolgt durch Peilung. Kopfschutz und Schwimmweste sind für die Sportler Pflicht. Das Fahrtempo beträgt maximal 57 Kilometer pro Stunde (Herren) und 48 Kilometer pro Stunde (Damen). Nach dem Sprung muß der Sportler 100 Meter bis zu einer verankerten Boje durchstehen.
Wasserskirennen *(Racing)* finden in 3 Klassen (entsprechend den Hubraumgrößen der Boote) auf Rundkursen von zirka 2,5 Kilometern mit Monoski statt. Es werden Tempi bis zu 120 Kilometern pro Stunde erreicht. Herrenrennen sind bis zu 100 Kilometer, Damenrennen bis zu 60 Kilometer lang.

Wellenreiten

Das zum Wellenreiten verwendete Surfboard aus Kunststoff oder Balsaholz ist etwa 2,70 Meter lang, 12 Kilogramm schwer, hat eine leicht gewölbte Unterseite und eine nach oben gezogene Spitze. Zum *Brandungsreiten* bedarf es hoher Wellen, wie sie für Atlantik und Pazifik typisch sind. So ist diese Sportart auch polynesischen Ursprungs und wurde zuerst von Amerikanern und Australiern übernommen. Später entwickelten Amerikaner daraus das Segelsurfbrett (siehe Seite 247). Geübte Wellenreiter lassen sich von einem Boot bis zum Beginn der Brandung hinausfahren, legen das

Brett dort längs zur Welle, stellen sich darauf und balancieren das Gerät möglichst lange knapp unterhalb des Wellenkamms. Eine besondere Kunst ist es, von einer brechenden zur nächsten tragenden Welle zu wechseln.
Offizielle Meisterschaften im Wellenreiten gibt es nicht.

SKISPORT

Der Skisport entstand aus der Notwendigkeit, sich auch im hohen Schnee fortbewegen zu können. Auf »Brettern« waren die Menschen dem Wild mit seinen meist schlanken Füßen an Schnelligkeit überlegen und konnten es auch mit primitiven Waffen erlegen. Am Wygfluß, nahe dem Weißen Meer, dessen Buchten halbjährig zugefroren sind, mögen bereits Steinzeitmenschen auf skiähnlichen Fortbewegungsmitteln entdeckt haben, daß man auf diese Weise auch Eisflächen mit geringerem Risiko überqueren kann. Jedenfalls zeigen Steinritz-Zeichnungen in dieser Region Männer auf Skiern, die bereits einen skistockartigen Knüppel als Stütze, höchstwahrscheinlich auch als Schlagwaffe, in Händen halten. Da Steinzeitmenschen noch keine Bretter machen konnten, wurden wahrscheinlich mit Steinwerkzeugen behauene Baumstämme, vielleicht auch Konstruktionen aus Knochen und Fellen als Skier benutzt, die nur die Fußsohle verlängerten und verbreiterten, um das Einsinken in den Schnee zu verhindern.
Etwa 5 000 Jahre alt ist eine Felszeichnung auf der norwegischen Insel Rödö. Sie läßt erkennen, daß brettförmige Gleithölzer benutzt wurden, die unseren Skiern schon sehr ähnlich waren.
Die nächste Kunde über Skiläufer lieferte zirka 400 Jahre vor unserer Zeitrechnung der altgriechische Dichter und Feldherr Xenophon, der mit Sicherheit erste Wettbewerbe um den schnellsten Läufer erlebt hat. Um 1555 fanden offizielle Langlauf-Wettbewerbe in Telemarken/Norwegen statt. Norweger erfanden nach 1850 das Skispringen, zunächst allerdings nur über Hügel hinweg. Beim ersten registrierten Weltrekord eines norwegischen Springers im Jahre 1879 wurde eine Weite von 23 Metern gemessen. Der erste Slalomkurs mit 85 Toren wurde erst 1905 in Lilienfeld/Österreich gelaufen.

Moderne Skier werden nicht mehr aus Holz, sondern aus in mehreren Schichten verklebtem Kunststoff gebaut. Es gibt für jede Skisportart spezielle Geräte, die sich in Material, Form, Länge, Gewicht, Bindung und Breite (Taille) unterscheiden. Allein für den Langlauf werden Sportski (800 Gramm je Ski, 38 bis 44 Millimeter Taille), Allroundski (1 000 Gramm, 45 bis 48 Millimeter Taille), Freizeitski (49 bis 55 Millimeter Taille) und Wanderski (mehr als 55 Millimeter Taille) angeboten. Als ideale Längen werden für erwachsene Freizeitsportler empfohlen: Anfänger sollten Skier benutzen, die nicht länger als Körpergröße sind; Fortgeschrittene steigern mit wachsendem Können die Länge ihrer Skier bis zu knapp über 2 Meter. Sprungskier, die ja nur für Spezialisten in Frage kommen, sind bis zu 2,50 Meter lang, bis zu 11 Zentimeter breit, wiegen bis zu 8 Kilogramm je Ski und haben zur Richtungsstabilisierung bis zu 6 Längsrillen. Weitere Varianten gibt es für Abfahrts- und Slalomskier.
Mathias Zdarsky, österreichischer Skipapst der Jahrhundertwende, Konstrukteur von Skiern und mehr als 200 unterschiedlichen Bindungen, der 1905 die erste Slalomstrecke mit Fähnchen absteckte, wehrte sich noch dagegen, zur Verbesserung des Gleichgewichts mit zwei Skistöcken zu fahren und blieb bei der bis dahin üblichen Einstockmethode. In dieser Frage überholte ihn die Wirklichkeit, nachdem sein Landsmann Georg Bilgeri 1903 erstmals mit zwei Stöcken gefahren war. Die ersten Bindungen waren Lederriemen, die um Ski und Fuß geschlungen wurden. Später wurden die Riemen an den Seiten der Skier angebracht und waren mit Schnallen verstellbar. Ende des vorigen Jahrhunderts kannte man serienmäßige Blechkonstruktionen, in denen der eingestellte Lederstiefel angeschnallt werden konnte. Seitliche Backen dienten der Anpassung an verschiedene Schuhgrößen. Moderne Sicherheitsbindungen mit angepaßten Skischuhen für verschiedene Skisportarten gibt es erst seit 1950. Sie werden immer wieder verbessert.

Weltmeisterschaften im alpinen und nordischen Skisport werden alle zwei Jahre durchgeführt, zwischen den Olympischen Spielen. Bei Temperaturen unter minus 20 Grad werden sie nicht gestartet.

Alpiner Skisport

Abfahrtslauf

Der Abfahrtslauf ist eine Sportart für Damen und Herren. Die Strecke hat eine Mindestbreite von 40 Metern. Bei Olympischen Spielen, Weltmeisterschaften und Weltpokalen müssen die Herren einen Höhenunterschied zwischen 800 und 1 000 Metern überwinden, die Damen 500 bis 700 Meter. Auf der Abfahrtsstrecke müssen einige 8 Meter breite Tore durchfahren werden, die mit rechteckigen roten (bei Damen manchmal auch abwechselnd mit roten und blauen) Fähnchen gekennzeichnet sind. Die Fähnchenunterkante muß 1 Meter über Pistenniveau liegen. Die Strecke selbst wird (von oben gesehen) links mit roten, rechts mit grünen Fähnchen gekennzeichnet, von Steinen und Baumstümpfen gesäubert und gegebenenfalls mit Schnee aufgefüllt und festgetreten. Der Auslauf hinter dem Ziel ist breit, meist halbkreisförmig und in sanftem Gelände.
Die Läufer sollen die Abfahrtsstrecke in kürzester Zeit absolvieren. Sie starten in gleichmäßigen Abständen von 60 Sekunden. 10 Sekunden vor dem Start bekommt der Läufer vom Starter das Signal »Achtung!«. In den letzten 5 Sekunden zählt der Starter laut: »5 – 4 – 3 – 2 – 1 – Los!« Die Uhr beginnt zu laufen, wenn der Läufer eine Lichtschranke passiert hat. Sie stoppt, wenn er mit beiden Skiern die Ziellinie durchfahren hat. Die Fahrt selbst führt der Läufer über Gleitstrecken und Steilpassagen in breiter Fahrspur durch, mehr oder weniger stark gehockt, den Oberkörper nach vorn gebeugt, die Arme angewinkelt. Bei dieser »Ei-Stellung« ist der Luftwiderstand am geringsten und wird das höchstmögliche Fahrtempo erreicht. Die im Vergleich zum Slalom längeren Skier verhelfen zu größerer Gleitfähigkeit und erlauben Höchstgeschwindigkeiten bis zu weit über 100 Kilometer pro Stunde. Während der Fahrt kommt es darauf an, die Abfahrtsstrecke möglichst in der Ideallinie zu durchfahren, selbst an schwierigen Stellen (zum Beispiel Buckel oder Kompressionen) die Ei-Stellung nur wenig zu verändern und starkes Aufrichten zu vermeiden, weil sich dadurch

der Luftwiderstand vergrößert und das Tempo verringert – bei Abfahrten geht es um Hundertstelsekunden.
Der Ei-Stellung entsprechend werden von Abfahrtsläufern leicht gekrümmte Skistöcke benutzt; mit ihnen lassen sich die Arme besser an den Körper pressen und damit das Tempo optimieren.
Schwierigste Teile von Abfahrtsstrecken sind die sogenannten *Kompressionen*, bei denen die Fahrer aus einem Steilstück heraus springen und in einen flachen Streckenabschnitt oder Gegenhang förmlich hineingepreßt werden. Zusätzlich müssen dabei oft auch noch Richtungsänderungen vorgenommen werden.
Die Startreihenfolge wird bei allen alpinen Wettbewerben nach den Regeln der Internationalen Skiorganisation (FIS) festgelegt. Unabhängig von der Nationalität fahren bis zu 15 der besten Läufer in der ersten Gruppe. Die nachfolgenden Läufer werden entsprechend ihrer FIS-Punktzahl aus vorherigen Wettbewerben in eine zweite Gruppe eingereiht. Teilnehmer ohne FIS-Punkte werden in einer dritten Gruppe ausgelost. Manchmal werden vom Kampfgericht auch 6 oder mehr Läufer unter den leistungsschwächsten 30 Prozent ausgelost, die dann vor den besten Läufern starten dürfen. Diese Entscheidung wird hauptsächlich bei ungünstigen Schneeverhältnissen zugunsten der Schwächeren getroffen, weil die Strecke um so schwieriger wird, je mehr Läufer sie durchfahren haben.
Bei Wettkämpfen mit 2 Durchgängen gilt die Startreihenfolge entsprechend – außer den ersten 5 des ersten Durchganges. Unter ihnen startet Nummer 5 als Erster, Nummer vier als Zweiter und so weiter. Nach dem Besten des ersten Durchganges, der als Fünfter startet. folgt dann die Nummer 6 der Rangliste. Für Slalom und Riesenslalom gilt dieselbe Startreihenfolge.

Slalom

Der Slalom, auch Torlauf genannt, gehört zum alpinen Skisport und ist olympische Disziplin für Damen und Herren. Aufgabe der Slalomläufer ist es, in möglichst kurzer Zeit eine festgelegte Strecke, die mit Toren gespickt ist, fehlerfrei zu durchfahren. Die

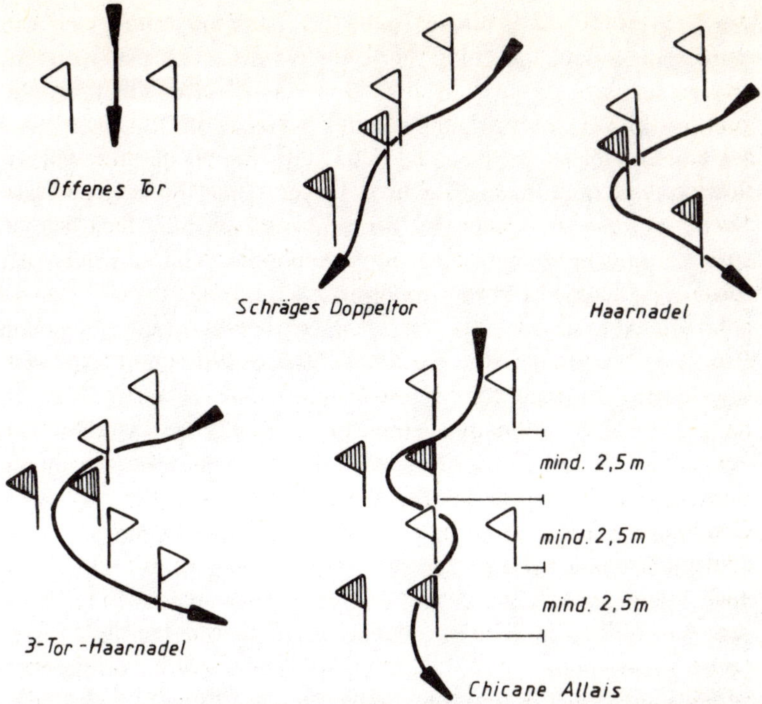

Alpiner Skisport – Beispiele verschiedener Tore für den Slalomlauf; Kombinationen bis zu 12 Toren (Vivotte) sind möglich

Läufer benutzen dazu Kunststoffski, Damen welche von zirka 1,90 Meter Länge, Herren welche von zirka 2 Meter Länge. Die Skibreite (Taille) beträgt 65 bis 72 Millimeter. Die Skistiefel sind 20 bis 30 Zentimeter hoch, der Schaft ist beweglich, die äußere Schale hart, der Innenschuh weich, die Sohle orthopädisch geformt. Der Verschluß besteht aus Schnallen.
Die Kleidung der Läufer ist hauteng. Um bei eventuellem Anschlagen an die Torstangen geschützt zu sein, tragen die Läufer gepolsterte Spezialhandschuhe. Als Gleichgewichtsstütze, zur Unterstützung von Richtungsänderungen und Schwungauslösungen werden Skistöcke aus Metall oder Kunststoff benutzt, die im Gegensatz zu Abfahrtsstöcken nicht gebogen sind. Sie haben einen handgerech-

ten Griff, meist mit Schlaufe, in die die Hand von unten eingeführt wird. Die Stocklänge wird für jeden einzelnen Läufer ermittelt, indem der aufrecht stehende Läufer bei angelegtem Oberarm und rechtwinklig nach vorn gehaltenem Unterarm das Griffstück des senkrecht stehenden Stockes erfaßt. Wird der Stock so gehalten, soll sich die Stockspitze bis zum Teller im Schnee befinden; so lautet die Faustregel, Abweichungen sind aber erlaubt.
Der Slalomwettbewerb wird in zwei Läufen (Durchgängen) auf zwei verschiedenen Pisten durchgeführt.
Die Strecken (Pisten) sind für Damen und Herren verschieden angelegt. Die Damenpiste hat 45 bis 60 Tore bei einem Höhenunterschied von 130 bis 180 Metern. Die Herrenstrecke hat 55 bis 75 Tore bei einem Höhenunterschied von 180 bis 220 Metern. Die Pisten sollen hart genug sein, um vollendete und schnelle Schwünge zu ermöglichen. Das Gefälle soll 20 bis 27 Grad betragen, aber kurze Teilstrecken dürfen auch bis zu 30 Grad steil sein. Die Breite einer Piste ist zwischen 100 Meter und 40 Meter angelegt. Der Auslauf hinter dem Ziel muß groß genug und festgetreten sein, um dem Läufer das Anhalten möglichst leichtzumachen.
Jedes Slalomtor wird von zwei festen, runden, nicht splitternden Kippstangen aus Kunststoff markiert. Sie sind 20 bis 33 Millimeter dick und ragen 1,80 Meter aus dem Schnee. Die beiden Stangen eines Tores sind immer von derselben Farbe. Einem blauen Tor (mit blauen Fähnchen) folgt immer ein rotes (mit roten Fähnchen), die Tore sind von oben nach unten numeriert. Jedes Tor muß mindestens 4 Meter und darf höchstens 6 Meter breit sein. Die Tore dürfen sehr nahe beieinander stehen. Der Mindestabstand zwischen zwei Toren beträgt nur 75 Zentimeter.
Aus der Anlage der Tore, die grundsätzlich in vorgegebener Richtung durchfahren werden müssen (die Torstangen dürfen berührt werden), ergeben sich die notwendigen Schwünge. Eine Ausnahme macht das »blinde vertikale Tor«, das in beliebiger Richtung durchfahren werden darf. Schräg zur Fahrt angelegte Doppeltore erlauben sanftere Schwünge, senkrecht übereinander liegende Doppeltore erfordern schärfere Schwünge. Haarnadeltore sind eine wei-

tere Steigerung des Schwierigkeitsgrades. Es gibt Kombinationen, die kurz aufeinanderfolgende Schwünge unterschiedlicher Schwierigkeit erzwingen.

Wer ein einziges Tor in einem der zwei Läufe nicht regelgerecht durchfährt oder wer stürzt, wird disqualifiziert; er scheidet aus dem Wettbewerb aus. Probeläufe auf der Wettbewerbspiste sind nicht erlaubt. Der Slalomläufer darf lediglich vor dem Start die Strecke auf Skiern aufsteigen, um sie kennenzulernen.

Die Zeitabstände zwischen den Starts der einzelnen Läufer sind nicht genau festgelegt und werden, nach Streckensicherheit, vom Starter bestimmt. Er kann bei Nebel, Schneefall, Sturm, extrem schlechter Piste oder nach schwerem Sturz eines Läufers das Rennen unterbrechen oder ganz abbrechen. Zur Sicherheit müssen von den Läufern Sturzhelme getragen werden.

Der Slalomlauf beginnt für jeden Läufer mit den vom Starter gegebenen Kommandos »Achtung-Ready« und einige Sekunden später »Los! Go! Allez!«. Die Startreihenfolge ist dieselbe wie beim Abfahrtslauf (siehe Seite 253). Danach muß der Läufer binnen 10 Sekunden starten und die Startschranke durchfahren, alle Tore mit beiden Skiern und die Ziellinie auf beiden Beinen durchfahren. Die Zeit wird in Hundertstelsekunden gemessen; Sieger ist, wer in beiden Durchgängen (zusammengezählt) die wenigste Zeit gebraucht hat.

Die Schwünge des Slalomläufers sind sehr verschieden, aber weil sie so schnell aufeinanderfolgen, für Laien schwer zu unterscheiden. Erkennungshilfe: Ein bevorstehender Schwung wird stets durch Beugen und wieder Aufrichten eingeleitet; danach stemmt der Läufer entweder bergseitig oder talseitig ab, er *steigt um*. Bei direkter Talfahrt steigt er mit enger Skistellung um, während die Skier beim Slalom sonst eher etwas breitbeinig gefahren werden, was mehr Standsicherheit gibt. Ausgangsstellung während des Laufes wird eine mittlere Hockstellung sein. Da es im Wettkampf um Hundertstelsekunden geht, wird der Slalomläufer versuchen, diese windschnittige Haltung so wenig wie möglich zu verändern. Zeitraubend ist auf jeden Fall das häufige Aufrichten (*Aufmachen*).

Zum Abschluß vieler Wettbewerbe finden sogenannte *Parallelslaloms* statt, bei denen auf zwei nebeneinander liegenden, völlig gleich gesteckten Slalomstrecken jeweils 2 Läufer gleichzeitig starten. Dieses Spektakel ist eine besondere Publikumsattraktion, weil Zuschauer Laufstil und Lauferfolg zweier Wettbewerber unmittelbar vergleichen können.
Slalom ist olympische Disziplin für Damen und Herren; außerdem gibt es einen Weltpokal und die World-Series. Slalom ist auch Teil der Alpinen Kombination (siehe Seite 259).

Riesenslalom

Der Riesenslalom ist eine Mischung aus Abfahrtslauf und Slalom und wird für Damen und Herren ausgetragen: Damen müssen einen Höhenunterschied von 250 bis 350 Metern bewältigen, für Männer beträgt er 250 bis 400 Meter. Auf der Strecke mit einer Mindestbreite von 30 Metern und zwischen 25 und 30 Grad Gefälle müssen mindestens 30 Tore mit Breiten zwischen 4 und 8 Metern stehen. Der Abstand zwischen zwei Toren darf nicht weniger als 10 Meter betragen. Die Fahnen an den Stangen sind mindestens 75 Zentimeter lang und 50 Zentimeter hoch und so angebracht, daß ihr unterer Rand zirka 1 Meter über dem Schnee liegt. Sie sind abwechselnd blau und rot, jeweils mit weißem Diagonalstreifen versehen. Die übrigen Regeln und die Startreihenfolge entsprechen im wesentlichen denen des Slaloms. Es müssen Sturzhelme getragen werden.
Der Riesenslalom unterscheidet sich vom Slalom hauptsächlich dadurch, daß durch die längere Strecke (die Länge ist nicht festgelegt), stärkeres Gefälle, weniger und breitere Tore in größerem Abstand höhere Geschwindigkeiten gefahren werden. Der Riesenslalom wird daher mit einem Ski gefahren, der etwas breiter ist als der schmale Slalomski (der besonders kurze Schwünge möglich macht). Dieser Unterschied ist für die Fahrsicherheit sehr wichtig, jedoch für den Zuschauer nicht erkennbar.
Riesenslalom ist olympische Disziplin für Damen und Herren, außerdem werden alle zwei Jahre Weltmeisterschaften ausgetragen.

Super-Riesenslalom

Der Super-Riesenslalom, auch Super-G-Lauf genannt (das G steht für Giant, Riese), ist wie der Riesenslalom eine Mischung aus Abfahrt und Slalom, nur noch schwieriger, auf noch längeren Strecken und noch schneller. Er wurde erst 1982 eingeführt. Die Strecke muß mindestens 30 Meter breit sein, der Höhenunterschied für Herren 500 bis 600 Meter betragen, für Damen 350 bis 500 Meter. Da die Höhendifferenz zwischen Start und Ziel höchstens 10 Prozent der Strecke ausmachen darf, sind Super-G-Strecken etwa 5 Kilometer lang und stellen höchste Anforderungen an die Kraftreserven der Läufer.
Mindestens 35 Tore (Herren) beziehungsweise 30 Tore (Damen) sind zu durchfahren. Der Mindestabstand zwischen zwei aufeinanderfolgenden Toren beträgt 25 Meter, die Torbreite 6 bis 8 Meter. 4 Stangen, je Seite also 2, markieren jeweils ein Tor. Die Herrenpisten sollen so angelegt sein, daß ein Sprung aus gerader Fahrt und ein Sprung mit Richtungsänderung ausgeführt werden müssen. Sturzhelme sind vorgeschrieben. Der Wettbewerb wird in einem Durchgang gefahren.
Der Super-G-Slalom ist seit 1988 olympische Disziplin.

Alpine Kombination

Die Alpine Kombination ist ein Mehrfachwettbewerb, der für Damen und Herren ausgetragen wird. Er besteht bei Weltmeisterschaften und Olympiaden aus drei Wettbewerben des alpinen Skisports: Abfahrtslauf, Slalom, Riesenslalom (Dreier-Kombination), bei anderen Sportveranstaltungen aus zwei dieser Skisportarten nach Entscheidung des Veranstalters (Zweier-Kombination). Die Wertung erfolgt in Form von Minuspunkten. Der Sieger in jeder Disziplin erhält 0 Punkte, die übrigen bekommen entsprechend ihrem Zeitabstand zum Ersten Minuspunkte.
Beim Alpinen Weltpokal für Damen und Herren werden die Sieger in den Einzeldisziplinen Abfahrt, Slalom und Riesenslalom nach Punkten ermittelt. Außerdem wird ein Gesamtgewinner des Weltpokals errechnet, dazu werden die Ergebnisse bestimmter

FIS-A-Rennen (höchste Wettbewerbsklasse der Internationalen Skisport-Föderation) in Abfahrt, Slalom, Riesenslalom, Super-G-Slalom und Kombinationswertungen zusammengezählt. Diese Wertungen spielen unter anderem auch eine Rolle für die Startreihenfolge bei späteren internationalen Wettbewerben (siehe Seite 254). Rosi Mittermaier war seit 1976 die letzte Deutsche, die den Alpinen Weltpokal erringen konnte.

Trickskifahren (Skiakrobatik)

Trickskifahren wurde Anfang dieses Jahrhunderts in Amerika ausgedacht und ist seit den siebziger Jahren auch in Europa eine beliebte Sportart, die den alpinen Skisportarten zugeschrieben wird. Es gibt Europa- und Weltmeisterschaften und Vorführwettbewerbe bei Olympischen Spielen. Der Deutsche Freestyle-Skiverband mit Sitz in München betreut diese Sportart, die ständiges Training und große Körperbeherrschung erfordert.

Die Disziplin Ballett findet auf einem 260 Meter langen, 40 Meter breiten, sanften Hang mit 11 Grad Neigung statt. Die Skier sind kurz und auch am hinteren Ende schaufelähnlich nach oben gebogen; damit sind beispielsweise Drehungen um 360 Grad und Rückwärtsbewegungen möglich.

Schrittkombinationen, akrobatische Schwünge und Sprünge müssen in bestimmten Figuren zu Charleston, Walzer, Flamenco und anderen Rhythmen »getanzt« werden. 5 (bei Weltmeisterschaften 7) Kampfrichter geben bis zu 10 Punkte, davon je 25 Prozent für technische Schwierigkeit und Choreographie und 50 Prozent für den Gesamteindruck. Skiverlust bedeutet Disqualifizierung, Stürze oder Griffe in den Schnee haben Punktabzug zur Folge.

Wettbewerbe im *Buckelpistenfahren* finden auf einer 235 Meter langen Piste mit 22 bis 32 Grad Neigung statt. Bewertet werden Zeit, Technik, kontrolliertes Fahren und Sprünge; Salti sind nicht zugelassen.

Das *Springen* erfolgt auf 3 Schanzen mit verschiedenen Absprungwinkeln für aufrechte Sprünge sowie Salti vorwärts und rückwärts. Es werden je 2 Durchgänge nach angemeldetem Sprungplan gesprungen; gewertet werden Absprung, Ablauf, Landung; die Punkte werden mit dem Schwierigkeitsgrad multipliziert, die Punkte für die einzelnen Sprünge zusammengezählt.

Nordischer Skisport

Langlauf

Der Langlauf ist eine Disziplin des Nordischen Skisports, die von Damen und Herren ausgeübt wird. Er wurde in den letzten 20 Jahren als Volkssportart sehr populär, man schätzt, daß jährlich weit mehr als zwei Millionen Deutsche auf den Langlauf-*Loipen* der Wintersportgebiete und Kurorte diese Sportart ausüben. Der gesundheitliche Wert dieser Sportart als Ausdauertraining wird medizinisch sehr geschätzt, günstige Auswirkungen werden vor allem für Herz, Kreislauf, Durchblutung, Atemwege und Muskulatur/Gelenke erwartet. Dem Alter und dem Allgemeinbefinden angepaßter Langlauf ohne Wettbewerbscharakter ist in fast jedem Lebensalter möglich.

Die Loipen für den Freizeitsport werden nach Schwierigkeitsgraden markiert: Blau = leicht, Rot = mittelschwer, Schwarz = schwer. In sogenannten Volkslauf-Wettbewerben gibt es – leider – immer mehr Strecken von 50 Kilometern Länge und mehr, die für nicht genügend trainierte Läufer ein ernstes Gesundheitsrisiko darstellen, weil viele Freizeitläufer nicht aufgeben wollen, wenn ihre Kräfte erschöpft sind.

Internationale Ski-Marathons für Spitzen- und Breitensportler, an denen sich gelegentlich mehr als 10 000 Läufer beteiligen, finden jährlich in Engerdahl/Norwegen (110 Kilometer), Särna/Schweden, Sälen/Schweden und Oberammergau/Deutschland (90 Kilometer), Hämeenlinna/Finnland und Lamoura/Frankreich (75 Kilometer) statt; in Schonach wird der Schwarzwälder Ski-Marathon ausgetragen, in Linz/Österreich der Dolomitenlauf (je 60 Kilometer), in Kitzbühl/Österreich findet der Koasalauf (72 Kilometer) statt und in Maloja/Schweiz der Engadinlauf (42 Kilometer). Ski-Marathons werden überwiegend im *Freistil* (Skating) gefahren (siehe Seite 264).

Langlauf wird in mehr oder weniger welligem Gelände mit sanften Steigungen und Gefällestrecken betrieben. Als Loipen werden die für den Langlauf vorbereiteten, vom Tiefschnee befreiten, von Skiläufern vorgespurten Rundstrecken bezeichnet, die meist mehrere Kilometer lang sind und im Volkssport, dem Trainingszustand entsprechend, ein- oder mehrmals durchlaufen werden. Loipen für Wettbewerbe werden so mit Schwierigkeiten gespickt, daß Ausdauer, Kraft, Lauftechnik und taktische Fähigkeiten der Läufer gefordert sind.

Wettbewerbsmäßig entscheidet die gelaufene Zeit bei bestimmten Streckenlängen über Sieg und Plazierung:

- Herren laufen in Einzelwettbewerben über 15, 30 und 50 Kilometer; außerdem gibt es Staffelwettbewerbe über 4 mal 10 Kilometer. Auf den 10-Kilometer-Strecken darf der Höhenunterschied höchstens 200 Meter betragen, auf den längeren Distanzen maximal 250 Meter. Alle diese Distanzen sind olympisch.
- Damen laufen in Einzelwettbewerben über 10, 15 und 30 Kilometer; außerdem gibt es Staffelwettbewerbe über 4 mal 5 Kilometer. Auf der 5-Kilometer-Distanz darf der Höhenunterschied nur 100 Meter betragen, auf 15 Kilometern 150 Meter, auf der 30-Kilometer-Strecke (wie bei den Herren) maximal 250 Meter. Alle diese Distanzen sind olympisch.

Für Olympische Spiele und Weltmeisterschaften gelten weitere Vorschriften: So darf der höchste Punkt von Langlaufstrecken aus gesundheitlichen Gründen nicht höher liegen als 1 650 Meter. Steigungswinkel und Gesamtlänge der Steigungen sind begrenzt. Die Strecken müssen mit Bändern, Fähnchen, Tafeln, Richtungspfeilen und Farbmarkierungen so ausgezeichnet sein, daß sich die Läufer nicht verirren können. Start und Ziel liegen meist an derselben Stelle. Jeder Kilometer der Spur soll durch eine Tafel markiert sein, für die letzten 5 Kilometer ist das zwingend vorgeschrieben. Auf den letzten 200 Metern vor dem Ziel muß es zwei nebeneinander liegende Spuren geben. Bei Läufen ab 15 Kilometer Länge müssen zwei, bei 50 Kilometer Länge vier Verpflegungsstellen eingerichtet sein, in denen vor allem vitamin- und mineralstoffreiche Getränke gereicht werden, die die Läufer während der Fahrt (ohne Rast) einnehmen. Schließlich werden vor dem Wettbewerbsstart die Skier farbig markiert, um einen Skiwechsel während des Laufes zu unterbinden. Bei Olympischen Spielen erfolgt die Markierung der Skier mit der Startnummer.

Außer den Einzel- und Staffelwettbewerben ist der Langlauf auch noch Teil der Nordischen Kombination (siehe Seite 271) und des Biathlon (siehe Seite 272). Damit ist der Langlauf die Hauptdisziplin des Nordischen Skisports.

Die Skier für den Langlauf sind besonders leicht, schmal und lang. Auf mindestens 50 Prozent der Gesamtlänge müssen sie mindestens 4,3 Zentimeter breit sein. Die Spitze (»Schaufel«) ist vorn steil aufgebogen. Die Länge der Skier beträgt bis zu 2,30 Meter. Die Skier bestehen aus mehreren Kunststoffschichten (Sandwich-Bauweise), nur in skandinavischen Ländern werden noch vereinzelt Holzskier gefahren. Die Langlaufbindungen und die Spezialschuhe sind ineinandergepaßt und extrem leicht (Gesamtgewicht unter 300 Gramm). Die Stöcke sind überwiegend aus Fiberglas oder aus Metall. Im Wettbewerb werden Rennanzüge (Overalls) getragen, die sowohl die Kälte abhalten als auch Körperwärme und Schweiß ableiten.

Der Langlauf verlangt eine rationelle Lauftechnik, und es ist interessant, die wechselnden Schritt-Techniken der Läufer zu beobachten. In ebenem und leicht ansteigendem Gelände wird überwiegend der *Diagonalschritt* angewendet: Ein Bein stößt ab, das andere gleitet mit dem Ski voraus. Das Abstoßbein ist zunächst leicht gebeugt, streckt sich dann und schiebt das Gleitbein unter Stockeinsatz vorwärts. Nach vollendetem Abstoß wird es mit dem gleichseitigen Arm nach vorn geschwungen und geht ins Gleiten über, während nun das andere Bein den nächsten Abstoß übernimmt.

In steiler ansteigendem Gelände geht der Langläufer im *Grätenschritt*: Die Skier werden nach vorn gespreizt und beim Aufsetzen

Schritt um Schritt mit den Innenkanten in den Schnee gesetzt, um ein Abrutschen zu vermeiden. Dabei wird jeweils das Ski-Ende des Steigbeines über das Ende des Standbeines gesetzt. Die Stöcke werden hinter dem Körper als Stützen eingesetzt.

Auf Gefällestrecken wird der schnelle *Doppelstockschub* angewendet: Die Skier gleiten, eng geführt, parallel zueinander. Beide Stöcke werden gleichzeitig auf der Höhe zwischen Skispitze und Bindung in den Schnee gesetzt und bei vorgebeugtem Körper nach hinten gedrückt. Während der so erzeugten Schubwirkung richtet sich der Körper auf, Arme und Stöcke werden nach vorn geschwungen und zum nächsten Schub eingesetzt. Bei geringem Gefälle wird zur zusätzlichen Beschleunigung zwischen Doppelstockschüben ein Diagonalschritt ausgeführt.

Im Gefälle kann der Läufer zwischen Doppelstockschüben auch den *Schlittschuhschritt* anwenden: Dabei werden, wie beim Schlittschuhlauf, abwechselnd linker und rechter Fuß leicht nach außen gestellt, das Körpergewicht auf das ausgestellte Bein verlagert und der unbelastete Gleitski wieder herangezogen. Der Halbschlittschuhschritt, auch *Finnenschritt* oder nach seinem Erfinder Siitonen-Schritt genannt, ist eine Kombination von Schlittschuhschritt und gleichzeitigem Einsatz des Doppelstockschubes. Die Schlittschuhschritte sind auf den letzten 200 Metern vor dem Ziel nicht mehr erlaubt.

Neuerdings werden Wettbewerbe entweder im klassischen Stil ausgeschrieben oder im Freistil (Skating). Der *klassische Stil* verlangt den Diagonalschritt als Grundschritt. Beim *Skating* darf der Läufer mit einem seitlich ausscherenden Ski abstoßen statt auf beiden Skiern zu gleiten. Außerdem darf er jederzeit durch Stockschub beschleunigen. Dadurch wird Langlauf deutlich schneller. Bei Weltmeisterschaften und Olympischen Spielen werden die Strekken folgendermaßen gelaufen: Herren-Freistil über 15 und 50 Kilometer, Herren-klassisch über 15 und 30 Kilometer. In der Herrenstaffel laufen die beiden ersten Läufer klassisch, die beiden letzten Freistil. Damen laufen 10 und 30 Kilometer (früher 20) Freistil sowie 10 und 15 Kilometer klassisch. In der Damenstaffel laufen

ebenfalls die beiden ersten Läuferinnen klassisch, die beiden letzten Freistil.
Der Start erfolgt bei Weltmeisterschaften und Olympischen Spielen einzeln, in Abständen von 30 Sekunden, die Reihenfolge wird nach Leistungsgruppen ausgelost (siehe Startreihenfolge, Seite 254). Gemeinsamer Start wird bei Staffelwettbewerben und Volksläufen angewendet. Beim Einzelstart steht der Läufer mit beiden Skiern auf der Startlinie. 10 Sekunden vor dem Start bekommt er die Ankündigung »Achtung!«, 5 Sekunden vor dem Start wird laut gezählt: »5 – 4 – 3 – 2 – 1 – Los! – Go! – Allez!«. Frühstarter werden zurückgerufen und dürfen den Start wiederholen. Will der Läufer unterwegs einen vor ihm gestarteten Läufer überholen, so ruft er »Spur frei!«. Es besteht dann Pflicht zur sofortigen Spurfreigabe, auch wenn nur eine Spur getreten ist. Der Läufer darf während des Laufes die Skier wachsen, Erfrischungen einnehmen und Auskünfte über den Rennverlauf annehmen. Die Stöcke und einen Ski darf er wechseln, wenn sie zerbrochen sind. Sein Lauf wird jedoch nur gewertet, wenn er mit mindestens einem beim Start markierten Ski das Ziel erreicht. Die Laufzeit wird gestoppt, sobald der Läufer mit dem ersten Fuß die Ziellinie kreuzt, die durch zwei Zielpfosten gekennzeichnet ist. Läufer aus der Sowjetunion und aus Skandinavien (Damen und Herren) waren bei Olympiaden und Weltmeisterschaften der letzten 30 Jahre überwiegend am erfolgreichsten.

Staffelläufe

Die Staffelläufe für Damen (4 mal 5 Kilometer) und Herren (4 mal 10 Kilometer) werden auf Strecken mit zwei parallelen Spuren gelaufen; auch für nichtolympische Wettbewerbe sind zwei Spuren mindestens auf den letzten 500 Metern vor dem Ziel vorgeschrieben. Der Abstand zwischen den Spuren beträgt 2 Meter. Für den Start und die ersten 200 Meter muß jeder Staffelläufer eine eigene Spur haben, danach dürfen mehrere Spuren zusammenlaufen.
Startnummern und Skimarkierungen sind auf den Staffel-Sektionen in unterschiedlichen Farben gehalten: Sektion 1 = Rot, 2 = Grün,

3 = Gelb, 4 = Blau. Die Läufer der ersten Teilstrecke starten gleichzeitig. Der Staffelwechsel vollzieht sich jeweils auf einer Länge von 20 Metern, und zwar 10 Meter vor und 10 Meter hinter der Distanz von 5 beziehungsweise 10 Kilometern. Die ablösenden Läufer warten innerhalb der Wechselzone neben der Spur in Laufrichtung. Der ankommende Läufer schlägt dem nächsten Läufer mit der Hand auf die Schulter, der erst dann starten und in die Spur einsteigen darf. Der Einstieg in die Spur muß innerhalb der Wechselzonen erfolgen. Über Sieg und Plazierung entscheidet letztlich die Reihenfolge, in der die vierten (letzten) Läufer das Ziel erreichen.

Skispringen (Spezialspringen)

Die Bezeichnungen Skispringen, Spezialspringen oder Sprunglauf bezeichnen die gleiche Sportart. Diese Disziplin des Nordischen Skisports wird bei Olympischen Spielen und internationalen Meisterschaften nur von Herren ausgetragen. Die Skier sind entweder aus Metall oder aus Kunststoff, breit und schwer. Die Kleidung der Springer ist hauteng und in festgelegtem Umfang luftdurchlässig, um den Auftrieb zu erhöhen. Sich aufblähende Kleidung ist verboten; ein Sturzhelm muß getragen werden.

Die Sprungschanze, auch (norwegisch) *Bakken* genannt, besteht aus einer Anlaufbahn mit verschieden hohen Ablaufluken, dem Schanzentisch, der Aufsprungbahn und dem Auslauf. Als Anlaufbahn wird die Strecke von der durch den Sprungrichter bestimmten Anlaufluke bis zum Absprungpunkt auf dem Schanzentisch bezeichnet. Sie hat ein Gefälle von 30 bis 35 Prozent, am Schanzentisch nach dem Übergangsbogen nur noch 5 bis 8 Prozent. Am Anfang des Aufsprunghügels bezeichnet der sogenannte *Normpunkt* mit einer blauen Querlinie die Stelle, ab der eine Landung der Springer ohne besondere Gefährdung möglich ist. Dem Normpunkt folgt die *Sicherheitsstrecke*, die bis zum *Kritischen Punkt* reicht. Dieser ist mit einer roten Querlinie markiert. Wird dieser Punkt von Springern um 12 Prozent überschritten, bestimmt der Sprungrichter einen verkürzten Anlauf von einer niedriger gelegenen Ablaufluke. In solchen Fällen muß der Durchgang neu begonnen werden. Zwischen Normpunkt und Kritischem Punkt liegt der *Tabellenpunkt* mit einer grünen Markierung, der früher für die Punktwertung maßgeblich war und heute nur noch weitenorientierende Bedeutung hat.

Es gibt mehrere Schanzenhöhen, die entsprechend unterschiedliche Sprungweiten ermöglichen. Sie sind international genormt.

- Die Normalschanze, auch 70-Meter-Schanze genannt, soll ihren Kritischen Punkt ungefähr bei 70 Metern haben.
- Die Großschanze hat ihren Kritischen Punkt zwischen 85 und 90 Metern.
- Die Flugschanze hat ihren Kritischen Punkt bei 120 Metern oder mehr (siehe Abbildung). Auf ihr ausgetragene Wettbewerbe werden nicht als Skispringen, sondern als Skifliegen bezeichnet.

Bei Olympischen Spielen und Weltmeisterschaften werden Wettbewerbe sowohl auf einer Normalschanze als auch auf einer Großschanze ausgetragen. Es werden sowohl Einzelmeisterschaften als auch Mannschaftsmeisterschaften ausgetragen. Mannschaften bestehen aus jeweils 4 Springern; die Ergebnisse der 3 besten werden gewertet. Vor dem Wettbewerb werden Probesprünge von Sprin-

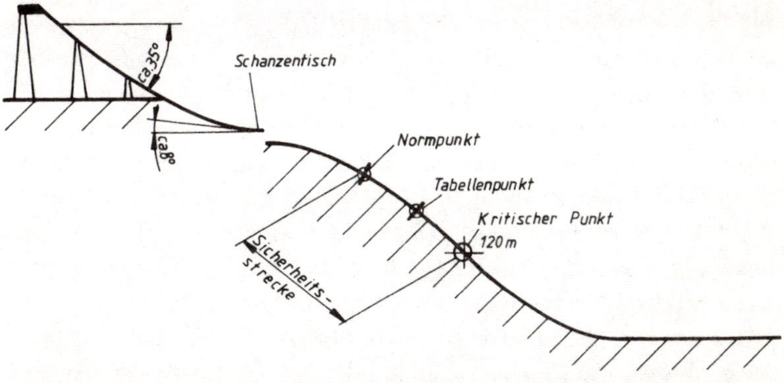

Nordischer Skisport – Beispiel einer Flugschanze für Sprünge über 120 Meter (Skifliegen); Großschanzen haben den Kritischen Punkt bei zirka 90 Meter, Normalschanzen bei zirka 70 Meter (Skispringen); nach Sprüngen weit über den kritischen Punkt hinaus wird die Anlaufbahn verkürzt gern gemacht, die nicht am Wettbewerb teilnehmen. Den Wettbewerbern sind am Vortag ebenfalls Trainingssprünge auf den Wettbewerbsschanzen erlaubt.

Am Ende des Schanzentisches steht, auf einem seitlich angebrachten Podest, ein Schanzenrichter. Er gibt vor jedem Sprung die Schanze frei. Eine Ampel (rot – grün) zeigt die Startfreigabe an. Wenn das Startgrün aufleuchtet, muß der Start binnen 20 Sekunden erfolgen.

Die Wettbewerber werden in vier Gruppen eingeteilt. Die Besten jedes Teilnehmerlandes kommen in Gruppe IV, die Schwächsten in Gruppe I. Innerhalb jeder Gruppe wird die Startreihenfolge ausgelost. Die schwächsten Springer (Gruppe I) starten zuerst, dann folgen die Gruppen II, III und zuletzt die stärksten Springer (Gruppe IV).

Der Sprung besteht aus Anlauf, Absprung, Flug, Landung und Auslauf. Der Anlauf beginnt mit einigen Schritten. Danach geht der Springer in die Hocke: Fuß- und Kniegelenke sind weit nach vorn gebeugt, der Po darf jedoch nicht nach hinten abgesenkt werden. Im Sekundenbruchteil des Absprunges vom Schanzentisch streckt sich der Springer mit starker Voreinlage und stemmt sich damit nach oben und vorn zum Flug ab. Während des Fluges nimmt er eine aerodynamische Haltung ein, das heißt, er neigt den Körper weit nach vorn und liegt idealerweise fast parallel zu den möglichst gleichmäßig und schmal geführten Skiern. Der Winkel der Skier zur Flugbahn beträgt etwa 30 bis 35 Grad. Springer und Skier sollen möglichst ruhig in der Luft liegen, das ist mitentscheidend für die Haltungsnote, aber auch die Weite ist von einem ruhigen Flug ohne Korrekturen durch Arm- oder Beinbewegungen abhängig. Als ideal gilt der Fischstil, bei dem die Arme gestreckt am Körper und die Hände am Oberschenkel liegen.

Die Landung findet möglichst in Ausfallstellung statt; sie wird auch *Telemarkaufsprung* genannt. Der Springer schiebt im Moment des Aufkommens ein Bein leicht nach vorn und fängt den gewaltigen Druck federnd mit den Kniegelenken auf. Dabei soll der Abstand der Skier zueinander weniger als eine Skibreite betragen. Danach richtet sich der Springer gerade auf und passiert den Auslauf in korrekter Laufhaltung, wobei er die Voreinlage zurücknimmt, um durch den Luftwiderstand seine Fahrt bereits abzubremsen. Landet der Springer nicht in Telemark-, sondern in einer uneleganten Hockstellung, so erfolgt Punktabzug.

Als gelungener Sprung gilt nur, wenn der Springer auf der Aufsprungbahn ohne Sturz aufkommt und so in den Auslauf gelangt. Gleichgewichtskorrekturen sind erlaubt, können aber zu Abzügen in der Haltungswertung führen. Berührt der Springer auch nur mit einer Hand den Boden, wird das als Sturz gewertet. Gestandene Sprünge werden mit Haltungsnoten zwischen maximal 20 und minimal 6 Punkten bewertet. Sprünge, die mit Bodenberührung oder Sturz enden, erhalten Haltungsnoten zwischen bestenfalls 12, ungünstigenfalls 0 Punkten. Für geringfügige Haltungsfehler können auch Abzüge von halben Punkten vorgenommen werden.

Auf dem neben der Schanze stehenden Sprungrichterturm stehen bei Olympischen Spielen und anderen internationalen Wettbewerben stets 5 Sprungrichter. Jeder erteilt seine Haltungsnote. Die beste und die schlechteste Note werden gestrichen. Die drei gewerteten Noten werden zusammengezählt und durch drei geteilt. Für die Bewertung ziehen die Sprungrichter Kraft, Entschlossenheit und Präzision beim Absprung heran; während des Fluges bewerten sie Ruhe, Sicherheit, Kühnheit; sodann werden Korrektheit und Standsicherheit bei der Landung und bis an die Auslaufbahn beurteilt.

Die Weitenmessung erfolgt bei internationalen Wettkämpfen stets sowohl elektronisch durch Induktionsschleifen als auch optisch durch Weitenrichter, die an den Seiten der Aufsprungbahn stehen. Die Noten für die erzielten Weiten werden vom Normpunkt aus ermittelt. Erreicht ein Springer den Kritischen Punkt, so erhält er dafür 60 Punkte. Bei Weiten darüber oder darunter erfolgt Punktzugabe beziehungsweise Punktabzug. Je Meter werden 1,6 Punkte bei Normalschanzen und 1,2 Punkte bei Großschanzen angerechnet. Die Gesamtnote ergibt sich aus den Haltungs- und Weitennoten für einen Sprung. Da von einer Schanze stets zwei Sprünge gesprungen werden, ergibt sich die Endnote (Totalnote) aus den Gesamtnoten der beiden Durchgänge. Bei der Nordischen Kombination (siehe Seite 271) werden drei Sprünge gesprungen, von denen der schlechteste nicht gewertet wird.

Skifliegen

Skifliegen ist keine olympische Disziplin, aber seit 1972 werden jährlich Weltmeisterschaften ausgetragen. Spezielle Flugschanzen haben ihren Kritischen Punkt bei 120 Metern oder mehr und ermöglichen Sprünge bis zu 185 Meter weit. Weiten über 191 Meter dürfen nicht mehr vermessen werden. Überspringt ein Wettbewerber die 185-Meter-Grenze oder überschreitet am Schanzentisch die Absprunggeschwindigkeit von 108 Kilometer pro Stunde (elektronische Messung), muß der Anlauf verkürzt werden. Der Höhenunterschied zwischen Schanzentisch und Beginn der Auslaufstrecke darf bei Flugschanzen nicht mehr als 127 Meter betragen. Sie haben auf der Absprungbahn andere Markierungen als Normal- und Großschanzen: Bei 90 Metern gibt es eine gelbe Markierungslinie, bei 120 Metern eine blaue, bei 150 Metern eine grüne und beim Kritischen Punkt eine rote.

Skiflugwettbewerbe werden stets an zwei Tagen durchgeführt, an denen jeder Springer jeweils einen Sprung absolviert. Bei Weltmeisterschaften ist außerdem am Tag zuvor Pflichttraining vorgeschrieben, ohne das keine Startfreigabe erfolgt. Zur Vorbereitung soll jedes Teilnehmerland möglichst 14 Tage vor der Weltmeisterschaft eine Skiflugveranstaltung durchführen. An internationalen Wettbewerben dürfen höchstens 90 Aktive teilnehmen, darunter 50 aus der Weltrangliste, ferner die 30 Trainingsbesten und 10 Springer des Veranstalterlandes. Im übrigen gelten die gleichen Regeln wie beim Skispringen (siehe Seite 266). Die größte je erzielte Flugweite betrug 194 Meter; sie wurde von einem polnischen Springer erreicht; gewertet wurde sie jedoch nicht. Weltrekorde werden offiziell nicht geführt. Weltmeisterschaften finden alle zwei Jahre statt.

Nordische Kombination

Als Nordische Kombination wird ein Zweifach-Wettbewerb für Herren bezeichnet, der aus Skispringen (siehe Seite 266), und 15-Kilometer-Langlauf (siehe Seite 261) besteht. Gesprungen wird von einer Normalschanze (70-Meter-Schanze). Jeder Teilnehmer springt dreimal, der schlechteste Sprung wird nicht gewertet. Fünf Sprungrichter erteilen die Haltungsnoten. Der weiteste Sprung des Wettbewerbs wird mit 60 Punkten bewertet, die übrigen Bewertungen errechnen sich danach durch Punktabzug von 1,2 Punkten je Meter.

Beim Langlauf wird die Zeit ebenfalls in Punkte umgerechnet. Die beste Zeit erhält 220 Punkte, die übrigen Bewertungen errechnen sich durch Abzug von 9 Punkten je länger gelaufene Minute.

Der Kombinationssprunglauf ist stets die erste Disziplin; am folgenden Tag findet der Langlauf statt. Olympische Spiele und internationale Wettbewerbe kennen sowohl Einzelmeisterschaften als auch, seit 1980, Mannschaftsmeisterschaften. Jede Mannschaft besteht aus 3 Teilnehmern, die beide Wettbewerbe bestreiten müssen. Der Langlauf im Mannschaftswettbwerb findet als 3-mal-10-Kilometer-Staffel statt. Die Teilnehmer starten in der Reihenfolge und mit den Zeitabständen, die aus einer Umrechnungsmethode resultieren, die von den Ergebnissen des Spezialspringens abgeleitet werden. Dabei werden die Sprungnoten nach einem bestimmten Schlüssel in Sekunden umgewertet. Aus dieser Rechenmethode, die zunächst umständlich erscheint, ergibt sich jedoch ein sofort überschaubares Endergebnis: Sieger ist diejenige Mannschaft, deren Schlußmann der Langlaufstaffel als erster durchs Ziel geht. Diese nach ihrem Erfinder *Gundersen* benannte Rechenmethode wird neuerdings auch für die Einzelwertung angewendet.

Erwartungsgemäß sind alle nordischen Wettbewerbe eine Domäne der skandinavischen Länder. Trotzdem erringen immer wieder auch deutsche Spitzensportler erste Plätze, so zum Beispiel:

- Frank Ullrich im 10-Kilometer-Biathlon 1980 olympisches Gold, 1978, 1979, 1981 Weltmeister; im 20-Kilometer-Biathlon 1982 und 1983 Weltmeister;

- Peter Angerer im 20-Kilometer-Biathlon 1984 olympisches Gold;
- Frank-Peter Roetsch im 10- und 20-Kilometer-Biathlon 1988 olympisches Gold;
- Jens Weißflog im Skispringen 1984 olympisches Gold, 1985 Weltmeister (beides Normalschanze);
- Ulrich Wehling in der Nordischen Kombination 1972, 1976 und 1980 olympisches Gold, 1974 Weltmeister;
- Mannschaftsweltmeister in der Nordischen Kombination wurde 1985 und 1987 die Bundesrepublik Deutschland.

Biathlon

Der Biathlon (griechisch: Doppelkampf) ist die sportliche Nachahmung der uralten Jagd auf Skiern, wie sie vor allem in den nordischen Ländern schon in Urzeiten stattgefunden hat und heute noch betrieben wird. Es gibt Weltmeisterschaften und einen Weltpokal. Seit 1960 ist Biathlon olympische Disziplin.

Die Sportart umfaßt einen Skilanglauf mit unterwegs zu absolvierenden Schießwettbewerben. Bei Olympiaden findet ein 10-Kilometer- und ein 20-Kilometer-Biathlon sowie eine 4-mal-7,5-Kilometer-Biathlon-Staffel statt; alle drei olympischen Wettbewerbe sind ausschließlich für Herren, die Damen führen Weltmeisterschaften über 5 und 10 Kilometer sowie in der 3-mal-5-Kilometer-Staffel durch.

Der olympische 10-Kilometer-Biathlon verlangt nach 2,5 und 8 Kilometern Langlaufstrecke jeweils 5 Schuß, stehend abgegeben, ohne Nachladen, auf Metallscheiben, die bei Treffern umklappen. Jeder Fehlschuß führt zu einer Strafstrecke (»Strafrunde«) von 150 Metern (zirka 20 bis 25 Sekunden); sie muß gelaufen werden, bevor der Langlauf fortgesetzt werden darf. Mehr als 5 Schüsse sind nicht gestattet, auch dann nicht, wenn das Ziel ein- oder mehrmals verfehlt worden ist. Auf der 20-Kilometer-Langlaufstrecke sind zwischen 5. und 18. Kilometer vier Schießstellen eingerichtet. Es werden jedesmal 5 Schüsse abgegeben, und zwar in der Reihenfolge liegend – stehend – liegend – stehend. Beim Liegendschie-

ßen hat das Zielschwarz 4 Zentimeter, beim Stehendschießen 11,5 Zentimeter Durchmesser. Für jeden Fehlschuß wird 1 Minute Strafzeit angerechnet, es sind also keine Strafrunden zu laufen.
Bei der 4-mal-7,5-Kilometer-Staffel muß jeder Läufer bei Kilometer 2,5 liegend (4 Zentimeter Zielschwarz) und bei Kilometer 5 stehend (10 Zentimeter Zielschwarz) jeweils 5 Schüsse abgeben. Bei Fehlschüssen darf er jedesmal bis zu 3 Patronen nachladen, trifft er jedoch mit 8 Schüssen nicht alle 5 Ziele, muß er für jede nicht getroffene Scheibe eine Strafrunde von 150 Metern laufen, bevor er seinen Weg fortsetzen darf.
Seit 1987 gibt es außerdem noch eine nichtolympische Patrouillen-Laufstaffel über 20 Kilometer mit nur einer Schießeinlage (5 Schuß, liegend). Die 4 Läufer einer Mannschaft starten dabei gemeinsam. Jeder Schütze muß je Fehlschuß 150 Meter Strafrunde laufen, die Mannschaft muß solange warten. Am Ziel darf der vierte Läufer nur höchstens 50 Meter hinter dem ersten einlaufen.
Auf der 5-Kilometer-Damenstrecke und in der 3-mal-5-Kilometer-Staffel gibt es je zwei Schießwettbewerbe, zuerst liegend, dann stehend, je 5 Schuß, mit Strafrunden für Fehlschüsse. Auf der 10-Kilometer-Strecke wird dreimal geschossen, und zwar in der Folge liegend – stehend – liegend, jeweils 5 Schuß, mit 1 Strafminute je Fehlschuß. Ansonsten gelten für Damen dieselben Regeln wie für Herren.
Einheitlich werden beim Biathlon Spezial-Kleinkalibergewehre mit 5,6-Millimeter-Geschossen, offenem Visier und ohne Ladeautomatik verwendet, die die Biathleten während des Laufes geschultert bei sich tragen. Einheitlich beträgt die Entfernung zwischen Schütze und Scheibe immer 50 Meter. Zum Schießen dürfen die Skier abgelegt werden. Sieger und Plazierungen werden nach der Gesamtzeit ermittelt, die sich aus der Summe von Laufzeit, Schießzeit und Strafzeit ergibt.

EISSPORTARTEN

Eiskunstlauf

Die gleitende Fortbewegung auf dem Eis mit Hilfe von Schlittschuhen war schon in vorgeschichtlicher Zeit bekannt. Zunächst wurden Tierknochen unter die aus Fellen gefertigten Schuhe gebunden. Im 13. Jahrhundert fertigte man in den Niederlanden hölzerne Schlittschuhe mit Eisenkufen. Erst 1850 wurden in Amerika gänzlich aus Metall gefertigte Schlittschuhe entwickelt. Mit Klemmschrauben an Stiefeln befestigte Schlittschuhe gibt es heute kaum noch. Als Sportgeräte sind sie fest mit mindestens knöchelhohen Spezialstiefeln verbunden und den besonderen Anforderungen von Kunstlauf, Schnellauf, Eishockey angepaßt.
Hat ursprünglich möglichst schnelle und (nach Übung) sichere Fortbewegung eine Rolle gespielt, so kamen sehr bald spielerische und tänzerische Elemente hinzu, aus denen sich der Eiskunstlauf und der Eistanz (vor allem auch als Volks- und Jugendsport) entwickelten. Den Vereinen des Eissportverbandes gehören in Deutschland über 200 000 Mitglieder an. Übertragungen von Eiskunstlauf gehören zu den beliebtesten Sportsendungen im Fernsehen. Es gibt Deutsche, Europa- und Weltmeisterschaften für Damen, Herren und Paare, sowohl Eiskunstlauf als Eistanz sind olympische Disziplinen.
Deutsche Eiskunstläufer konnten mehrmals Aufsehen erregen. Im Paarlauf errangen Ria Baran-Falk und Paul Falk 1951 und 1952 den Weltrekord, 1952 wurden sie außerdem Olympiasieger. Marika Kilius und Hans-Jürgen Bäumler wurden 1963 und 1964 Weltmeister. Im Dameneinzel erreichte Katharina Witt (ehemals DDR) 1984 und 1988 olympisches Gold und 1984 außerdem den Weltmeistertitel.
Die überdachte Eisfläche eines Eisstadions ist 60 mal 30 Meter

groß, spiegelglatt und wird grundsätzlich maschinell gekühlt. Die Läufer tragen spezielle Kunstlauf-Schlittschuhe mit zirka 3 Millimeter breiter Hohlschliffkufe, die sich nach hinten verjüngt. Vorn endet die Kufe in einem ellipsenförmigen Bogen, an dem sich wie an einem Sägeblatt einige Zacken befinden. Diese machen einen sicheren Abstoß (zum Beispiel zur Einleitung von Sprüngen) möglich. Die Hohlschliffkanten schneiden bei Rechts- wie Linkslage des Läufers in das Eis und geben ihm Halt bei den verschiedenen Figuren und beim Aufsetzen nach Sprüngen.
Musik bestimmt beim Eiskunstlauf wesentlich Tempo und Rhythmus der Übungen. Die Läufer beziehungsweise Laufpaare können ihre Musik selbst wählen. Der Lauf muß synchron zur Musik, harmonisch und elegant absolviert werden. Diese Kriterien spielen bei der Bewertung eine wichtige Rolle.
Die Regeln für Eiskunstlaufwettbewerbe sind stark verändert worden. Der Pflichtlauf und das Kurzprogamm wurden gestrichen, neu eingeführt wurde das Originalprogramm. Damen, Herren und Paare absolvieren jetzt also nur noch zwei Läufe: das Originalprogramm und die Kür.
Das Originalprogramm darf höchstens 2 Minuten 40 Sekunden dauern. Es läßt insgesamt mehr Freiheiten bei der künstlerischen Gestaltung zu als zuvor Pflicht- und Kurzprogramm. Diese Übung fordert von Damen, Herren und Paaren jeweils 8 Elemente (Figu-

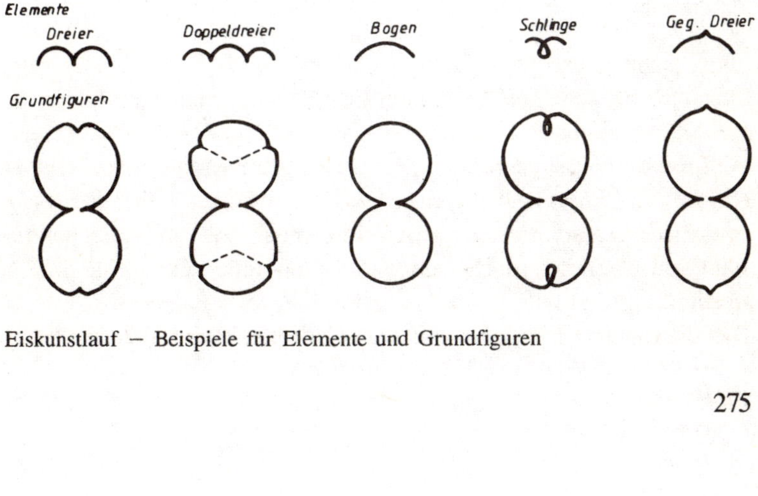

Eiskunstlauf – Beispiele für Elemente und Grundfiguren

ren und Sprünge) nach eigener Gestaltung, und zwar:
- Damen und Herren: 3 Sprünge, 3 Pirouetten, 2 Schrittfolgen;
- Paare: 3 Hebungen, 2 Pirouetten, 2 Schrittfolgen, 1 Todesspirale.

Die einzelnen Elemente werden um so höher bewertet, je größer der gewählte Schwierigkeitsgrad und je eleganter die Ausführung ist. Für fehlerhafte Elemente erhalten die Läufer Punktabzug.
Die Kür darf 4 Minuten 30 Sekunden dauern und um höchstens 10 Sekunden überzogen werden. Musik und Gestaltung sind frei. Selbstgewählte Einfach-, Doppel- und Dreifachsprünge, Pirouetten

Eiskunstlauf-Schlittschuh

und Schrittfolgen geben den Ausschlag bei der Bewertung. Die meisten Sprünge sind nach den Eiskunstläufern benannt, die sie erfunden haben:
- Beim *Flip* springt der Läufer nach einem Anlaufbogen (linker Fuß) und kurzem Auftippen des rechten Fußes auf dem Eis mit gestreckten Armen rückwärts-einwärts ab und landet nach einer vollen Drehung (2 Drehungen = Doppelflip, 3 Drehungen = Dreifachflip) auf dem rechten Bein rückwärts-auswärts.
- Beim *Lutz* (nach dem österreichischen Eisläufer Alois Lutz,

gestorben 1919) erfolgen Anlauf und Absprung rückwärts, von der Außenkante des linken Fußes mit zunächst gestreckten, dann angezogenen Armen. Nach einer Drehung (2 Drehungen = Doppellutz) landet der Läufer rückwärts mit der rechten Außenkante des rechten Fußes.

- Beim *Salchow* (nach dem schwedischen Eisläufer Ulrich Salchow, zehnmal Weltmeister, gestorben 1949) beschreibt der Läufer beim Anlauf zunächst eine »Dreier«-Figur mit dem linken Bein rückwärts, springt ab, winkelt die Arme an, vollzieht eine Linksdrehung (2 Drehungen = Doppelsalchow, 3 Drehungen = Dreifachsalchow) und kommt rückwärts mit dem rechten Bein auf.
- Beim *Rittberger* (nach dem deutschen Eisläufer Werner Rittberger, gestorben 1975) erfolgt zunächst eine volle Anlaufdrehung rechts rückwärts-auswärts, dann folgen Absprung, Drehung und Landung auf dem Absprungbein (2 Drehungen = Doppel-Rittberger, 3 Drehungen = Dreifacher Rittberger).
- Beim *Toe-Loop*, auch getippter Rittberger genannt, findet der Anlauf vorwärts-einwärts mit einer Dreier-Figur statt, dann erfolgen Absprung, volle Drehung und Aufsprung mit dem Absprungbein rückwärts-auswärts (mehrere Drehungen = Doppel-, Dreifach- und Vierfach-Toe-Loop). »Getippt« heißt der Sprung, weil das hochgezogene Bein (nicht das Sprungbein) vor dem Absprung noch mal kurz auf das Eis tippt.
- Der Axel-Paulsen-Sprung, kurz *Axel* genannt (nach dem norwegischen Eisläufer Axel Paulsen, gestorben 1938), wird aus einem Vorwärtsanlauf auf der Außenkante des linken Fußes gesprungen. In der Luft werden die Arme an den Körper gerissen. Nach der Umdrehung landet der Läufer rückwärts mit der Außenkante des rechten Fußes. Genau genommen handelt es sich also beim Axel um eine 1½fache Umdrehung, beim Doppelaxel um 2½, beim Dreifachaxel um 3½ Drehungen. Axel-Sprünge gehören zu den schwierigsten Übungen im Eiskunstlauf.

Beim Paarlaufen gehen eine Dame und ein Herr aufs Eis. Die

Läufe bestehen aus Figuren und Sprüngen, die im wesentlichen denen der Einzelläufer entsprechen. Die Paare dürfen sich auch kurzzeitig trennen und bestimmte Aktionen »solo« durchführen. Bei solchen sogenannten Schattenläufen muß jedoch der Gesamteindruck der Harmonie des Paares erhalten bleiben.
Zusätzlich zeigen Paarläufer Wurfelemente und Hebefiguren. Eine Hebefigur ist zum Beispiel das *Lasso*, bei dem der Herr während des Laufes seine Dame mit einem oder beiden Armen über seinen Kopf hebt und sich mit ihr um die Körperachse dreht. Sehr attraktiv ist die sogenannte *Todesspirale*. Der Herr dreht sich dabei auf der Stelle. Er zieht die auf einem Bein gleitende Dame, sie mit einem Arm haltend, um seine Drehachse. Die Partnerin legt sich während der Drehung mit durchgedrücktem Rücken fast parallel zur Eisfläche in die Horizontale. Ihr freier, gestreckter Arm darf das Eis nicht berühren. Die Todesspirale kann vorwärts oder rückwärts, einwärts oder auswärts oder von einer Laufrichtung in die andere umspringend gelaufen werden; sie zählt zu den schwierigsten Figuren im Paarlauf.
Bei internationalen Wettbewerben der Damen, Herren und Paare werden 9 Kampfrichter unter den teilnehmenden Ländern ausgelost; sie kommen nicht mehr (wie früher) automatisch aus den Siegerverbänden der jeweils vorjährigen Meisterschaften. Außerdem wurde für die Eliteklasse das Mindestalter auf 18 Jahre festgesetzt, an Juniorenwettbewerben dürfen Jugendliche ab 12 Jahren teilnehmen.
Originalprogramm und Kür werden mit zwei Noten bewertet. Die A-Note wird für die sportlich-technische Leistung (Schwierigkeit und Perfektion) vergeben, die B-Note für den künstlerischen Gesamteindruck. Insgesamt hat beim Originalprogramm die A-Note den entscheidenden Wert, bei der Kür die B-Note. Die Noten werden nach jedem Lauf angezeigt, grundsätzlich durch die Punktrichter, neuerdings aber auch oft elektronisch. Sieger und Plazierungen der Läufer werden durch Punktzahlen ermittelt, die die Punktrichter vergeben, und zwar werden die Punkte aller Punktrichter zusammengezählt und durch die Zahl der Punktrichter geteilt.

Die Note eines Punktrichters setzt sich aus seinen persönlichen Wertungen der einzelnen Elemente zusammen. Gewertet wird von 0 bis 6 Punkte, es können auch Zehntelpunkte gegeben werden, also zum Beispiel 5,9. Die Ziffern bedeuten:

0 = nicht gelaufen
1 = sehr schlecht,
2 = schlecht,
3 = befriedigend,
4 = gut,
5 = sehr gut,
6 = vollkommen und fehlerfrei.

Außer den Punktrichtern gibt es noch einen Schiedsrichter und einen Assistenten. Sie nehmen nicht an der Punktvergabe teil, sondern können bei Fehlurteilen eingreifen. Sie dürfen einen Punktrichter ausschließen, wenn dieser offensichtlich unsachlich urteilt.

Eistanz

Da in den Eiskunstlauf der Paare immer mehr tänzerische Elemente eingebracht wurden und dahinter die sportliche Leistung zurückfiel, da andererseits der Tanz immer mehr sportliches und künstlerisches Eigengewicht bekam und im Eiskunstlauf nicht hinreichend gewertet werden konnte, entschlossen sich die Eislauf-Organisationen schon 1949, Eiskunstlauf und Eistanz zu trennen und den Eistanz der Paare zu einer eigenen Disziplin zu erheben. Seit 1950 gibt es Deutsche, seit 1954 Europa- und seit 1952 Weltmeisterschaften. 1976 wurde Eistanz olympische Disziplin. Zunächst waren es britische, später sowjetische Paare, die überwiegend die internationalen Wettbewerbe gewannen.
Auch die Eistanzregeln wurden stark verändert. In Wettbewerben gibt es drei Läufe: die Pflichttänze, den Originaltanz und die Kür. Im ersten Lauf muß jedes Paar 2 Pflichttänze mit verschiedenen Rhythmen absolvieren, die tänzerisch ineinander übergehen. Diese beiden Pflichttänze werden den Wettbewerbern durch das Los erst vor Beginn der Veranstaltung zugewiesen. Sie wissen also zuvor

nicht genau, was sie tanzen müssen. Insgesamt gibt es 18 verschiedene Pflichttänze, in denen fast alle Tanzrhythmen vorkommen. Daraus werden von den Eistanz-Funktionären jeweils für ein Jahr (von Juli an gerechnet) 4 Tänze ausgewählt und in zwei Gruppen unterteilt. In der Saison 1991/1992 (auch bei den Olympischen Winterspielen von 1992) sind das weltweit:

- Tango romantica und Blues,
- Argentinischer Tango und Paso doble.

Die Tanzpaare ziehen also vor Beginn des Wettbewerbs Lose mit einer dieser Gruppen. Sie müssen daher auf alle vier Tänze bestens vorbereitet sein.

Um die Tänze nicht mit Elementen des Eiskunstlaufes zu überfrachten, sind höchstens 5 kleine, niedrige Tanzsprünge mit je ½ Drehung, 5 kleine Hebeschwünge mit maximal 1½ Umdrehungen und Pirouetten bis zu 3 Umdrehungen erlaubt. Die Tanzpaare dürfen sich auch nur höchstens fünfmal bis auf zwei Armlängen und für die Dauer von maximal 5 Sekunden trennen.

Als zweiter Lauf findet der Originaltanz statt. Er wird ebenfalls jeweils für ein Jahr (von Juli an gerechnet) ausgewählt und muß von allen Wettbewerbern getanzt werden. Für die Saison 1991/1992 ist das die Polka. Die Tanzdauer beträgt maximal 2 Minuten. Die Schrittfolgen und die künstlerische Gestaltung bleibt den Tanzpaaren freigestellt.

Als dritter Lauf findet die Kür statt. Sie darf 4 Minuten dauern. In der Kür dürfen alle Tanzrhythmen in völlig freier Gestaltung getanzt werden, es gelten lediglich die oben bezeichneten Beschränkungen hinsichtlich der Schwierigkeitsgrade bei Sprüngen, Schwüngen, Drehungen und Pirouetten.

Bewertungskriterien sind bei allen drei Läufen der tänzerische Wert, Bewegung und Anpassung an die Rhythmen und an den Charakter der Musik sowie Haltung, Schwung und Schrittführung. Die Vergabe von A- und B-Noten und die Bewertung von 0 bis 6 Punkte entspricht weitgehend der des Eiskunstlaufes, jedoch wird für die Pflichttänze (1. Lauf) nur die A-Note vergeben.

Eisschnellauf

Der Schnellauf auf dem Eis mit speziellen Schlittschuhen und im Vergleich zum Eiskunstlauf kürzeren Stiefeln ist schon seit 1884 Weltmeisterschaftsdisziplin für Herren, für Damen seit 1936. Olympisch wurden Schnellaufwettbewerbe 1924 für Herren, 1960 für Damen. Der Schnelligkeitswettbewerb erfordert auf den kürzeren Strecken viel geballte Kraft, auf den längeren Distanzen zusätzlich Ausdauer, allemal perfekte Körperbeherrschung in den fließenden Bewegungen, weil abrupte Bewegungen das Tempo verlangsamen.

Herrenstrecken gehen über 500, 1 000, 1 500 (3 000, nicht olympisch), 5 000 und 10 000 Meter, Damenstrecken über 500, 1 000, 1 500, 3 000 und 5 000 Meter. Eisschnelläufe werden außerdem in nichtolympischen Mehrkampfwertungen zusammengefaßt: bei den Herren *Kleiner Vierkampf* (500 und 3 000 Meter am 1. Tag, 1 500 und 5 000 Meter am 2. Tag); *Großer Vierkampf* (500 und 5 000 Meter am 1. Tag, 1 500 und 10 000 Meter am 2. Tag); ein *Sprinter-Vierkampf* ist für Damen und Herren gleich, 500 und 1 000 Meter müssen an zwei Tagen je zweimal gelaufen werden; beim Vierkampf der Damen werden 500 und 3 000 am 1. Tag sowie 1 500 und 5 000 Meter am 2. Tag gelaufen. In olympischen Wettbewerben werden keine Mehrkampfwertungen durchgeführt, für die Läufer findet jeweils nur ein Wettbewerb pro Tag statt, die Damen

Eisschnellauf-Schlittschuh

beginnen die olympischen Schnelläufe mit der 500-Meter-Strecke. Der bis zu 40 Zentimeter lange Schlittschuh besteht aus einer runden Stahlschiene, die mit der Schneide (schmale Kufe, zirka 1 Millimeter) verschweißt ist. Zwei trichterförmige Teller verbinden den Schlittschuh mit der Schuhsohle und sind an ihr fest verschraubt. Der Läufer trägt einen enganliegenden, einteiligen Spezialanzug und eine sogenannte Teufelskappe. Die Rundbahn ist 400 Meter lang und hat zwei zirka 100 Meter lange Geraden. Sie hat zwei markierte Laufbahnen von je 4 bis 5 Meter Breite. Entsprechend laufen immer 2 Läufer gleichzeitig. Gegenüber der Startgeraden befindet sich die Wechselgerade, auf der die Bahn gewechselt werden muß: Der Außenbahnläufer geht für die nächste Runde auf die Innenbahn und umgekehrt. Ein Schiedsrichter überwacht die Wechsel. Laufen beide Läufer beim Wechsel auf gleicher Höhe, hat der Außenläufer »Vorfahrt«.
Die Startreihenfolge und die Startbahn (innen oder außen) werden ausgelost. Weitgehend wird der Innenbahnvorteil (kürzere Strecke) durch den beziehungsweise die Bahnwechsel ausgeglichen. Beim Endspurt bleibt jedoch demjenigen Läufer ein Vorteil, der in der letzten Kurve und der Zielgeraden die Außenbahn hat: Wegen der geringeren Zentrifugalkraft an der Außenseite der Schlußkurve kann er eine größere Trittgeschwindigkeit vorlegen und dabei ein Tempo von mehr als 70 Kilometern pro Stunde erreichen.
Bei nationalen und internationalen Meisterschaften werden die auf den verschiedenen Distanzen erreichten Zeiten zusammengezählt (auf 1/100 Sekunde, elektronische Messung). Dabei werden alle längeren Strecken auf 500-Meter-Zeiten »zurückgerechnet«, also zum Beispiel 1 000-Meter-Zeit geteilt durch 2, 3 000-Meter-Zeit geteilt durch 6, 10 000-Meter-Zeit geteilt durch 20. Anders jedoch bei Olympischen Spielen; hier wird jedes Ergebnis für sich gewertet, es gibt also in jeder olympischen Distanz einen Einzelsieger und keinen Gesamtsieger. Insgesamt 6 Kampfrichter überwachen und werten die Läufe.

Curling

Das Curling-Spiel kommt aus Schottland, jedenfalls stammt der älteste, noch existierende Spielstein (datiert 1511) von dort. Ende des letzten Jahrhunderts kam Curling aufs Festland. Seit 1959 gibt es Weltmeisterschaften für Herren, seit 1979 auch für Damen. 1988 errangen die Damen der Bundesrepublik erstmals einen Weltmeistertitel.

Curling ist ein Zielspiel für Vierermannschaften mit Mannschaftswertung. Dabei strebt jeder Spieler an, seinen 16 bis 20 Kilogramm schweren Spielstein aus geglättetem Granit mit einer Schiebung auf dem Eis über eine Bahn von rund 40 Meter Länge und 4,75 Meter Breite möglichst bis zum Mittelpunkt des Zielkreises (3,66 Meter Durchmesser) gleiten zu lassen. Wettbewerbe werden überwiegend in Hallen auf Kunsteis ausgetragen, weil die Eisfläche völlig eben und das Eis möglichst hart sein soll. Aber auch Spiele unter freiem Himmel sind möglich. Bei schlechtem Eis kann die Gleitbahn bis auf 29 Meter verkürzt werden.

Der runde Curlingstein hat einen Durchmesser von ungefähr 30 Zentimeter, eine abgeflachte Lauffläche und einen Metallgriff ähnlich wie eine Maurerkelle. Jeder Spieler verfügt über zwei solcher Steine; die Steine werden von den gegnerischen Mannschaften Zug um Zug nacheinander gespielt. Kann eine Mannschaft nur mit 3 Spielern antreten, so hat der erste Spieler das Recht, 4 Steine (statt zwei) zu spielen.

Die im Spielfeld plazierten Steine bleiben während eines Durchganges stehen. Spieler können versuchen, gut plazierte gegnerische Steine aus der Bahn zu schießen. Die ersten Spieler der Mannschaften dürfen jedoch nur solche Steine wegschießen, die im Zielkreis stehen (damit nicht gleich die ersten Steine eines Durchganges aus dem Spiel geschossen werden).

Bei Meisterschaften werden 10 Durchgänge (*Ends*) gespielt, jedoch kann bei nicht mehr einholbarer Führung die Verlierermannschaft schon vorher, also zum Beispiel nach dem 7. End aufgeben. Steht es unentschieden, werden so lange weitere Durchgänge gespielt, bis eine Mannschaft einen Punktvorsprung erreicht hat.

Nach seinen Würfen steht der Mannschaftsführer (*Skip*) hinter dem Zielkreis. Er kann seinen Spielern Anweisung zum »Wischen« geben. Gewischt wird dann mit Schrubbern aus Kunststoffborsten oder mit Besen aus Maisstroh. Durch die Reibung entsteht für Sekundenbruchteile ein dünner Wasserfilm, der wieder gefriert und so das Eis glatter macht. Es darf nur vor dem noch gleitenden Stein und quer zur Laufrichtung gewischt werden, um die Gleitbahn des Steins zu verlängern oder ihr eine etwas andere Richtung zu geben. Wird jedoch beim Wischen der Stein berührt, muß er aus dem Spiel genommen werden, um Manipulationen auszuschließen. Das ist ein Nachteil für die betreffende Mannschaft, weil nur Steine gewertet werden, die den Zielkreis erreichen.
Die Wertung ist einfach: Für jeden Stein, der näher am Mittelpunkt (*Tee*) des Zielkreises ist als irgendein Stein des Gegners, gibt es einen Punkt. Die Entfernung wird von Stein zu Stein gemessen, und zwar nach jedem Durchgang, vom Mittelpunkt des Zielkreises zum nächstliegenden Punkt des Steines.
Beispiel: Mannschaft A hat 3 Steine im Zielkreis, Mannschaft B nur 2. Ein Stein der Mannschaft A liegt dem Kreismittelpunkt am nächsten = 1 A-Punkt. Ein Stein der Mannschaft B liegt etwas weiter entfernt, aber näher am Ziel als der zweite Stein der A-Mannschaft = 1 B-Punkt. Die zwei weiteren Steine der

Curling – Spielstein aus Granit

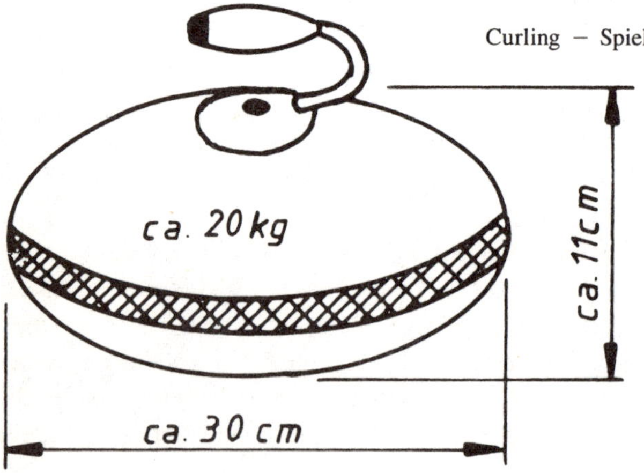

A-Mannschaft sind dem Zentrum näher als der zweite Stein der B-Mannschaft = 2 A-Punkte. Ergebnis: Die A-Mannschaft hat in diesem Durchgang 3 *Shots* (Punkte) gemacht, die B-Mannschaft nur 1. Die außerhalb des Zielkreises stehenden Steine werden nicht gewertet. Im nachfolgenden Durchgang hat die Mannschaft den ersten Wurf, die im vorangegangenen die meisten Punkte gemacht hat. Sieger ist diejenige, die in Addition aller Durchgänge die meisten Punkte erzielen konnte.

Eisstockschießen

In den skandinavischen Ländern gab es dem Eisstockschießen ähnliche Wurfspiele schon im 13. Jahrhundert. Wahrscheinlich unabhängig davon entwickelten sich solche Spiele im 16. Jahrhundert in Süddeutschland und Österreich. Die ersten Vereine wurden von 1924 an in Bayern gegründet. In sehr vielen Wintersportzentren und Kurorten gibt es heute Eisstockschießbahnen. Jedoch finden auch Wettbewerbe auf Vereinsbasis statt. Seit 1926 gibt es bereits Deutsche, sei 1951 Europa- und seit 1983 Weltmeisterschaften für Damen und Herren mit Einzel- und Mannschaftswertungen.

Die Wurf- und Zielwettbewerbe werden auf Natur- oder Kunsteisbahnen ausgetragen. Der Eisstock aus Holz, Metall oder Kunststoff wird entsprechend den Eisverhältnissen und der Spielart mit unterschiedlichen *Sohlen* versehen, die mit einem seitlichen Eisenring zusammengehalten werden; auch der geschwungene Stiel ist auswechselbar. Das pilzähnliche Gerät wiegt zirka 5 Kilogramm, hat etwa 30 Zentimeter Durchmesser und eine Gesamthöhe von 35 Zentimetern.

Das Weitschießen findet auf einer abgesteckten Bahn statt, die am Abwurfpunkt 4 Meter breit ist und im Winkel von 15 Grad mit der Entfernung fächerförmig breiter wird: bei 100 Meter ist sie 8 Meter breit, bei 200 Meter 12 Meter, bei 300 Meter 16 Meter und so weiter. Würfe über 300 Meter werden von geübten Eisschützen öfter erzielt, den Weltrekord hält ein Italiener mit 502 Meter. Würfe, die nicht auf der fächerförmigen Bahn bleiben, sind ungültig. Sieger eines Wettbewerbes ist der Schütze, der mit einer vereinbarten Zahl von Würfen die größte Weite erreicht. Diese Spielart erfordert ebenso große Kraft und ständiges Muskeltraining wie etwa das Speerwerfen oder das Kugelstoßen.

Die übrigen Spielarten des Eisstockschießens finden auf Stockschießbahnen mit Spielflächen statt, die 28 Meter lang und 3 Meter breit sind. Es liegen immer mehrere Bahnen dicht nebeneinander. Zu beiden Enden der Bahn befinden sich markierte Rechtecke von jeweils 6 mal 3 Meter. Eines der beiden Rechtecke wird als Abwurffeld gewählt, das andere als Zielfeld. Der Abwurf (Abschuß) erfolgt nach einem kurzen Anlauf am Abschußpunkt etwa 1 Meter vor dem Abwurffeld.

Das kombinierte Ring- und Stockschießen ist ein Einzelwettbewerb, Mann gegen Mann. Im Mittelpunkt des Zielfeldes befindet sich das ins Eis geritzte *Daubenkreuz*. Darauf wird die *Daube* gelegt, ein Gummireifen von 12 Zentimetern Durchmesser (oder, nur noch im Freizeitsport, ein hölzerner Würfel mit 10 Zentimetern Kantenlänge). Der Wettbewerb des kombinierten Ring- und Stockschießens hat vier Durchgänge, in jedem Durchgang hat jeder Schütze 6 Würfe, mit denen jeweils maximal 50 Punkte erlangt werden können.

Im 1. und 3. Durchgang findet das Ringschießen statt. Der Eisstock soll dabei in einem von 5 Kreisen zu stehen kommen, die um die Daube als Mittelpunkt markiert sind. Für die Zielkreise gibt es um so mehr Punkte, je näher sie der Daube sind; Zielring in 20 Zentimeter Entfernung: 10 Punkte, 80 Zentimeter: 8 Punkte, 140 Zentimeter: 6 Punkte, 200 Zentimeter: 4 Punkte, 260 Zentimeter: 2 Punkte. Nach jedem Wurf werden die Punkte gezählt, der Eisstock wird wieder entfernt, der schlechteste der 6 Würfe wird nicht gewertet.

Im 2. Durchgang findet das Stockschießen statt. Dabei sind mit 6 Schüssen 4 kegelähnliche Stöcke aus dem Zielfeld herauszuschießen oder zumindest zu treffen, die jeweils 1 Meter vor den Endkanten aufgestellt sind. Erfolgsabhängig sind je Schuß 2 bis 12 Punkte, maximal wieder 50 Punkte erreichbar. Der Eisstock muß mit so viel Gefühl »geschoben« werden, daß er selbst innerhalb des Zielfeldes zum Stehen kommt.

Im 4. Durchgang findet das Kombinieren statt. Es werden je 2 Schüsse auf Zielstöcke abgegeben, die so getroffen werden müssen, daß möglichst

– bei 2 Schüssen der Eisstock in den Zielringen stehen bleibt,
– bei 2 Schüssen vor den Zielringen aufgestellte Zielstöcke in die Zielringe hineingestoßen werden und
– bei 2 Schüssen die Zielstöcke aus den Zielringen hinausgeschossen werden, der Eisstock selbst jedoch innerhalb der Zielringe stehen bleibt.

Eine weitere Spielart ist das Mannschaftsschießen. Dabei wetteifern Vierermannschaften um die beste Plazierung ihrer Eisstöcke in den Kreisen rund um die Daube. Die gespielten Eisstöcke, die das Zielfeld erreicht haben, bleiben beim Mannschaftsschießen stehen, gegnerische Eisstöcke dürfen »weggeschossen« werden. Gespielt werden 6 Durchgänge (*Kehren*). In jeder Kehre hat jeder Schütze 1 Wurf. Nach jedem Durchgang werden Abschuß- und

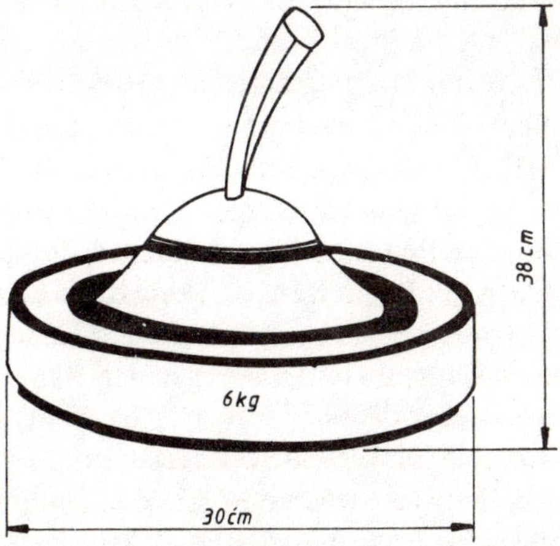

Eisstockschießen – »Eisstock« aus Holz, Metall oder Kunststoff mit Gummi-Laufsohle

Zielfeld gewechselt. Der beste Schütze hat im nachfolgenden Durchgang den ersten Wurf. Die Punktwertung ist wie beim Ringschießen (siehe Seite 286). Am Schluß werden die Punkte aller Durchgänge zusammengezählt. Sieger ist die Mannschaft mit den meisten Punkten. Bei Punktgleichstand endet das Spiel unentschieden (keine Verlängerung).

Eissegeln

In Eisregionen wurden schon im Mittelalter Schlitten mit Segeln aus Fellen oder Tüchern ausgestattet; so erleichterten sich die Menschen notwendige Fahrten zur Nahrungs- oder Feuerbeschaffung nach Möglichkeit mit günstigem Wind oder entlasteten auch Zugtiere vor den Schlitten (siehe Seite 301). Das moderne sportliche Eissegeln findet auf speziell gefertigten Mischformen aus Schlitten und Segelboot statt, die den anspruchsvollen Namen Eisyacht tragen. Es gibt seit 1929 nationale und europäische Regatten, seit 1973 jährliche Weltmeisterschaften. Die deutschen Eissegler gehören dem Deutschen Seglerverband an. Die Wettsegelbestimmungen entsprechen weitgehend denen des Segelsports (siehe Seite 243).
Eisyachten sind international in drei Klassen eingeteilt – mit 6,5 Quadratmetern, 8 und 12 Quadratmetern Segelfläche und ein bis 2 Mann Besatzung. Die am häufigsten vertretene Klasse heißt DN 60, nach der Zeitung Detroit News, die das erste Rennen mit einsitzigen Yachten von 60 Quadratfuß (6,5 Quadratmeter) Segelfläche ausrichtete. Am vorderen Drittel des schmalen Rumpfes einer Eisyacht befindet sich quer zum Rumpf die hölzerne Läuferplanke, an deren beiden Enden zwei starre, 40 bis 60 Zentimeter lange Metallkufen (Läufer) angebracht sind. Sie tragen den Rumpf über das Eis und geben als Ausleger die erforderliche Stabilität, während unter dem Rumpfheck die bewegliche Steuerläuferkufe Lenkmanöver möglich macht. Der Steuerläufer ist über ein Drahtseil mit dem Steuerruder verbunden und hat zusätzlich eine auslösbare Standbremse.
Der Mast einer Eisyacht steht ziemlich weit vorn und wird mit

Drahtseilen gehalten. Das zur Rumpfspitze führende Halteseil heißt Vorstag, die zu beiden Seiten der Läuferplanken führenden Halterungen werden Wanten genannt. Das Segel wird, wie bei normalen Segelbooten, mit einem Tau (*Schot*) geführt. Die Schot geht vom Ende des Großbaumes aus, der beweglich am unteren Bereich des Mastes angebracht ist und die breite Unterkante des Segels hält.

Regatten, also Wettbewerbe, finden auf 7,5 Kilometer (DN-60-Klasse) oder 5 Kilometer langen Dreieckskursen mit gleichen Seitenlängen oder auf Luv-Lee-Kursen in Form einer 8 statt. *Luv* ist der seemännische Ausdruck für die Richtung, aus der der Wind kommt; *Lee* ist die dem Wind abgekehrte Seite. Somit ist, etwas vereinfacht, der Luv-Lee-Kurs eine Strecke, die teils mit dem Wind, teils gegen den Wind gefahren wird. Auf den Bahnen werden nach Vereinbarung mehrere Runden gesegelt. Die Startreihenfolge wird ausgelost. Zum Start wird die Eisyacht angeschoben. Dafür und zum Bremsen tragen die Eissegelsportler Schuhe mit Eissporen. Anders als beim Wassersegeln wird mit dichtgeholten, das heißt straffen, nicht weit ausladenden Segeln gefahren.

Eissegeln findet auf zugefrorenen Seen statt. Bei günstigen Windverhältnissen (»vor dem Wind«) werden Geschwindigkeiten von mehr als 140 Kilometern pro Stunde erreicht, beim Kreuzen sind Eisyachten noch bis zu 100 Kilometer pro Stunde schnell, bei Rekordversuchen wurden schon 200 Kilometer pro Stunde erreicht. Dieses Tempo, die harte Eisfläche und die Wucht der Eisyachten lassen erkennen, daß Eissegeln großes Können, Kraft und Körperbeherrschung verlangt und nicht risikofrei ist.

Eis-Speedway

Motorradrennen auf dem Eis werden Eis-Speedway genannt und finden fast immer auf Eisschnellaufbahnen, Rundkursen über 400 Meter statt; es werden mehrere Runden gefahren. Die Einzylinder-Viertakt-Speedwaymaschinen haben meist 500 Kubikzentimeter Hubraum und 50 bis 70 PS, keine Bremsanlage und kein

Getriebe. Die Motorkraft wird direkt auf das Hinterrad übertragen. Die Reifen sind mit 2,8 Zentimeter langen Spikes gespickt (vorn 100, hinten 150 Spikes), um auf dem Eis zu greifen. Die Rennen werden immer linksherum gefahren. In den Kurven werden Schräglagen bis zu 60 Grad erreicht, die Fahrer stützen sich dabei mit dem linken Knie auf der Eisfläche ab und benutzen zurechtgeschnittene Gummireifen als Knieschützer.
Zum Schutz gegen Eissplitter tragen die Fahrer Schutzhelm mit Schutzbrille, ein Tuch vor dem Gesicht und Lederkleidung. Statt Schutzblechen sind über den Vorderrädern der Maschinen splitterabweisende Drahtkörbe befestigt. Nach den Regeln der Speedwayrennen (siehe Seite 161) wird auch Eis-Speedway gefahren: Grundsätzlich starten in jedem Wettbewerb 16 Fahrer in Gruppen zu 4 Fahrern. Jeder Fahrer bestreitet 5 Läufe, jedesmal mit anderen Konkurrenten, so daß ein komplettes Rennen insgesamt 20 Läufe hat. Der Sieger eines jeden Laufes erhält drei Punkte, der Zweite 2, der Dritte 1 Punkt, der Vierte 0 Punkte. Gesamtsieger wird der Fahrer, der in seinen 5 Läufen die meisten Punkte sammeln konnte.
Der Eis-Speedwaysport kam zuerst in Schweden und in der Sowjetunion auf. Seit 1956 gibt es Weltmeisterschaften mit Einzel- und Mannschaftswertung. Meistens haben die sowjetischen Sportler bei internationalen Wettkämpfen gewonnen.

Eishockey

Es heißt, schon kanadische Indianerstämme hätten auf zugefrorenen Seen Spiele gespielt, bei denen ein Ball mit Keulen angetrieben wurde, und sich dabei auf Gleitschienen aus Holz oder Tierknochen fortbewegt. Schriftliche Überlieferungen darüber gibt es jedoch nicht. Fest steht hingegen, daß bereits 1860 in der kanadischen Universitäts- und Hafenstadt Kingston am St.-Lorenz-Strom das erste Eishockeyspiel mit einem *Puck* (einer Spielscheibe) stattfand, daß die Kanadier die ersten Regeln ausarbeiteten, den ersten Eishockeyklub (Universität Montreal) gründeten und 1893/94 den ersten Pokal ausspielten. Dieser Stanley-Cup ist bis heute die

begehrteste, jährlich ausgespielte Trophäe für Profimannschaften. 1897 fand in Berlin das erste deutsche Eishockeyspiel statt. Eishockey ist bislang Männerspiel, allerdings gibt es in jüngster Zeit auch einige Damenmannschaften.
Seit 1910 werden Europameister, seit 1912 Deutsche Meister ermittelt. Weltmeisterschaften finden seit 1920 jährlich statt. Seitdem ist Eishockey auch olympischer Wettbewerb. Bei internationalen Wettkämpfen dominierte meistens die Sowjetunion. Der Deutsche Eishockey-Bund ist eine selbständige Sparte im Deutschen Eissport-Verband. In Olympiajahren finden seit 1980 keine Weltmeisterschaften mehr statt.

Eishockey-Schlittschuh

Eishockey gilt als besonders schnelles und hartes Kampfspiel zwischen zwei Mannschaften mit je 3 Stürmern, 2 Verteidigern und 1 Torwart. Außerdem darf jede Mannschaft 12 Auswechselspieler auf die Reservebank setzen und einzeln oder als Mannschaftsteil (Sturm oder Verteidigung) nach eigenem Ermessen, auch aus taktischen Gründen, auswechseln. Ziel des Spiels ist es, den Puck möglichst oft ins gegnerische Tor zu plazieren und Tore durch den Gegner zu verhindern.
Spielgeräte sind *Stock* und *Puck*. Der Stock (Eishockeyschläger) aus Holz oder Kunststoff ist bis zu 1,35 Meter lang und hat unten

eine im stumpfen Winkel angebrachte Schaufel von 37 Zentimetern Länge und 7,5 Zentimetern Breite. Der Schaft des Torwartstockes ist kürzer, die Schaufel länger und breiter.
Der Puck (die Spielscheibe) aus Hartgummi hat 7,6 Zentimeter Durchmesser, ist 2,5 Zentimeter hoch und 170 Gramm schwer. Nach kräftigen Schlägen erreicht er Geschwindigkeiten bis zu 120 Kilometern pro Stunde.
Die Spezialschlittschuhe für das Eishockey sind aus Stahlblech und haben eine vorn abgerundete Laufschiene mit Flach- oder Hohlschliff. Sie sind mit den gepolsterten Eishockeystiefeln vernietet oder verschraubt. Um Verletzungen in Grenzen zu halten, tragen die Spieler gepolsterten Brust- und Schulterschutz, Polster an Ellbogen, Knien und Schienbeinen, Handschuhe und Kunststoffhelme. Der Torwart trägt zusätzlich eine Gesichtsmaske und 25 Zentimeter breite Beinschienen.
Das Spielfeld ist etwa 60 Meter lang, 30 Meter breit und meist auf Kunsteis angelegt, Abweichungen bis zu −5 Meter Länge und −4 Meter Breite sind international zulässig. Die Tore (1,83 Meter breit, 1,22 Meter hoch) stehen auf einer roten Torlinie, etwa 4 Meter von den Spielfeldenden (Stirnbanden) entfernt, und dürfen auch auf ihrer Rückseite umspielt werden. Sie sind auf der Torlinie mit Stahldübeln verankert. Die Torrückseiten sind durch ein Draht- oder Schnurgitter gesichert. Vor dem Tor ist ein kleiner Torraum markiert, in dem sich grundsätzlich nur der Torwart aufhalten darf.
Auf der ebenfalls roten Mittellinie befindet sich der zentrale Anspielpunkt. Auf ihm wird jeder der drei Spielabschnitte begonnen. Außerdem gibt es in jeder Spielfeldhälfte zwei rot markierte Anspielpunkte in der Angriffs-/Verteidigungszone und zwei Anspielpunkte in der neutralen Zone. An diesen Punkten wird das Spiel nach Regelverstößen von einem Linienrichter durch Einwurf fortgesetzt, und zwar immer an demjenigen Anspielpunkt, auf den der Schiedsrichter verweist. Zum Einwurf kommt nur ein Spieler jeder Mannschaft zum Anspielpunkt, die übrigen Spieler müssen mindestens 3 Meter entfernt bleiben und dürfen erst wieder in das

Spiel eingreifen, wenn einer der beiden Anspieler den Puck mit dem Stock berührt hat.
18 Meter von der Torlinie entfernt befindet sich auf jeder Spielfeldhälfte eine 30 Zentimeter breite blaue Linie. Dieser 18-Meter-Raum ist Verteidigungszone der zum Tor gehörenden Mannschaft und zugleich Angriffszone der gegnerischen Mannschaft. Zwischen der blauen Linie und der roten Mittellinie (9 Meter auf jeder Spielfeldhälfte) befindet sich die neutrale Zone.
Das Spielfeld wird durch eine zirka 1,20 Meter hohe Verkleidung

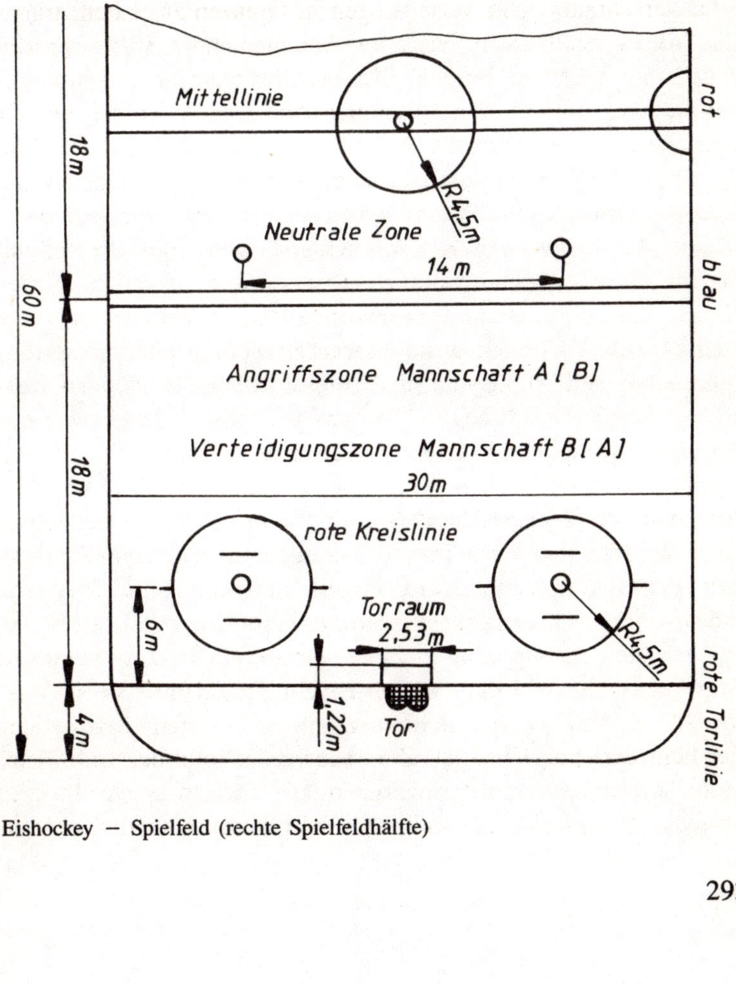

Eishockey – Spielfeld (rechte Spielfeldhälfte)

(Bande) begrenzt. An den Torseiten werden die Zuschauer durch Netze geschützt, die ausreißende Spielscheiben auffangen. Immer häufiger gibt es um das ganze Spielfeld herum Acrylglasschutz. Hinter der Bande sitzen auf der einen Seite die Reservespieler, auf der anderen die Strafbänkler, dazwischen das Kampfgericht. Hinter den Toren, außerhalb der Bande, ist der Platz für die beiden Torrichter. Mit einer roten Signallampe werden gültige Tortreffer hinter dem Tor angezeigt.

Die wichtigsten Regeln: Ein komplettes Spiel dauert 60 Minuten und besteht aus drei Spieldritteln mit je 20 Minuten effektiver Spielzeit. Die Spieluhr wird bei jeder Unterbrechung angehalten. Der Torwart steht mit vorgebeugtem Oberkörper, angewinkelten Knien und leicht gespreizten Beinen dicht am Tor und hält den Hockeystock quer zu den Schlittschuhspitzen; so deckt er bereits einen Teil des Tores ab. Er darf den Puck mit dem Schläger, mit der Fanghand, den Armen oder Beinen abwehren. Eine gefangene Schiebe bringt er grundsätzlich sofort wieder ins Spiel, indem er sie auf die Eisfläche wirft. Aus Sicherheitsgründen darf er die Scheibe auch festhalten. Dann aber gibt es Einwurf von einem der beiden Anspielpunkte in Tornähe.

Gültig ist ein Tortreffer, wenn er regelgerecht aus einem Angriffsspiel entwickelt wurde und die Torlinie in vollem Umfang überquert hat. Ein innerhalb des Torraumes abgeschlagener oder mit den Schlittschuhen gestoßener Tortreffer ist ungültig.

Abseits wird gepfiffen, wenn ein Angriffsspieler die blaue Verteidigungslinie der gegnerischen Spielhälfte vor dem Puck überschreitet. Unerlaubt sind Weitschüsse (Befreiungsschläge) aus dem eigenen Verteidigungsdrittel über das ganze Spielfeld und die gegnerische Torlinie. Befreiungsschlag wird mit Einwurf vor dem Tor des Verursachers beantwortet. Mit abgestuften Strafen werden andere Regelverletzungen belegt: Foulspiel, Schlagen mit dem Stock, Werfen des Stockes zwecks Behinderung einer Aktion, Beinstellen, regelwidriger Angriff von hinten, Angriff auf den Torwart im Torraum, Angriff mit hochgezogenem und zugleich quergehaltenem Schläger (*Cross-Check*), Tätlichkeiten, Verletzung eines Gegners durch Stockstich oder Stoß. Entsprechend der Schwere des Deliktes werden Zeitstrafen von 2 Minuten (Kleine Strafe), 5 Minuten (Große Strafe), 10 Minuten (Disziplinarstrafe) oder Spieldauer-Disziplinarstrafe (Ausschluß für den Rest des Spieles) verhängt. Begrenzte Zeitstrafen werden auf der Strafbank abgesessen, aber nach gegnerischem Tor aufgehoben; der bestrafte Spieler oder an seiner Stelle ein anderer darf dann wieder ins Spiel. Weitere mögliche Strafsteigerungen, zum Beispiel bei mehrmaligen absichtlichen schweren Regelverletzungen sind: Spielausschluß und Sperre bis zur Disziplinarverhandlung des Verbandes (Spieler darf nach Entscheidung des Oberschiedsrichters sofort beziehungsweise nach 5 Minuten ersetzt werden). Bei regelwidriger Verhinderung einer klaren Torchance und bei Stockwurf als Abwehrmaßnahme wird *Penalty-Shot* gegeben: Die behinderte Mannschaft darf von der blauen Verteidigungslinie aus auf der Seite des Gegners einen direkten Torschuß versuchen oder einen Spieler mit der vom Stock geführten Scheibe langsam anlaufen lassen mit dem Ziel, den Torwart mit einer Finte von einer günstigen Halteposition wegzulocken und selbst optimale Torschußposition zu erlangen.

Den Feldspielern ist es erlaubt, einen hochgeschlagenen Puck (eine fliegende Scheibe) mit der Hand abzufangen, jedoch muß die Scheibe sofort senkrecht auf die Eisfläche geworfen werden; Wurf in Richtung des gegnerischen Tores oder Handzuspiel zum eigenen Mann ist regelwidrig. Erlaubt ist auch der *Bodycheck*, ein erlaubter Stoß mit Schulter und/oder Hüfte ohne Einsatz des Stockes, wobei der gegnerische Spieler über die Rückenpartie des Akteurs zu Fall gebracht werden kann (beim Damen-Eishockey verboten).

Wenn eine Mannschaft durch Zeitstrafe einen oder mehrere Spieler auf der Strafbank hat, darf sie versuchen, den Puck möglichst lange zu behalten, das Spiel durch Vor- und Zurückspielen zu verzögern (bis die Zeitstrafe abgesessen ist) und dem Gegner damit keine Angriffschancen zu bieten. Natürlich versucht die stärkere Mannschaft, den Puck möglichst gleich aus der gegnerischen Verteidigungszone heraus zu erobern und einen schnellen Torschuß zu plazieren. Diese Aktion wird *Forechecking* genannt.

WEITERE WINTERSPORTARTEN

Bobsport

Die Sportart kam Ende des letzten Jahrhunderts auf. In St. Moritz koppelte der Engländer William Smith zwei Schlitten mit einem Sitzbrett aneinander, benutzte den vorderen zum Lenken und taufte seine Erfindung Bob. Den ersten richtigen Bob baute ein Schweizer, jedoch noch aus Holz mit stahlbeschlagenen Kufen. Bereits 1903 wurde in St. Moritz die erste Bobbahn gebaut. Seit 1924 finden Weltmeisterschaften statt und gehört der Bobsport zum olympischen Programm, seit 1932 werden internationale Rennen auf Zweier- und Viererbobs ausgetragen. Im Wettkampfsport wird der Bob nur von Männern gefahren. Seit den achtziger Jahren haben überwiegend schweizerische Mannschaften und Mannschaften aus der damaligen DDR Weltmeisterschafts- und olympische Siege errungen. Nach der deutschen Vereinigung hat der Deutsche Bob- und Schlittensportverband etwa 8 000 Mitglieder.
Der Bob ist ein Spezialschlitten für zwei oder vier Mann Besatzung. Er wird auf künstlich angelegten und vereisten Bobbahnen gefahren und erreicht Geschwindigkeiten von mehr als 100 Kilometern pro Stunde. Von den beiden Kufenpaaren ist das vordere mit einer Seilsteuerung lenkbar, die der Vordermann mit den Füßen bedient. Die hydraulisch gefederten, einzeln aufgehängten Kufen müssen mindestens 4 Millimeter (beim Vierer 6 Millimeter) breit sein. Kufenverkleidungen, die früher üblich waren, gibt es nicht mehr. Die Fahrt kann mit zwei Handbremshebeln, rechts und links vom Sitz des *Schlußmannes* (Bremser), verlangsamt werden, indem ein *Rechen* auf die Bahn gedrückt wird. Die Bobbreite beträgt einheitlich 70 Zentimeter. Die Mindestlänge ist für den Zweierbob 1,60 Meter, die Maximallänge darf 2,70 Meter betragen. Der Viererbob darf höchstens 3,80 Meter lang sein.

Da die Geschwindigkeit entscheidend vom Gewicht abhängt, je schwerer, desto schneller wird das Gerät, ist das Höchstgewicht mit Besatzung festgeschrieben. Es beträgt für den Zweierbob 390, für den Vierer 630 Kilogramm. Ein leichterer Bob (inklusive Besatzung) darf mit fest verbundenem Ballast beschwert werden. Der Stahlrohrrahmen des Bobs hat eine windschlüpfige Verkleidung mit abgerundeten Frontpartien und einer höchstens 65 Zentimeter hohen Seitenverkleidung. Die Haubenoberkante muß, vom Schlittenboden gemessen, mindestens 65 Zentimeter hoch sein.

Die Bobbahn ist eine rinnenförmige Strecke von mindestens 1 500 Metern und einem Gefälle zwischen 8 und 15 Prozent. Sie muß für Wettbewerbe mindestens 5 stark überhöhte Kurven mit einem Radius von 25 Metern und 5 Meter hohen Seitenwänden haben. Die Kurven müssen so berechnet sein, daß bei einer Durchfahrzeit von 3 Sekunden die maximale Fliehkraft nicht stärker wirkt als mit der vierfachen Fallbeschleunigung (4g, entspricht etwa dem vierfachen Körpergewicht). Auf den Geraden ist die Fahrbahn (*Sohle*) höchstens 1,40 Meter breit, der Seitenschutz (*Bande*) mindestens 50 Zentimeter hoch. Auf dem 15 Meter langen Startstück beträgt das Gefälle nur 2 Prozent.

Moderne Bobbahnen werden seit den achtziger Jahren mit Geschwindigkeitsdiagrammen von Computern errechnet. Damit können die früher häufigen schweren Stürze weitgehend verhindert werden. Zu den interessantesten Anlagen gehören Königsee/Berchtesgaden, Winterberg/Sauerland, Oberhof/Thüringen, Igls bei Innsbruck/Österreich, St. Moritz/Schweiz und Sarajewo/Jugoslawien. Bobbahnen müssen jährlich neu nach vorhandenen oder geänderten Plänen angelegt werden. Die Anlage erfolgt mit geglättetem Schneematsch, der immer wieder mit Wasser bespritzt wird, bis eine geschlossene, hart gefrorene und spiegelblanke Eisfläche entstanden ist. Es gibt auch Kunsteisbahnen, die durch Froster vereist werden.

Die Fahrer sind verpflichtet, Sturzhelme zu tragen. Die Kleidung ist windschlüpfig und enganliegend. Die Spezialschuhe haben Spitzen mit Bürsten.

Der Start erfolgt erst nach Freigabe der Bahn, gestartet wird fliegend; das heißt, daß alle Besatzungsmitglieder des Zweier- oder Viererbobs ihr Gerät an den Anschubbügeln seitlich anfassen, es auf der Anlaufbahn in möglichst hohes Tempo bringen und auf Kommando des Steuermanns aufspringen. Danach bemüht sich der Steuermann, den Bob möglichst auf der rechnerisch bekannten Ideallinie zu fahren und dabei das Steuer möglichst wenig beziehungsweise sanft zu bedienen, weil jede Kurskorrektur wertvolle Sekundenbruchteile kostet. Das Berühren der Banden fordert ebenfalls Zeitverluste. Das Anfahren der Steilkurven auf der Ideallinie ist oft siegentscheidend. Eine gut trainierte Mannschaft geht mit den Körpern so mit der Fahrt, daß sie geringsten Luftwiderstand leistet und korrigierende Lenkmanöver weitgehend unnötig macht.
Die Zeit wird elektronisch und zusätzlich mit Handstoppuhr auf $^{1}/_{100}$ Sekunden gemessen. Handgestoppte Zeiten werden nur herangezogen, wenn die elektronische Messung ausfällt. Bei internationalen Wettbewerben wird in Leistungsgruppen mit je einem Team für Zweier- und Viererbob gefahren, die von den nationalen Verbänden gemeldet werden. Die beste Gruppe besteht aus 12 Bobs mit den als Nummer eins gemeldeten Fahrern. Nach einem Sturz darf die Mannschaft wieder einsteigen, muß aber die Ziellinie im Bob durchfahren, um überhaupt noch gewertet zu werden. Sieger ist der Bob mit der besten Gesamtzeit aus zwei Durchgängen.

Schlittensport

Der Schlittensport, auch Rennrodeln genannt, ging aus dem Schlittenfahren von Bergbewohnern hervor, die das Gerät im Winter als Transportmittel, zum Abfahren von Holz, benutzten. Zunächst wurde Rodeln Volks- und Kindersport, seit der Jahrhundertwende werden Wettbewerbe ausgetragen. 1914 gab es die erste Europameisterschaft, 1955 die erste Weltmeisterschaft, 1964 wurde Rennrodeln olympische Disziplin für Damen (Einsitzer) und Herren (Ein- und Zweisitzer).
Der Rennschlitten ist nur zirka 15 Zentimeter hoch, höchstens 55

Zentimeter breit (Spurbreite 45 Zentimeter) und 1,35 Meter lang. Er ist aus Holz; die schräg auswärts gestellten, leicht in Fahrtrichtung gebogenen, stählernen Kufen dienen der Spursicherheit. Die Erwärmung der Kufen vor dem Start ist verboten, die Kufentemperatur wird vor dem Start und im Ziel gemessen und darf nicht höher liegen als 5 Grad über der Außentemperatur. Im Gegensatz zum Bob sind die Rennrodel sehr leicht; der Doppelsitzer darf nur maximal 25 Kilogramm wiegen. Beim Einer ist das Höchstgewicht (mit Fahrer) auf 90 Kilogramm für Männer, 75 Kilogramm für Damen festgesetzt. Als Gewichtsausgleich dürfen Bleiwesten getragen werden, von Herren bis zu 13 Kilogramm, bei Damen und Zweisitzern bis zu 10 Kilogramm.

An den nach innen gebogenen Kufenhörnern ist ein Gurt befestigt, der die Lenkung erleichtern soll. Über den nur fingerstarken Längsholmen ist die Sitzfläche aus einer Kunststoffschale oder aus Gurtgeflecht angebracht. Weitere Anbauten wie Verkleidung oder Bremsen sind unzulässig.

Die Bahnen für internationale Wettbewerbe haben ein Gefälle von 8 bis 11 Prozent, mindestens 5 Kurven mit Radien zwischen 9 und 15 Meter, davon eine mit einem Außenwinkel bis zu 180 Grad. Die Bahnlänge beträgt mindestens 1 000 Meter, Damen und Zweisitzer fahren davon nur 700 Meter. Teile mancher Bobbahnen sind auch für den Schlittensport nutzbar. Die Anlage von Schlittenbahnen und Bobbahnen ist im Prinzip gleich (siehe Seite 297). Die Schlitten erreichen Geschwindigkeiten bis zu 100 Kilometer pro Stunde. Deshalb ist auch beim Schlittensport das Tragen von Sturzhelmen Pflicht. Arm- und Knieschützer sowie Lendengürtel sind empfohlen, Schutzbrille und hautenge Kleidung üblich.

Die Fahrer starten an zwei fest vor der Startlinie verankerten Griffpfosten, an denen sie sich mit beiden Händen festhalten; dabei bewegen sie sich, um Schwung zu holen, mehrmals vor- und rückwärts. Dann stoßen sie sich kräftig ab, um in möglichst hoher Anfahrgeschwindigkeit die Startlinie zu überqueren (fliegender Start), an der die elektrische Zeitnahme beginnt. Gefahren wird in Rückenlage; beim Zweierschlitten liegen die beiden Fahrer übereinander, möglichst weit hinten auf dem Schlitten. Die Beine des Fahrers (beim Zweier: des Obermannes) sind gestreckt, leicht gespreizt und umfassen mit den Innenseiten der Unterschenkel die Kufenhörner. Durch Druck auf das eine oder andere elastische Kufenhorn kann die Fußlenkung erfolgen, was jedoch die Fahrt verlangsamt. Deshalb bemüht sich der Fahrer, durch Gewichtsverlagerung und Zug am Lenkgurt die Ideallinie der Bahn zu fahren. Bei Olympischen Spielen werden im Damen- und Herreneinsitzer je 4, bei Weltmeisterschaften je 3 und bei Europameisterschaften je 2 Durchgänge gefahren. Zweisitzer fahren immer 2 Durchgänge. Seit 1988 gibt es bei Europameisterschaften außerdem einen Mannschaftswettbewerb mit je 2 Damen- und Herreneinsitzern und 1 Herrendoppelsitzer. Bei Olympischen Spielen fahren Damen nur Einzel, Herren Einzel und Doppel.

Skeletonsport

Der Skeletonschlitten (von Skelett abgeleitet) ist ein niedriger Rennschlitten mit Stahlkufen, 38 Zentimetern Spurweite, 1 Meter Länge und 30 Kilogramm Gewicht. Das Gesamtgewicht mit Fahrer darf höchstens 120 Kilogramm betragen. Ein Gurtgeflecht dient als Liegefläche. Im Gegensatz zum Schlittensport wird Skeleton nicht auf dem Rücken, sondern auf dem Bauch liegend gefahren. Die Lenkung erfolgt durch Verlagerung des Körpergewichts. Um einen schnellen Anlauf für den fliegenden Start zu ermöglichen, werden Sprintschuhe mit Nagelspikes getragen. Obwohl die Beine nach hinten weit über den Skeleton hinausragen, muß der Fahrer Bodenberührung, die die Fahrt unnötig abbremsen würden, vermeiden. Auch mit dem Skeleton werden Geschwindigkeiten bis zu 100 Kilometer pro Stunde erreicht.
Wettbewerbe werden auf Bob- oder Schlittenbahnen ausgetragen. Regeln und Zeitnahme entsprechen denen des Schlittensports (siehe Seite 298). Die Sportart gibt es seit Anfang des Jahrhunderts, es werden Deutsche und Europameisterschaften ausgetragen. Zweimal, und zwar 1928 und 1948, stand Skeletonfahren auf dem

olympischen Programm von St. Moritz, konnte sich danach aber als olympische Disziplin nicht durchsetzen, weil das Gerät gefährlicher ist als der Schlitten.

Schlittenhundesport

Schon seit Jahrhunderten werden sowohl in Kanada als auch in den skandinavischen Ländern Schlittenhunde zum Ziehen von Lastschlitten eingespannt. Polforscher setzten ebenfalls Hundeschlitten ein. Bestimmte Rassen, die sich bei Kälte wohl fühlen und einen natürlichen Trieb zum langen Laufen haben, eignen sich für solche Einsätze: Grönlandhund, Alaska-Malamude, Sibirischer Husky und Samojede.

Der aus der praktischen Nutzung hervorgegangene Schlittenhundesport verbietet Peitschen, Würgehalsbänder, Maulkörbe und den Einsatz nicht gemeldeter und überprüfter Hunde. Die Sportfahrer (*Musher*) lenken und ermuntern die Tiere nur durch Zurufe und begleiten die Gespanne zu Fuß oder auf Skiern. Auf die Enden der Kufen steigen sie nur bei Gefällestrecken, um dem bootsförmigen Hundeschlitten (*Pulka*) mehr Schwung zu geben. Die Pulkas selbst wiegen nur 10 bis 20 Kilogramm und sind aus Holz oder Kunststoff gebaut.

Klubs aus acht Ländern betreiben Schlittenhundesport. Deutsche und internationale Meisterschaften werden seit 1975 in Todtmoos/ Schwarzwald ausgetragen, Veranstalter ist der Deutsche Klub für Nordische Hunde; außerdem gibt es Europameisterschaften. Nur 1932 in Lake Placid/USA war die Sportart olympischer Vorführwettbewerb.

Für die Wettbewerbe gibt es mehrere Klassen. Die skandinavische S-Klasse wird mit nur einem Hund gefahren, der den Schlitten an einer festen Zugstange über eine festgelegte Strecke von 8 bis 12 Kilometern führt (Aufsteigen des Fahrers unzulässig). In der C-Klasse laufen 2 bis 3 (meist) kleinere Hunde über 5 bis 8 Kilometer, in der B-Klasse 3 bis 5 Tiere über 8 bis 12 Kilometern, in der A-Klasse 5 bis 7 Tiere über 10 bis 16 Kilometer. Dazu kommt noch

eine Offene Klasse mit mindestens 5 Hunden, nach oben unbegrenzt und über Strecken bis zu 20 Kilometer. Von Anchorage nach Nome/Alaska über 1 000 Meilen (1 600 Kilometer) führt ein sich über mehrere Wochen hinziehendes Langstreckenrennen (mit Ruhetagen).
Schlitten mit mehr als 1 Hund nennt man Gespann. Angespannt wird an zwei Zugleinen, zwischen denen die Hunde hintereinander laufen (*Tandemgespann*); oder an eigenen, verschieden langen Zugleinen für jeden Hund (*Fächergespann*); oder an einer einzigen Leine mit Leithund an der Spitze und paarweise nebeneinander durch Halsleine mit der Leitleine verbundenen Tieren (*Doppelgespann*).

Skibobfahren

Die Erfindung des Skibobs wird auf 1892 datiert. Damals soll ein Amerikaner die Räder von seinem Fahrrad abmontiert und an ihrer Stelle zwei hintereinanderliegende, abgesägte Skier befestigt haben. Sportlich ernstgenommen wurde der Skibob erst in den sechziger Jahren, als die Industrie die Idee aufgriff und einen Stahlrohrrahmenbob von zirka 15 Kilogramm Gewicht präsentierte. Der hintere Ski ist starr, der vordere mit einem Querlenker und Teleskopfederung lenkbar. Der Fahrer sitzt auf einer gepolsterten, plättbrettähnlichen Bank und stabilisiert das Gleichgewicht mit zwei etwa 60 Zentimeter langen Kurzskiern.
Inzwischen gibt es einen deutschen und 20 weitere nationale Skibob-Verbände, eine Internationale Föderation (FISB), es werden Deutsche, Europa- und Weltmeisterschaften sowie ein Weltpokal ausgetragen. Nach den Regeln des Skilaufs werden für Damen und Herren Abfahrtsläufe, Slalom, Riesenslalom und Parallelslalom gefahren (siehe Seite 253 ff.).

Skikjöring

Die Sportart wurde in Norwegen erfunden. Jöring ist norwegisch und heißt fahren. Der Skifahrer wird entweder von einem Rennpferd (mit Reiter) im Galopp oder von einem Rennmotorrad an einer Leine gezogen. Skikjöring mit Pferdezug ist ein beliebtes Spektakel bei den jeden Februar stattfindenden Galopprennen auf dem zugefrorenen St. Moritzer See/Schweiz. Ein weiteres Pferde-Skikjöring mit Haflingerpferden gibt es jedes Jahr in Sarnthein bei Bozen in Südtirol/Italien. Die Skifahrer müssen mit Visierschutzhelm fahren und Handschuhe tragen. Offizielle Meisterschaften im Skikjöring gibt es nicht.

REGISTER

ZU GUTER LETZT:

Der Autor bedankt sich bei den Sportverbänden, die mit Unterlagen und Auskünften behilflich waren. Dank an Günter Langrock, der das Manuskript auf sachliche Richtigkeit prüfte und als erfahrener Sportpädagoge, langjähriger Trainer und engagierter Sportfunktionär vieles Wichtige ins richtige Licht rückte. Das Agfa-Gevaert-Bildarchiv, Leverkusen, stellte freundlicherweise die Fotos der Autoren Großkopf (1), Weber (4) und Wiedlerroither (2) für den Schutzumschlag zur Verfügung. Das Surfer-Foto überließ uns dankenswerterweise die Firma West-Fashion. Den Fotografen Dank für die Erlaubnis, die Fotos zu verwenden. Schließlich dankt der Autor seiner Frau Kathrin, die als Sportzuschauerin am Bildschirm die Idee zu diesem Buch hatte.

Uwe-Jörg Jopt
Im Namen des Kindes
Plädoyer für die Abschaffung des alleinigen Sorgerechts
ISBN 3-89136-326-5

»Das Buch dokumentiert den ›strukturellen Wahnsinn‹ eines hochkarätigen Apparates beruflicher Scheidungsbegleiter, die sich allesamt an einem Kindeswohl orientieren, das in Wirklichkeit längst zur Rechtfertigung eines seelenlosen Verwaltungsaktes verkommen ist.« *Augsburger Allgemeine*

Eva Schindele
Pfusch an der Frau
Krankmachende Normen
Überflüssige Operationen
Lukrative Geschäfte
ISBN 3-89136-330-3

»Gegen die Selbstherrlichkeit eines Berufsstandes, der öffentlicher Kontrolle weitgehend entzogen ist und dessen Vertreter manchmal nicht davor zurückschrecken, neue und kostenintensive Krankheiten zu erfinden, hat die Fachjournalistin Schindele ihren ›Ratgeber für einen anderen Umgang mit dem Frauenarzt‹ zusammengestellt.« *SPIEGEL SPEZIAL*

RASCH UND RÖHRING VERLAG

GOLDMANN

Fit fürs Leben

Fit fürs Leben 13533

Fit for Life – die Bestseller von Harvey und Marilyn Diamond. Über 1 Million verkaufte Exemplare!

Fit fürs Leben 13621

Fit for Live Das Kochbuch 30570

Goldmann · Der Taschenbuch-Verlag